博雅英华　陈来著作集

古代宗教与伦理（增订本）

儒家思想的根源

陈来 著

北京大学出版社
PEKING UNIVERSITY PRESS

图书在版编目(CIP)数据

古代宗教与伦理：儒家思想的根源 / 陈来著 .—增订本 .—北京：北京大学出版社, 2017.4
（博雅英华·陈来著作集）
ISBN 978-7-301-28015-7

Ⅰ.①古⋯ Ⅱ.①陈⋯ Ⅲ.①儒家—哲学思想—研究 Ⅳ.① B222.05

中国版本图书馆 CIP 数据核字(2017) 第 022583 号

书　　　名	古代宗教与伦理：儒家思想的根源（增订本） GUDAI ZONGJIAO YU LUNLI
著作责任者	陈　来　著
责任编辑	田　炜
标准书号	ISBN 978-7-301-28015-7
出版发行	北京大学出版社
地　　　址	北京市海淀区成府路 205 号　100871
网　　　址	http://www.pup.cn　新浪微博：@北京大学出版社
电子邮箱	编辑部 wsz@pup.cn　总编室 zpup@pup.cn
电　　　话	邮购部 62752015　发行部 62750672　编辑部 62750577
印　刷　者	北京中科印刷有限公司
经　销　者	新华书店
	730 毫米 ×1020 毫米　16 开本　14.25 印张　278 千字 2017 年 4 月第 1 版　2024 年 6 月第 5 次印刷
定　　　价	88.00 元

未经许可，不得以任何方式复制或抄袭本书之部分或全部内容。
版权所有，侵权必究
举报电话：010-62752024　电子邮箱：fd@pup.cn
图书如有印装质量问题，请与出版部联系，电话：010-62756370

目 录

第一章　导言 …………………………………………………… 1
　一　轴心时代与前轴心时代 ………………………………… 1
　二　文化模式与精神气质 …………………………………… 6
　三　宗教的理性化：巫觋文化、祭祀文化与礼乐文化……… 10
　四　大传统与小传统 ………………………………………… 15
　五　儒家思想的根源 ………………………………………… 17

第二章　巫觋 …………………………………………………… 21
　一　绝地天通 ………………………………………………… 22
　二　古巫 ……………………………………………………… 31
　三　说巫 ……………………………………………………… 40
　四　巫术与萨满 ……………………………………………… 43
　五　巫祝与巫史 ……………………………………………… 55

第三章　卜筮 …………………………………………………… 67
　一　遗存的解释 ……………………………………………… 67
　二　占卜的起源 ……………………………………………… 71
　三　巫术与占卜 ……………………………………………… 79

四　卜与筮 …………………………………………………… 86
　　五　筮法与筮辞 ……………………………………………… 90
　　六　《周易》的意义 …………………………………………… 96
第四章　祭祀 …………………………………………………… 107
　　一　从巫术到祭祀 …………………………………………… 107
　　二　神灵与崇拜 ……………………………………………… 112
　　三　殷商信仰体系 …………………………………………… 117
　　四　殷人的祭祀活动 ………………………………………… 120
　　五　殷代宗教的特点 ………………………………………… 131
　　六　周代的祭法 ……………………………………………… 137
　　七　周代的祭祀与神鬼观念 ………………………………… 146
　　八　古代宗教的类型 ………………………………………… 162
　　九　文化演进与文化精神 …………………………………… 168
　　十　从自然宗教到伦理宗教 ………………………………… 176
第五章　天命 …………………………………………………… 185
　　一　商书中的天帝观 ………………………………………… 187
　　二　周公早期的天命观 ……………………………………… 195
　　三　摄政时期周公的思想 …………………………………… 200
　　四　还政以后的周公思想 …………………………………… 204
　　五　《尚书》中的天民合一论 ………………………………… 212
　　六　西周思想的意义 ………………………………………… 220
　　七　《洪范》与西周政治文化 ………………………………… 232
　　八　《诗经》中的西周天命观 ………………………………… 242
　　九　西周后期的前儒家 ……………………………………… 256

目 录

第六章 礼乐 …… 260
- 一 释礼 …… 260
- 二 三代礼制之损益 …… 264
- 三 礼的起源与结构 …… 279
- 四 《仪礼》与周代礼俗 …… 292
- 五 周礼与周代的文化模式 …… 301
- 六 礼乐文化的人文功能 …… 311
- 七 礼与乐 …… 324
- 八 三代文化的精神气质及其演进 …… 327

第七章 德行 …… 338
- 一 释德 …… 338
- 二 明德与敬德 …… 342
- 三 孝与三代的德行 …… 348
- 四 德行的社会根基：周代的生活共同体 …… 362
- 五 周代的宗法文化 …… 370

第八章 师儒 …… 383
- 一 古人论儒 …… 384
- 二 近人说儒 …… 387
- 三 晚近释儒 …… 396
- 四 西周的师儒与教化 …… 402
- 五 西周的国子教育 …… 408
- 六 孔子说儒 …… 412

第九章 儒行 …… 414
- 一 儒服 …… 415
- 二 儒行 …… 424

三　儒道 …………………………………………… 429
参考书目 ……………………………………………… 440
后记 …………………………………………………… 447
"博雅英华·陈来著作集"后记 ……………………… 449

第一章　导言

> 周监于二代，郁郁乎文哉，吾从周。
> ——孔子：《论语·八佾》

> 行夏之时，乘殷之辂，服周之冕，乐则韶舞。
> ——孔子：《论语·卫灵公》

一　轴心时代与前轴心时代

读过黑格尔（Hegel）《历史哲学》和《哲学史讲演录》的人都会记得，黑格尔从未掩饰他的西方中心立场，他把中国、印度、西方看作精神发展的三个递进的阶段。然而，也正是他的同胞，卡尔·雅斯贝斯（Karl Jaspers）一反黑格尔的论点，反对把中国、印度和希腊看成精神从低级到高级递进发展的序列。特别重要的是，雅斯贝斯对黑格尔的这种异议，并不是见诸偶尔的一般性论述，而是通过他所建立的著名的"轴心时代"（Axial Period）的理论。这种理论为所有历史学提供了一个新的视野，成为推进晚近古代文明研究的重要动力。"轴心时代"不仅是一有说服力的新的史学观念，也是20世纪多元文化观念在历史领域的重要体现。

雅斯贝斯指出，在经历了史前和古代文明时代之后，在公元前500年左右的时期内，和公元前800—前200年的精神过程中，在世界范围内集中出现了一些最不平常的历史事件。这就是，"在中国，孔子和老子非常活跃，中国所有的哲学流派，包括墨子、庄子、列子和诸子百家都出现了。和中国一样，印度出现了《奥义书》和佛陀，探究了从怀疑主义、唯物主义、到诡辩派、虚无主义的全部范围的哲学可能性。伊朗的琐罗亚斯德传授一种挑战性的观点，认为人世生活就是一场善与恶的斗争。在巴勒斯坦，从以利亚经由以赛亚和耶利米到以赛亚第二，先知们纷纷涌现。希腊贤哲如云，其中有荷马、哲学家巴门尼德、赫拉克利特和柏拉图、许多悲剧作者，以及修昔底德和阿基米德。在这数世纪内，这些名字所包含的一切，几乎同时在中国、印度和西方这三个互不知晓的地区发展起来"①。从而，使得这一时期成了世界历史的"轴心"，从它以后，人类有了进行历史自我理解的普遍框架。直至近代，"人类一直靠轴心时代所产生的思考和创造的一切而生存，每一次新的飞跃都回顾这

---

① 雅斯贝斯：《历史的起源与目标》，华夏出版社，1989，页8。

一时期,并被它重燃火焰,自那以后,情况就是这样,轴心期潜力的苏醒和对轴心期潜力的回归,或者说复兴,总是提供了精神的动力"①。从这个无可辩驳的历史现象来看,中国、印度、西方不是同一序列的不同发展阶段,而是"同时代的、并无联系地并列存在的一个整体"②,它们共同构成了人类历史上的奇迹"轴心时代"的灿烂图景。

雅斯贝斯指出,在所有地方,轴心时代结束了几千年的古代文明,它融化、吸收或淹没了古代文明,"前轴心期文化,像巴比伦文化、埃及文化、印度河流域文化和中国土著文化,其本身可能十分宏大,但却没有显示出某种觉醒的意识,古代文化的某些因素进入了轴心期,并成为新开端的组成部分,只有这些因素才得以保存下来。与轴心期光辉的人性相比,以前最古老的文化十分陌生,似乎罩上了面纱"③。基于这种看法,雅斯贝斯认为这几大文明经过了"超越的突破",由文化的原始阶段跃迁至高级阶段,各自形成特殊的文化传统。④ "超越的突破"即意识到人类自身的有限性,在对超越存在的探询中体验绝对。

另一方面,经过帕森斯(Talcott Parsons)的特别发挥,源于马克斯·韦伯(Max Weber)的"哲学的突破"的观念在60年代后也颇风行。帕森斯以为,在公元前一千年内,希腊、

---

① 雅斯贝斯:《历史的起源与目标》,华夏出版社,1989,页14。
② 同上书,页18。
③ 同上书,页13。
④ 参看余英时:《古代知识阶层的兴起与发展》,《士与中国文化》,上海人民出版社,1987,页26—30。

以色列、印度和中国四大古代文明都曾先后不相谋地而且方式各异地经历了一个"哲学的突破"（philosophical breakthrough）。所谓"哲学的突破"即对构成人类处境之宇宙的本质产生了一种理性的认识，从而对人类处境及其基本意义获得了新的理解。在希腊，苏格拉底、柏拉图、亚里士多德是哲学的突破的高峰，西方文明中的理性认识的基础由此奠定。在以色列，则以"先知运动"为表现，突出了上帝作为创造主的观念。在印度，产生了以业报与转世观念为中心的宗教哲学。[①] 无疑，帕森斯所说的"哲学的突破"即发生于雅斯贝斯所谓轴心时代，二者并无不同。由此，轴心时代及其"超越的突破"或"哲学的突破"的话题，在 70 年代成了西方学术界文明史讨论的一个热点。

　　轴心时代作为世界文明史的突出现象，令人瞩目。然而，各大文明从前轴心时代发展为轴心时代的道路和方式各不相同，雅斯贝斯对此并未研究。帕森斯似乎意识到，四大古文明都经历了哲学的突破，而每一突破都有其特定的历史渊源，他也意识到哲学的突破在中国表现得最为温和，但他对中国的轴心变化毕竟不可能给出，事实上也未曾给出具体而确定的解说。在雅斯贝斯看来，轴心时代的意识是与神话时代相对立的，与以色列先知关于上帝的思想一样，希腊、印度和中国哲学家的主要洞见并不是神话，而是以理性反对神话。轴心时代意识发展为普天归一的上帝的超然存在，反对不存在的恶魔，最后发生

---

① 余英时：《古代知识阶层的兴起与发展》，《士与中国文化》，上海人民出版社，1987，页 26—30。

了反对诸神形象的伦理的反抗。在轴心时代意识发展的过程中，宗教伦理化了，神性的威严因此而增强。另一方面，神话则变成语言的材料，成为用以表达与原意极为不同的含义的寓言。①"突破"的提法显示出，轴心时代文化对前轴心时代文化的关系是对立、反抗、断裂、突变。

中国古代文明演进的一大特色是文明发展的连续性。固然，春秋战国时代的精神跃动比起以前的文化演进是一大飞跃，但这一时期的思想与西周思想之间，与夏商周三代文化之间，正如孔子早就揭示的，存在着因袭损益的关联。因此中国哲学的第一次繁荣虽然是在所谓轴心时代，但必须看到，儒家为代表的诸子百家并没有一个神话时代作为背景和出发点，宗教的伦理化在西周初即已完成。而整个中国的轴心时代，如果从公元前800年算起，并不是因为认识到自身的局限而转向超越的无限存在，理性的发展不是向神话的诸神进行伦理的反抗，更未导致唯一神论的信仰。在中国的这一过程里，更多的似乎是认识到神与神性的局限性，而更多地趋向此世和"人间性"，对于它来说，与其说是"超越的"突破，毋宁说是"人文的"转向。

历史赋予古代某些人物以巨大的文化选择权能，他们的思想方向决定，或在相当程度上决定了后来文化与价值的方向，从而对后来文化的发展产生了决定性的作用。② 在中国历史上，这个人先是周公，后是孔子，而孔子是把周公所作的一切进一步加以发展和普遍化。没有周公和西周文化养育的文化气质，

---

① 雅斯贝斯：《历史的起源与目标》，华夏出版社，1989，页9。
② 参看刘东：《审美文化的兴盛与失落》（手稿），1993。

孔子的出现是不可想象的。也正惟如此，汉唐一千年间以"周孔"并称，完全是自然历史过程的真实体现。

因此，中国轴心时代的变化，并不是断裂的突变，从孔子对周公的倾心向往及墨子对《尚书》的频繁引用可以看出轴心时代与前轴心时代的明显连续的一面。所以，从注重文化的连续来看，公元前500年左右时期内的中国文化与三代以来的文化发展的关系，乃是连续中的突破、突破中有连续。也因此，对中国文化的历史结构而言，寻找决定历史后来发展的"轴心"，不能仅仅着眼在春秋战国，更应向前追溯，或者用雅斯贝斯的语言，在注重轴心时代的同时，我们还应注重"前轴心时代"，这对研究儒家思想的起源或根源来说，更是如此。

二 文化模式与精神气质

谢林（Schelling）曾提出这样的问题，是什么东西构成为民族性？什么是民族的真正的起源？他的回答是：语言与神话。麦克斯·缪勒（Max Müller）深受其影响。黑格尔指出："宗教的形式怎样，国家及其组织的形式就怎样……时至近日罗马天主教的国家和耶稣教的国家在气质和组织上仍是不同的。民族的气质是明确的和与众不同的，从一个民族的道德、政治组织、艺术、宗教和科学诸方面都能感受到民族气质的独特之处。"[①]斯宾格勒（Spengler）也曾指出，原始文化是混沌不清的，不

---

① 麦克斯·缪勒：《宗教学导论》，上海人民出版社，页60—63。

是一个有机体，只有在高等文化出现以后，整个文化才表现出一个强烈的一贯的趋势，文化本身变成一个活的存在。[①] 这也就是后来本尼迪克特（Ruth Benedict）所说的文化的统一的整合形态。但本氏认为，即使是原始文化，也有其文化模式（pattern）与文化精神（ethos），而不是零散无章。这是20世纪文化人类学家与19世纪文化哲学家的区别，后者更重视大传统的整合型塑作用。

"ethos"一词在近几十年的文化人类学著作中出现的频率大大增加，中文学术界近年常常译为"精神气质"，或音译为"意索"，也有中译作"民族精神""文化精神"的。萨姆纳（W. G. Sumner）1906年提出，文化精神（ethos）就是使一个群体不同于其他群体的那些特质的总和。[②] 自然，文化人类学家们对其意义的使用不完全相同。如本尼迪克特有时把它与"文化模式"联系在一起，她把尼采在希腊悲剧研究中运用的"日神精神"和"酒神精神"作为两种对比性的文化模式，认为闪族属于日神型，平原印第安人属于酒神型。本尼迪克特所借用的阿波罗型和狄奥尼索斯型的概念，仅仅是作为说明上述印第安文化在风俗、习惯、气质等方面的差异，即"民族精神"的差异的工作概念，她并不着意将人类的各种文化模式统统划归入这两种类型。[③] 本尼迪克特反复强调，应将人类各种不同

---

① 参看庄锡昌等编：《多维视野中的文化理论》，浙江人民出版社，1987，页176。

② 《文化人类学词典》，浙江人民出版社，1990，页96。

③ 庄锡昌等编著：《文化人类学的理论框架》，浙江人民出版社，1988，页84。

的文化作为具有不同的价值体系的多样化存在来把握，她认为，"在文化内部赋予这种多样化性格的，是每一文化的主旋律；使文化具有一定模式的，也是该文化的主旋律，即民族精神（ethos）"①。早在 20 年代，她就提出在内部决定文化整体性格的是该文化所独具的主旋律，1932 年她在《北美文化的整合形态》一文中开始采用 ethos 一词，即文化的民族精神，意指一个民族筛选文化因素并对这些因素加上自己独自的形式和解释的心理态度。②博克（P. K. Bock）也认为："文化精神一词是由人类学阐释的，用以描述价值系统整合性的一般模式和方向。"③另一方面，人类学中的基本人格学振也提出了类似的看法，如卡迪纳（A. Kardiner）认为每一种文化都是以不同的生活目的和价值为其特点的。他认为在现代西方社会里，"基本人格"在四千至五千年的整个历史时期保存下来，极少变化，通过儿童的教养一代代复制下去。④这种基本人格说与文化的民族精神说是一致的。

解释人类学的代表克利福德·吉尔兹（Clifford Geertz）说："在最近人类学的讨论中，一个既定文化的道德（和审美）方面及评价原理，被普遍地概括为精神气质（ethos）一词。而认知的、存在的方面被称为'世界观念'（world view）。"他指

---

① 庄锡昌等编著：《文化人类学的理论框架》，浙江人民出版社，1988，页87。
② 同上书，页 88—89。
③ 博克：《多元文化与社会进步》，辽宁人民出版社，1988，页293。
④ 庄锡昌等编著：《文化人类学的理论框架》，浙江人民出版社，1988，页119。

第一章 导言

出,一个族群的精神气质是指他们生活的一种风气、特征、品性,是其道德与审美的方式和基调,标示着此一族群对他们自己和他们所处世界的根本态度。精神气质与世界观念不仅互相影响,而且可以说二者互为基础。①

从早期中国文化的演进来看,夏、商、周的文化模式有所差别,如殷人近于狄奥尼索斯型,周人近于阿波罗型。但三代以来也发展着一种连续性的气质,这种气质以黄河中下游文化为总体背景,在历史进程中经由王朝对周边方国的统合力增强而逐渐形成。而这种气质在西周开始定型,经过轴心时代的发展,演变成为中国文化的基本人格。这种文化气质集中表现为重孝、亲人、贵民、崇德。重孝不仅体现为殷商繁盛的祖先祭祀,在周代礼乐文化中更强烈表现出对宗族成员的亲和情感,对人间生活和人际关系的热爱,对家族家庭的义务和依赖。这种强调家族向心性而被人类学家称为亲族联带的表现,都体现出古代中国人对自己和所处世界的一种价值态度。从而,这种气质与那些重视来生和神界,视人世与人生为纯粹幻觉,追求超自然的满足的取向有很大不同,更倾向于"积极的、社会性的""热忱而人道的"价值取向。② 中国人谋求建立积极的人际关系及其内在的需要和取向,与印度文化寻求与神建立积极关系及其内在需要和取向;中国文化对民和民的需要的重视,与印度文化对神的赞美和对与超自然的同一的追求,二者间确有

---

① Clifford Geertz, *The Interpretation of Culture*, Basic Books, 1973, pp. 126-127.
② 许烺光:《宗族·种姓·俱乐部》,华夏出版社,1990,页250。

很大不同。另一方面，印度教虽然对人的一生中的家庭祭很重视，在成年礼等一些方面甚至可与西周的礼仪相比，但印度教徒死者通常没有坟墓，在印度所有地方，与祖先崇拜相联系的现象极少见。① 中国殷周文化对死去亲属的葬礼、祭祀礼的发达，与印度对葬祭的这种轻视恰成对比。这不只是宗教观念的不同，而且也体现出价值取向的不同。

早期中国文化体现的另一特点是对德的重视。近代以来已有学者提出中国文化是一种伦理类型的文化，就其主导的精神气质而言，中华文明最突出的成就与最明显的局限都与它的作为主导倾向的伦理品格有关。在中国上古时代已经显露出文化的这种偏好，正是基于这种偏好而发展为文化精神。中国文化在西周时期已形成"德感"的基因，在大传统的形态上，对事物的道德评价格外重视，显示出德感文化的醒目色彩。而早期德感的表现，常常集中在政治领域的"民"的问题上，民意即人民的要求被规定为一切政治的终极合法性，对民意的关注极大影响了西周的天命观，使得民意成了西周人的"历史中的上帝"的主要内涵。西周文化所造就的中国文化的精神气质是后来儒家思想得以产生的源泉和基体。

三 宗教的理性化：巫觋文化、祭祀文化与礼乐文化

马克斯·韦伯提出的世界"祛除巫魅"（disenchantment）

---

① 许烺光：《宗族·种姓·俱乐部》，华夏出版社，1990，页44—45。

和"理性化"(rationalization)可以说是他的全部思想的主题。根据图宾根大学教授田布洛克(F. Tenbruck)的诠释,韦伯所说的理性化不限于西方,而是全人类历史发展中的共同现象。只不过在不同的文化模式下,人类的理性有不同的表现方式,尤其在宗教伦理的类型上有过不同的作用。[1]

韦伯建立了若干理性主义的理想型,对于他来说,每一种类型的理性化的形式亦即是其文化的精神气质(ethos)。韦伯所说的理性化的重要标准之一就是破除巫术的程度。[2] 他的宗教社会学主旨即在研究世界几大宗教的理性化进程,尤为注重的是新教怎样在漫长的发展中逐步减除巫术和迷信成分而引发出一种普遍伦理(以及伦理如何影响人的经济行为)。[3] 韦伯认为,一切宗教都可在原始巫术中找到其痕迹,他相信人的思想是渐趋理性的。虽然他可能受弗雷泽影响,认为巫术、禁忌以现世为方向,也包含合理性行为,但他更强调,高级宗教是由"卡里斯玛"式的宗教先知所创立,先知以自己超凡的品格与魅力吸引人们,提出预言和戒律,指示一种生活方向作为神圣价值去追求。[4] 在高级宗教中出现了系统化了的教义和伦理,超越了个人的日常生活,使宗教向理智化、理性化方向发展,借助卡里斯玛的理性化作用,"一旦发展为有条理的生活方式,成为禁欲主义或神秘主义的核心,它们就开始超出了巫术的前

---

[1] 顾忠华:《韦伯学说新探》,唐山出版社,1992,页35。
[2] 同上书,页256。
[3] 苏国勋:《理性化的限制》,上海人民出版社,1988,页59。
[4] 同上书,页61。

提"①。

在西周思想中已可看到明显的理性化的进步。与殷人的一大不同特色是，周人的至上观念"天"是一个比较理性化了的绝对存在，具有"伦理位格"，是调控世界的"理性实在"。西周的礼乐文化创造的正是一种"有条理的生活方式"，由此衍生的行为规范对人的世俗生活的控制既深入又面面俱到。与韦伯描绘的理性化的宗教特征完全相合。②周礼作为完整的社会规范体系，正是在整体上对生活方式的系统化和理性化。在这里，我们不必去讨论韦伯所谓伦理先知与楷模先知的分别，韦伯承认儒家思想具有明显的入世和理性主义倾向，是毋庸置疑的。而儒家的理性化可以溯源到西周文化的理性化。当然，这种理性化不仅具有对巫觋文化排斥的一面，而且它的理性化更带有一种人文的理性化的倾向。这在轴心时代的发展更为明显了。价值理性本来就是韦伯的理性主义含义之一，但价值理性的建立不一定以超越的一神教为唯一途径。中国文化的理性化进程，它的价值理性的建立过程，是与对天神信仰的逐渐淡化和对人间性的文化和价值的关注增长联系在一起的。这也是它在18世纪西欧理性启蒙的时代受到启蒙思想家热烈称扬的基本原因。

总之，宗教的发展，是从非理性的巫术与迷信向理性的宗教演进的过程。韦伯所讲的非理性化宗教是指大量神秘的巫术力量和不可控制的因素起作用的宗教，这种宗教与伦理往往无涉或影响很少。反之，理性宗教则摆脱神秘的、巫术的力量，

---

① 苏国勋：《理性化的限制》，上海人民出版社，1988，页63。
② 同上书，页64。

第一章 导言

使宗教伦理与世俗生活相结合，强调人为的可控制的因素。韦伯的这一看法对大传统而言，是不错的。这种宗教的理性化韦伯称之为"世界祛除巫魅"，即原则上不必再像野蛮人那样迷信神秘力量，不再诉诸巫术手段去支配或祈求神灵，在行动中采取基于价值理性的伦理行为。①

儒家注重文化教养，以求在道德上超离野蛮状态，强调控制情感、保持仪节风度、注重举止合宜，而排斥巫术，这样一种理性化的思想体系是中国文化史的漫长演进的结果。它是由夏以前的巫觋文化发展为祭祀文化，又由祭祀文化的殷商高峰而发展为周代的礼乐文化，才最终产生形成。正如弗雷泽所说，巫术盛行的后期，个体巫术渐渐减少，公共巫术日渐增多，"宗教"渐渐取代了"巫术"，巫师渐渐让位于祭司，巫师的巫术活动最终转变为祭司的祈祷献祭职能。中国早期文化的理性化道路，也是先由巫觋活动转变为祈祷奉献，祈祷奉献的规范——礼由此产生，最终发展为理性化的规范体系周礼。商代宗教在整体上已不是巫术或萨满，上层文化与下层文化已经分离，上层宗教已经是祭司形态。夏以前是巫觋时代，商殷已是典型的祭祀时代，周代是礼乐时代。西周的信仰已不是多神论的自然宗教，最高存在与社会价值已建立了根本关联。由此可知，把三代文化统称之为"巫文化"是轻忽了其中的重要分疏。而把儒家的起源直接归于巫觋文化，不仅不能认识儒家理性主义与巫术神秘主义的区别，和二者之间存在的紧张，而且根本无从

---

① 苏国勋：《理性化的限制》，上海人民出版社，1988，页87。

说明文化史和宗教史的历史演化。巫觋文化发展为祭祀文化既是宗教学上的进化表现,也是理性化的表现,祭祀文化不再诉诸巫术力量,而更多通过献祭和祈祷。在殷商祭祀文化中,多神信仰中的神的数目已经减少,已经有了一位至上神,祭祀礼仪衍生出一套行为的规范,使条理化成为可能。周代的礼乐体系就是在相当程度上已"脱巫"了的文化体系。在礼乐文化中不仅价值理性得到建立,价值理性的建立本身就是理性化的表现。从此,最高存在不再是非理性的冲动,而人的行为更为关注的是能否合乎人间性的文化规范——礼,神秘或交感的因素在大传统中被人文规范所压倒。

正因为儒家文化是经历了这样一个漫长的文化理性化的过程而产生的,早期儒家与巫文化的紧张,早期儒家对巫文化的排斥和挤压,就毫不奇怪了。《论语》明载孔子不喜语"怪",正是指巫文化而言。孔子晚年说:"赞而不达于数则其为之巫,数而不达于德,则其为之史","吾与史巫同涂而殊归者也。君子德行焉求福,仁义焉求吉,故卜筮而希也"[①],这正指出了巫、史、儒的进化序列:巫者赞而不知数,史官知数不达德,儒家既知于数,又达于德。儒者以仁义求吉,以德行求福,这是多么明显的理性主义态度。后来荀子"善为易者不占",《礼记》"祭祀不祈"的思想都是早期儒家对巫史文化排斥的明显表现。

当然,"理性化"的框架尚不足以完全把握中国文化演进的

[①] 引自《马王堆帛书易传·要》,载《道家文化研究》第三集,上海古籍出版社,1994。

特殊性，从前轴心时代到轴心时代，中国文化演进的突出特色是人文性和人间性，从而，它的理性更多地是人文的、实践的理性，其理性化主要是人文实践的理性化，这在春秋时代更为明显。不管文化形态上的"以道德代宗教"（梁漱溟），或在民众生活中体现的"实用理性"（李泽厚），其根源皆在于此。而尤当指出的是，这种人文实践的理性化，并不企图消解一切神圣性，礼乐文化在理性化的脱巫的同时，珍视地保留着神圣性与神圣感，使人对神圣性的需要在文明、教养、礼仪中仍得到体现。礼乐文化所提供的这种文化结构及其功能，是很难用现代社会学的分化观念加以衡量的。

四　大传统与小传统

芝加哥大学人类学家雷德斐尔德（Robert Redfield）以研究乡民社会而闻名，1956年他发表了《乡民社会与文化》一书，提出了"大传统"（great tradition）与"小传统"（little tradition）的区分，用以说明在比较复杂的文明中存在两个不同层次的文化传统。所谓"大传统"在他是指都市文明，小传统是指地方性的乡土文化。更广地看，大传统是社会精英及其所掌握的文字所记载的文化传统，小传统是乡村社区俗民（folk）或乡民（peasant）生活代表的文化传统。因此，前者体现了社会上层生活和知识阶层代表的文化，多半是由思想家、宗教家经深入思考所产生的精英文化或精雅文化，而后者则是一般社会大众的下层文化。①

　　雷氏的大小传统的区分的提出虽然是以他自己关于墨西哥与中美洲的研究为基础，但他认为这一对观念最适合于研究古老文明的社会，因为在这些社会中，上层文化、经典文化比较突出，与下层文化的距离比较大。而以往学者的研究和兴趣长久集中在大传统，成绩也很突出，但相对地这些文化中的小传统易受忽视。雷氏是主张注重小传统的，但他也肯定两者是互补的，对理解一个文化有同等的重要意义。

　　不同文化中的大传统与小传统之间的关系，很难有一个放之四海而皆准的模式。另一方面，研究视角的不同，自然关注的方面也就不同。站在本书的角度来看，可以这样说，在文化的早期进程中，大小传统的分离是一个特别重要的碑界，因为任何一个复杂文明的特色主要是由其大传统所决定的，从这一点说，大传统的构成和发展有着决定的重要性。从而，研究早期文明的发展，必须注意大小传统的分离及此后大传统的型构。大小传统分离的标志主要是：阶级的分化，国家权力与统治阶级的形成，权力管理、神职人员的专职化；文字形成，用文字记述历史和思想的专职人士分离出来。事实上，"文明"的定义就是大小传统分离的标志：公共权力的有组织化为国家，城市与居住都邑的贵族生活的兴起，分工专门化造成的精英阶层等等。大小传统的分离与文明起源在历史时间上常常是一致的。当然，在中国，公元前21世纪夏王朝的建立，习惯上被认为是

---

① 参看李亦园：《中国文化中小传统的再认识》（1994年杭州"中国文化：二十世纪回顾与二十一世纪前瞻"研讨会论文）。

中国文明的诞生标志，但晚近龙山文化的研究又揭发出不少文明的要素（如城邑），因此就中国来说，大小传统的分离与文明的起源不一定就是一回事。无论如何，在一切有古老传统的大文明中，文明的传统特色主要是由大传统所决定的。因此，理解一个特定时空之内的文化实体，必须对大小传统综合考察，从某一个角度说，小传统代表的俗民生活可能相当重要，可以使对文明的了解具体化。但对了解一个在长时段之内连续发展的文化传统来说，如希腊传统、希伯来传统、印度文化传统、日本文化传统，乃至我们自己——中国文化传统来说，"大传统"就更为重要。大传统规范、导引整个文化的方向，小传统提供真实的文化素材。大传统的发生固然是从小传统中分离出来的，是后于小传统形成的，而大传统一旦分离出来形成之后，由于知识阶层的创造性活动，经典的形成，使得大传统成为型塑文明传统结构形态的主要动力。大传统为整个文化提供了"规范性"的要素，形成了整个文明的价值内核，成为有规约力的取向。虽然，传统的承传中也有变异，大传统不断地从小传统中吸收新的养分，或根据小传统基础的变化发展出一些新的方向。但是，总的说，经典时代型塑的气质是相对恒定持久的。所谓中国文化基因的形成，正是主要在大传统分离出来以后逐步形成的。早期儒家思想正是这一大传统发展的结果。

五 儒家思想的根源

近代以来，因古文字学的发达，字源学的研究不仅有长足的进步，对各人文学科也有程度不同的推进作用。但就思想史的研究来说，字源学考索的限制，也不能不加以认识。半个世纪以来"说儒""原儒"为名的论著不少，其中以字源学研究为主导。用字源学的方法讨论商周甲金文是否有"儒"字及其在古文字早期的意义，无疑是有学术价值的。但是，这种对"儒"字的考释在理解儒家思想的根源方面却有很大局限性。这不仅是因为，对古文字的考释破译，专家的意见亦每多不同，而且这种字源的研究往往游离了儒家思想探源的方向，甚至产生误导的作用。古文字学家把甲骨文中的一个字释为"需"，认为是求雨的巫祝，并认为这就是儒的起源。这样一种研究和结论究竟对理解儒家思想的起源有何意义，是很值得怀疑的。正如，即使肯定"道"字的字源意义是指携带异族人首级而行以驱邪，[①] 这对理解先秦老庄道家思想的起源究竟有何意义？如果孔子以前的中国古史文献全不可信，那我们除了此种字源的研究，似乎也没有别的办法。然而，我们虽然不能像有些史学前辈那样把疑古和半殖民地意识加以联系，但近年来因考古发现而反省"疑古"思潮，确实在史学界已经成为许多学者的共识，学术的发展要求我们"走出疑古时代"[②]。

  研究一种思想的起源，首要的是关注此种思想体系的诸元素在历史上什么时候开始提出，如何获得发展，这些元素如何经由文化的历史演进而演化，以及此种思想的气质和取向与文化传统的关联。不去处理这些课题，把注意力集中在古文字中是否有

[①] 白川静：《中国古代文化》，文津出版社，1983，页176。
[②] 参看李学勤：《走出疑古时代》，载《中国文化》第7辑，1992年11月。

第一章 导言

"儒"字,以及在潜意识中受刘歆王官说的影响,总是力求找到一种称为"儒"的职业身份,似乎找到一种职业身份就找到了一种思想的产生根源,这根本无从说明思想发生的历史。摩西、佛陀、穆罕默德的伟大思想都不能从他们的职业得到根本说明。字源、制度、社会的因素都有其意义,而思想的传承才是思想史起源研究的基点。

研究三代的文化发展历程,我们将会得到一种相当明晰的印象,这就是,在孔子和早期儒家思想中所发展的那些内容,不是与西周文化及其发展方向对抗、断裂而产生的,在孔子与早期儒家的思想和文化气质方面,与西周文化及其走向有着一脉相承的联结关系。正如杨向奎先生所指出:"没有周公就不会有传世的礼乐文明,没有周公就没有儒家的历史渊源,没有儒家中国传统的文明可能是另一种精神状态。""以德、礼为主的周公之道,世世相传,春秋末期遂有孔子以仁、礼为内容的儒家思想。"① 孔子对周公的倾心敬仰,荀子以周公为第一代大儒,都早已明确指明儒家思想的根源,可以说,西周礼乐文化是儒家产生的土壤,西周思想为孔子和早期儒家提供了重要的世界观、政治哲学、伦理德性的基础。在某种意义上,可以说前孔子时代已经有儒家思想了。同时,西周文化又是三代文化漫长演进的产物,经历了巫觋文化、祭祀文化而发展为礼乐文化,从原始宗教到自然宗教,又发展为伦理宗教,形成了孔子和早期儒家思想产生的深厚根基。更向前溯,从龙山文化以降,

---

① 杨向奎:《宗周社会与礼乐文明》,人民出版社,1992,页 136、279。

经历了中原不同区域文化的融合发展,在政治文化、宗教信仰、道德情感等不同领域逐渐地发展出,并在西周开始定型成比较稳定的精神气质,这种气质体现为崇德贵民的政治文化、孝悌和亲的伦理文化、文质彬彬的礼乐文化、天民合一的存在信仰、远神近人的人本取向。因此,儒家思想是中国文明时代初期以来文化自身发展的产物,体现了三代传衍的传统及其养育的精神气质,儒家思想与中国古代文化发展的进程的内在联系,远不是字源学研究把"儒"解释为商周的一种术士所能揭示的,必须在一个综合性的文化研究中才能展示出来。

考古发现的器物乃至墓葬遗存都不能直接说明精神性的东西,如信仰、道德等等。而文献记载的古史材料就是那些,不同的人文、社会学科的切入方向不同,见仁见智、横岭侧峰,是很自然的。对于古史和古代文化这一文本,本书所提供的是一个注重宗教—伦理体系的思想文化的解读。

第二章 巫觋

> 赞而不达于数，则其为之巫。
> ——孔子，见于《要》

近代人类学家无不把巫术（Magic）的研究作为把握原始文化的主要途径，把巫文化看作原始文化的主导形态，并视之为宗教与科学发展的最初萌芽。

如果依照马林诺夫斯基（B. Malinowski）对巫术的定义，即视巫术为一套达到某种目的的实用行为的话，① 那么，中国史前时代的巫术对于我们几乎是无迹可寻。因为，考古学只能提供给我们墓葬、居室、城郭和器物的文化遗存，而文字尚未产生时代的信仰、准则、道德、风俗以及行为，都早已随历史

---

① 马林诺夫斯基：《文化论》，中国民间文艺出版社，1987，页51。氏著：《巫术科学宗教与神话》，中国民间文艺出版社，1986，页53。

而消逝，在大多数情况下，我们不得不依赖于考古学家与历史学家的推测性质的论断。然而，对于文字发明甚早的文明来说，巫觋文化的痕迹必然会在早期的文献材料中有所反映，何况，马林诺夫斯基或任何一种其他西方人类学的理论，是否适用于中国历史文化的实际，是无从先验地确定的。因此，从事中国历史文化研究的学者，先须从整顿中国的历史材料出发，由以了解当时文化的形态与特质，更参之以近代人类学对世界各地初民文化的研究，以把握中国上古文化形态中的普遍性与特殊性因素。

这样，对于本书的目的而言，我们就自然而然地首先把注意力集中在中国历史文献所记载的"巫觋"与"卜筮"上面。但我们要提醒自己和读者，在研究结束之前，我们并不预设中国古代文献中的"巫"即完全等同于人类学家所说的巫术的施行者（Magician），也不预设"卜筮"就是巫术。

一 绝地天通

欧洲历史上巫术的出现，据认为不晚于旧石器晚期。中国史学工作者也把龙山文化、大汶口文化出土的有关器物，如玉琮、獐牙钩形器等作为巫师的法具来解释，[①] 但仍属推测。在文献上，中国古代有关"巫"的起源与演变，见于先秦"绝地天通"的传说。就让我们从这里开始。

---

① 参看宋兆麟：《巫与巫术》，四川民族出版社，页2—3。

第二章　巫觋

《尚书·吕刑》记载了上古时代原始宗教的一次重大变化：

> 若古有训，蚩尤惟始作乱，延及于平民，罔不寇贼，鸱义奸宄，夺攘矫虔。苗民弗用灵，制以刑，惟作五虐之刑曰法。杀戮无辜，爰始淫为劓刵椓黥。越兹丽刑并制，罔差有辞。
>
> 民兴胥渐，泯泯棼棼，罔中于信，以覆诅盟。虐威庶戮，方告无辜于上。上帝监民，罔有馨香德，刑发闻惟腥。皇帝哀矜庶戮之不辜，报虐以威，遏绝苗民，无世在下。乃命重、黎，绝地天通，罔有降格。群后之逮在下，明明棐常，鳏寡无盖。

按照《吕刑》所说，自蚩尤作乱以后，苗民社会混乱不堪，酷刑泛滥，杀戮不止，相互欺诈，没有忠信。受苦者无法忍受，哀告于皇天上帝，上帝因此发用威力，惩处作虐的苗民。上帝命令重和黎断绝天地间的联系，命令诸王在地上治理整顿，以恢复人间的正常秩序。

中国古代著名的神话汇集《山海经》的《大荒西经》也简略地叙述了重、黎的故事，只是以重、黎为颛顼之孙：

> 颛顼生老童、老童生重及黎，帝令重献上天，令黎邛下地。

《山海经》的记述证明，《周书》所载的故事确实是一个古老而流传甚广的传说。不过，无论《吕刑》的"绝地天通"还是《山海经》的"重献上天""黎邛下地"，都语焉而未详，只有《国语·楚语下》对此记载最为详细：

> 昭王问于观射父曰："周书所谓重、黎使天地不通者，何也？若不然，民将能登天乎？"对曰："非此之谓也。古者民神不杂。民之精爽不携贰者，而又能齐肃衷正，其智能上下比义，其圣能光远宣朗，其明能光照之，其聪能听彻之，如是则明神降之，在男曰'觋'，在女曰'巫'，是使制神之处位次主，而为之牲器时服。
>
> 而后使先圣之后之有光烈，而能知山川之号、高祖之主、宗庙之事、昭穆之世、齐敬之勤、礼节之宜、威仪之则、容貌之崇、忠信之质、禋絜之服，而敬恭明神者，以为之'祝'。使名姓之后，能知四时之生、牺牲之物、玉帛之类、采服之仪、彝器之量、次主之度、屏摄之位、坛场之所、上下之神、氏姓之出，而心率旧典者，为之'宗'。
>
> 于是乎有天地神民类物之官，是谓五官，各司其序，不相乱也。民是以能有忠信，神是以能有明德，民神异业，敬而不渎。故神降之嘉生，民以物享，灾祸不至，求用不匮。"

由楚昭王（前515—前489）的问语可见，《吕刑》所说的"绝地天通"就是使"天地不通"的意思。昭王极有兴趣地询问，假如重黎不去施行上帝绝地天通的命令，难道民人就能上登于

第二章 巫觋

天吗？观射父的回答中提供了上古民神交通的传说历史。

照观射父所说，作巫觋的人必须具备一些主观的条件，这些主观条件主要是聪明圣智，即拥有超乎常人的感觉能力，而明神降附其身则是巫觋角色的认可和体现。明神降附其身的人，女称为巫，男称为觋。马林诺夫斯基曾指出，原始灵媒往往要依靠个人的天赋，① 与观射父所说相合。不过，据这里所说，巫觋之职能主要是对祭祀的位次和牲器进行安排，是祭祀体系中的一种操作人员。比较起来，祝是具备较多的有关地理、历史、宗族和礼仪知识的人，宗是对祭品的时令、种类及祭器、祭坛的制度有系统知识的人。由巫觋、祝、宗等共同主持国家或公共的祭祀活动。应当说，这种祝宗等神职人员功能分化的现象应为晚出，其中谈到的神灵信仰也应属晚出。② 我们在后面还会详细讨论。

在上一段引文中我们看到的只是这个对话的前一部分，观射父在说明了巫觋祝宗的分别之后，紧接着叙述了"绝地天通"的由来：

> 及少皞之衰也，九黎乱德，民神杂糅，不可方物。夫人作享，家为巫史，无有要质。民匮于祀，而不知其福，烝享无度，民神同位。民渎齐盟，无有威严，神狎民则，

---

① 马林诺夫斯基：《巫术科学宗教与神话》，页 76。
② 参看张光直：《中国青铜时代二集》，三联书店，1990，页 46。张紫晨：《中国巫术》，上海三联书店，1990，页 25。冯友兰：《中国哲学史》上卷，中华书局，页 47。乌丙安：《神秘的萨满世界》，上海三联书店，1989。

不蠲其为，嘉生不降，无物以享，祸灾存臻，莫尽其气。

颛顼受之，乃命南正重司天以属神，命火正黎司地以属民，使复旧常，无相侵渎，是谓绝地天通。（《国语·楚语下》）

按照此说，在中国原始宗教的第一阶段上，已有专职事神的人员，而一般人则从事其他社会职业，不参与事神的活动，这叫作民神不杂，民神异业。在原始宗教的第二阶段上，人人祭祀，家家作巫，任意通天，这叫作民神杂糅、民神同位。其结果是祭品匮乏，人民不再得到福佑。在第三阶段上，绝地天通，恢复民神不杂的秩序。在这个说法中，有一点很值得注意，即宗教改革是由经济危机所引发，而经济危机又导源于一种宗教信仰的行为状态。就是说，原始祭祀的泛滥，导致了社会财富的匮乏，"礼"的制度和宗教的改革正由此而决定性地产生或形成。

近代以来的学者对《楚语》的这一段材料给予了极大注意，并特重于宗教制度史和一般社会历史的解读。徐旭生先生说："宗教的第一阶段在各地全表现为魔术，这个词是从俄文магиа，英文magy译音而来的，法德等文都有同源的字（或译为巫术）。在这一阶段，宗教的主要表现为掐诀念咒，为人民求福免祸，职务常由农人或牧人兼充，并无专业的魔术师。社会的组织逐渐扩大，社会秩序的问题也就成了宗教的重要内容。可是魔术师的巫觋太多，人杂言庞，社会秩序就难有相当长时的安定，极为不便。高阳氏的首领帝颛顼就是一位敢作大胆改

第二章 巫觋

革的宗教主,他'使南正重司天以属神,火正黎司地以属民',就是使他们为脱离生产的职业宗教服务人。有人专管社会秩序一部分的事,有人专管为人民求福免祸的事。"① 他还认为,这个改革的契机和华夏集团与苗蛮集团间的冲突有关,冲突的原因是苗蛮集团不肯采用北方的高级宗教,即"弗用灵",冲突的结果是南方的驩兜、三苗、梼杌各氏族被完全击败而分别流放,北方的大巫长祝融深入南方以传播教化。② 他还指出,巫觋与神灵的关系有两种:一种是巫觋可以指挥调动的神,这是小神;一种是巫觋只能被动接受附体或登天听取其意旨的神,这是大神。巫觋以一般的法术来指挥、命令小神、小鬼,而尊贵的大神则通过巫来传达它们为人类社会订立的秩序科条。这些大神与小神小鬼不同,不是"躲藏在物体的后边,却是高高地住在山上"。"按当时人的思想,天地相隔并不太远,可以相通,交通的道路就是靠着'上插云霄'的高山。"③ 当社会发展以后,"会咒术的'技术人才'是越多越好,多了,他们随时可以供应我们的需要。而传达或翻译大神意思的人却是越少越好。社会共同遵守的信条不能随便改易,人数一多,就有人杂言庞,使社会无所适从的危险。"④ 基于这种考虑,帝颛顼要改变"家为巫史"和任意传达神意的混乱现象。在绝地天通之后,其他的巫史就不能再登天传达神意,只有颛顼自己和南正重才"管得

---

① 徐旭生:《中国古史的传说时代》,文物出版社,1985,页6。
② 同上书,页7。
③ 同上书,页79。
④ 同上。

天下的事情，把群神的命令集中起来，传达下来，此外无论何巫全不得升天、妄传群神的命令。又使火正黎司地以属民，就是说使他管理地上的群巫，使他们好好地给万民治疾和祈福"。①

杨向奎先生在引述了观射父的话之后提出："我们虽然不能完全明了他的意思，但可以知道是说在九黎乱德之后，人人作起神的职分来，分不清楚谁是神派的人了，这样'民神同位'的结果，老天也觉得麻烦，于是派下重和黎来，使重管神的事，黎管人的事。那就是说，人向天有什么请求向黎说去，黎再通过重向天请求，这样是巫的职责专业化，此后平民再不能直接和上帝交通，王也不兼神的职务了，重和黎实巫之始祖。"② 又说："古代，在阶级社会的初期，统治者居山，作为天人的媒介，全是'神国'，国王们断绝了天人的交通，垄断了交通上帝的大权，他就是神，没有不是神的国王。"③ 其实，观射父所说令绝地天通者，还是指颛顼，从这里推不出"老天"来，杨氏所谓老天派下重黎使绝地天通的说法，显然受了《吕刑》"上帝""皇帝"之说的影响，所以他的解释就与徐旭生所说颛顼进行宗教改革的说法不同。就《楚语》的材料来看，徐旭生解释为颛顼发起的一次宗教改革，还是有启发的。同时我们也看到，

---

① 徐旭生：《中国古史的传说时代》，文物出版社，1985，页83。《大戴礼记·五帝德》说帝颛顼"依鬼神以制义"，"洁诚以祭祀"，徐旭生先生认为这是指帝颛顼是鬼神的代表，说明颛顼是大巫，是宗教主。见徐书页76。

② 杨向奎：《中国古代社会与古代思想研究》，上海人民出版社，1962，页163。

③ 同上书，页164。

第二章 巫觋

徐杨二位都承认这个传说中记述了历史上巫的职责专业化的一次转折。

现在让我们从原始信仰的角度来看这个绝地天通的记忆。D. 博德指出：认为天地曾经相通，人与神的相联系曾成为可能，后来天地才隔离开，这样的观念在许多文化中屡屡看到。他引述了埃里亚德的话："许多民族的神话把我们带到邈远的时代，那时人们不知有死亡、劳顿和忧虑，食物丰盈，举手可得。In illo tempore，众神下降世间，与人混杂，人也可以随意去往天界。由于种种违连典制的行为，天地之间的交往断绝，众神隐退到天宇的最高处。从此以后，人们必须劳作糊口，而且不再永生。"博德因此得出结论，《楚语》所载故事乃是指萨满通过进入癫狂以升举天界，重现人与天地间的交往。[1] 更早地，弗雷泽（James G. Frazer）在澳大利亚看到过那种"家为巫史"的情况，他肯定澳大利亚土著居民代表的是我们目前所知的人类社会最原始的状态，他记述道："澳大利亚人都是巫师"，"每个人都幻想自己能通过交感巫术来影响他的同伴或自然的过程"。[2] 这正是所谓民神杂糅的状态。

按照观射父所说，中国上古的原始宗教经历过三个阶段：民神不杂、民神异业——民神杂糅、家为巫史——绝地天通，无相侵渎。表面上看，这好像是一种正、反、合的辩证演进，但这样的一种演变，并不是宗教自身自然演化过程的体现，而是由于在第二阶段上的九黎乱德而导致的一种社会性的

---

[1] 塞·诺·克雷默编：《世界古代神话》，华夏出版社，1989，页 365—366。
[2] 弗雷泽：《金枝》第一卷，中国民间文艺出版社，页 234。

变化。

然而，弗雷泽及人类学的知识告诉我们，"民神不杂"的状态不可能是最原始的文化——宗教状态，而"民神杂糅"倒是原始文明早期的普遍情形。中国上古传说的一大问题是，像《楚语》中记载的这种传说，究竟在多大程度上保留了原生线索和原生情景，又在多大程度上染着西周文化的色彩，往往并非一目了然。《楚语》记载的少皞时代的巫似乎是一种祭祀程序的功能操作者，这究竟是否为上古社会巫觋的原生情景，就值得怀疑。《楚语》叙述的祝宗巫史职能的清晰分化，更是商周文化特别是西周文化的现象。观射父的讲法只是把民神异业的理想状况赋予上古，以便为颛顼的宗教改革提供一种合法性。而颛顼的时代文化还未发展到宗庙昭穆、礼节威仪、灿然大备的程度。

绝地天通传说中肯定性的信息是，它明确指出：第一，中国上古曾有一个"家为巫史"即人人作巫、家家作巫的巫觋时代；第二，上古巫觋的职能是促使天地的交通；第三，中国历史上的巫觋曾经历了一个专业分化的过程。这样一个过程，在其他文明中也不乏见。W. 施密特（W. Schmidt）曾引述金氏（I. King）之说："在最早的时期，每人都是自己的法师，到第二个时期，有特殊心灵的人，发展了更大的法术力量，于是以法术为职业的萨满就开始出现了。"[①] 颛顼的"绝地天通"政策，把少皞时代的"家为巫史"进化为巫史的专业化，这是不

---

① 施密特：《原始宗教与神话》，上海文艺出版社，1987，页154。

第二章 巫觋

是对少皞以前的一种恢复，无从证明，也不重要。至于说这一过程的最终结果是实现了事神权力的集中和垄断，也还需要进一步的解读，因为我们可以想见，一个较大的邦国，更不用说像夏商这样拥有更大统一性统治的王朝，只有两个大巫，是根本不可能的，各个部落、氏族的巫觋也不可能由帝颛顼的一声号令而取消。有关这一传说的进一步解读我们将在后面再来说明。现在，我们先来考察一下中国古史上有关"巫""觋"的记载。在进行这种考察之前，先须说明，本书以下所用的"古巫"是指文献记载的三代的巫觋，以区别于一般人类学所说的"巫师"以及后世民间的巫。

二 古巫

中国历史上巫始于何时，无从断定。马林诺夫斯基说的可能是对的："巫术永远没有起源，永远不是发明的编造的，一切巫术简单地说都是存在的，古已有之的存在。"① 《说文解字》认为"巫咸初作巫"，可能本于《世本》的说法。如果这里的巫是指比较专业化的巫，那么，巫术的存在应当更早。事实上，据《楚语》观射父所说，巫之存在不晚于五帝时期。

就文明时代而言，文献记载夏代已有与巫相关的行为，《法目·重黎》："姒氏治水土，而巫步多禹。"李轨注："禹治水土，涉山川，病足，故行跛也，……而俗巫多效禹步。"这说明在夏

---

① 马林诺夫斯基：《巫术科学宗教与神话》，页57。

禹以前已有巫，而且广泛存在着与巫官不同的俗巫。关于禹步，另有一种传说："禹步者，盖是夏禹所为术，召役神灵之行步。"(《洞神八帝元变经·禹步致灵第四》)这是认为禹步是禹所发明的一种巫舞，这个说法可能是后来术士的依托之辞。

《太平御览》卷八十二："昔夏后启筮，乘龙以登于天，占于皋陶，皋陶曰：吉而必同，与神交通。"《山海经·海外西经》描述夏禹说："大乐之野，夏后启于此舞九代，乘两龙，云盖三层，左手操翳，右手操环，佩玉璜。"潘世宪先生认为夏启可能是手操翳环、身佩玉璜的巫觋，可以与神交通。① 张光直先生更明确认为九代即巫舞，"夏后启无疑为巫，且善歌乐"②。

汤时亦有巫风，《墨子·明鬼》："先王之书，汤之官刑有之曰，其恒舞于宫，是谓巫风。"只是其宗教含义并不清楚，《尚书·伊训》："歌有恒舞于宫，酣歌于室，时谓巫风。"疏云："巫以歌舞事神，故歌舞为巫觋之风俗也。"照这个说法，商代的巫似乎主要不是明神附体，而是以歌舞事奉神灵。

虽然三代以前已经有巫，但中国历史上最有名的古巫还是巫咸。据《尚书》所记，巫咸是商代一位名官，《尚书·君奭》载：

> 我闻在昔成汤既受命，时则有若伊尹，格于皇天。在太甲，时则有若保衡。在太戊，时则有若伊陟、臣扈，格于上帝；巫咸乂王家。在祖乙，时则有若巫贤。

---

① 潘世宪：《再探群巫》，载《周易研究》1991年第1期。
② 张光直：《中国青铜时代二集》，页64。

第二章 巫觋

据此，巫咸为商代太戊时一位贤臣，且与巫贤为二人。《史记·燕召公世家》亦据此为说："汤时有伊尹，假于皇天；在太戊时，则有若伊陟、臣扈，假于上帝，巫咸治王家；在祖乙时，则有若巫贤。"《尚书·咸有一德》：

> 伊陟相大戊，亳有祥桑谷共生于朝，伊陟赞于巫咸，作《咸乂四篇》。

这个故事说伊陟见不祥之兆而作文劝诫。《史记·殷本纪》综合以上二说："帝太戊立伊陟为相。亳有祥桑谷共生于朝，一暮大拱。帝太戊惧，问伊陟，伊陟曰：臣闻妖不胜德，帝之政其有阙与？帝修其德！大戊从之，而祥桑枯死而去。伊陟赞言于巫咸。巫咸治王家有成。"在这些说法中，巫咸与假于上帝、息怪去妖有关。

在较后的先秦文献中，巫咸被说成是一个著名的古巫，一个最早的可知名姓的巫。

> 郑有神巫曰季咸，知人之生死、存亡、祸福、寿夭，期以岁月旬日若神。（《庄子·应帝王》）

> 有神巫曰季咸，知人之生死存亡，期以岁月旬日如神。（《列子》）

这两个传述同出一源，季咸即巫咸，在战国时人们皆认为他是一个神巫。

> 巫咸虽善祝，不能自祓也。（《韩非子·说林下》）

祓即禳灾的法术，祝即祷祝。

> 巫咸作筮。（《吕氏春秋·勿躬》）

筮字从巫，这里已经把巫咸看作是筮法的发明者。这个说法也见于《世本·作篇》。《太平御览》引《外国图》：

> 昔殷帝太戊使巫咸祷于山河。（卷七九〇）

屈原《楚辞》中多次出现巫的形象，并提到：

> 欲从灵氛之吉占兮，心犹豫而狐疑。巫咸将夕降兮，怀椒糈而要之。（《楚辞·离骚》）

王逸注："巫咸，古神巫也，当殷中宗之世。……言巫咸将以日夕从天而降，愿怀椒糈而要之，使占此吉凶也。"（《楚辞集注》卷一）

由于战国时已将巫咸视为古巫，影响到汉以后史家对"伊涉赞巫咸"的解释，如司马贞《史记索隐》就说："巫咸是殷臣，以巫接神事，太戊使禳桑谷之灾，所以伊涉赞巫咸。"

后世则把巫咸推到更为古远的时代，如：

第二章 巫觋

> 黄神（帝）与炎神（帝）争斗（于）涿鹿之野，将战，筮于巫咸，曰：果哉，而有咎？（《太平御览》卷七九引《归藏》）
>
> 神农使巫咸主筮。（《路史》后纪三）
>
> 巫咸，尧臣也，以鸿术为帝尧之医。（《太平御览》卷七二一引《世本》）

这些说法多靠不住。总之，巫咸是作为历史上第一个有名姓的巫者而被后人记忆的，从而使得后人多把他当作历史上的第一个巫者或古巫的代表。

最后，我们再引一段与巫咸有关的材料，即《周礼》中的"九巫"之说：

> 九筮之名，一曰巫更，二曰巫咸，三曰巫式，四曰巫目，五曰巫易，六曰巫比，七曰巫祠，八曰巫参，九曰巫环，以辨吉凶。

这是以九位筮者命名的筮法，筮字出于巫，古巫多掌筮，此九人皆是巫，故宋儒刘敞等"并读九巫如字，谓巫更等为古精筮者九人，巫咸即《世本》作筮之巫咸……"（见《周礼正义》卷四十八，中华标点本，页1964）

《说文解字》说巫是以舞降神者，"降神"的意思张光直先生说得很明白："就是说巫师能举行仪式请神自上界下降，降下来把信息、指示交与下界。"① 他指出，神固然可以降，而巫亦可以"涉"，即到上界与神祖相会。我们记得"绝地天通"的故事中断绝天地交通的说法，徐旭生先生解释说当时的巫可以上登高山与天神相交通。这些说法，可由《山海经·大荒西经》的"十巫"之说得到证明：

> 大荒之中有山，名曰丰沮玉门，日月所入。有灵山。巫咸、巫即、巫盼、巫彭、巫姑、巫真、巫礼、巫抵、巫谢、巫罗十巫从此升降，百药爰在。

袁珂解释说："即从此上下于天，宣神旨，达民情之意。灵山，盖山中天梯也。诸巫所操之业主，实巫而非医也。"②《山海经》又载：

> 巫咸国在女丑北，右手操青蛇，左手操赤蛇，在登葆山，群巫所从上下也。（《海内西经》）

不过，商周的巫，在记载中已经看不到登山通天的迹象，这也许就是绝地天通的结果。

巫咸究竟是官巫（巫官）还是民巫（俗巫），记述多不同。历史学家认为，上古曾有一巫官合一的时代。李宗侗认为在上

---

① 张光直：《中国青铜时代二集》，页48。
② 袁珂：《山海经校注》，上海古籍出版社，1980，页397。

第二章 巫觋

古时代,"君及官吏皆出于巫"①。陈梦家论商代巫术时也说:"由巫而史而为王者的行政官吏;王者自己虽为政治领袖,同时仍为群巫之长。"②虽然,在人类学中我们会看到原始文化中部落或氏族首领兼巫师的例子,但君出于巫的原理在世界文明史上能否有普遍性,涉及的问题复杂,难于轻易论断。处理这种政治史的问题,不在本书的范围之内。不过,上古中国社会的君王兼行某些巫术性质的活动,在文献上有迹可见。其中有代表性的例子就是"汤祷"的传说。

在《墨子》《荀子》《尸子》《吕氏春秋》《淮南子》及《说苑》中都记载了这个传说,《墨子》中说:

> 汤曰:"惟予小子履,敢用玄牡,告于上天后,曰:'今天大旱,即当朕身履,未知得罪于上下,有善不敢蔽,有罪不敢赦,简在帝心。万方有罪,即当朕身,朕身有罪,无及万方。'"即此言汤贵为天子,富有天下,然且不惮以身为牺牲,以祠说于上帝鬼神。(《墨子·兼爱下》)

这只说汤在大旱时祈祷求雨,自为牺牲,并未明显涉及巫术。《吕氏春秋》也传述了这个故事:

> 昔者汤克夏而正天下,天下大旱,五年不收,汤乃以身祷于桑林,曰:"余一人有罪,无及万夫;万夫有罪,在

---

① 李宗侗:《中国古代社会史》,台北华冈出版社,1954,页118。
② 陈梦家:《商代的神话与巫术》,载《燕京学报》第二十期,页535。

余一人。无以一人之不敏,使上帝鬼神伤民之命。"于是剪其发,磨其手,以身为牺牲,用祈福于上帝,民乃大悦,雨乃大至。(《顺民篇》)

《尸子·君治篇》所载大意略同:"汤之救旱也,乘素车白马,著布衣,婴白茅,以身为牲,祷于桑林之野。""以身",按照这些说法,是指汤以自己的身体作为献祭上帝的牺牲,祈请上帝赐雨下民。在这里虽有祭祀神灵的行为,但还不能说汤是以巫术求雨。唯有"剪其发,磨其手"的意义不明。《文选·思玄赋》李注中也曾述及:

《淮南子》曰:汤时大旱七年,卜用人祀天,汤曰:"本卜祭为民,岂乎自当之",乃使人积薪,剪发及爪,自洁,居柴上,将自焚以祭天。火将燃,即降大雨。(《文选》卷十五)

类似的记述也见于《太平御览》卷八三引《帝王世纪》。

不少人类学家都认为汤的以身为牲,实际上是一种祈雨巫术,因而认为汤即是一大巫,至少承担有巫的某些职能。[①] 在上面的故事中"剪发及爪"的说法,表面上似与"发、须、爪"的巫术有牵连,实际上大概只是自洁以献祭的意思。不过,在古代历史上,求雨的祭献往往采取焚巫的形式,与巫确实有关。

---

① 张光直:《中国青铜时代二集》,页44。

第二章 巫觋

《左传》僖公二十一年:"夏大旱,公欲焚巫。"郑玄注:"巫,女巫也,主祈祷请雨者。或以为非巫也,瘠病之人,其面上向,俗谓天哀其病,恐雨入其鼻,故为之旱,是以公欲焚之。"《礼记·檀弓下》:"岁旱,穆公召县子而问然,曰:天久不雨,吾欲焚巫尪而奚若?"《论衡·昭雩》所载相似:"鲁穆公时,岁旱,穆公问县子:寡人欲暴巫,奚如?"中国古史上有焚巫求雨的传统,由此来看,汤欲自焚,在当时也可能并非出于爱民之心,而是以大巫的身份自觉履行焚巫的传统,以求降雨。据裘锡圭的研究,"在上古时代,由于宗教上或习俗上的需要,地位较高的人也可以成为牺牲品"。他还指出,焚巫是焚烧巫尪以求雨,暴巫是曝晒巫尪以求雨,他认为尽管穆公所在的战国时代焚巫的方法已演变为暴巫,但商代焚人为牺牲以求雨的现象在卜辞中并不少见。①

由于古代文献上多有"在男曰觋,在女曰巫"的说法,有学者就认为巫本为女性职务,应产生于母系氏族社会。虽然民族学家有关于北方少数民族主要由女性担任萨满的记述,②但就中原文明的古史阶段来看,"在女曰巫"并不是说上古的巫术皆由女巫来执掌,因为还有"在男曰觋"。传说中最著名的古巫巫咸、巫彭等都是男性。陈梦家认为,由卜辞可见,当时王者的地位已极巩固,政治、武力和宗教、巫术的执掌都已为男性占有,在各期的卜人中,绝无一卜人名字有女旁,表明卜人中恰无女性。所以他认为商代惟求雨时巫用女巫,"商代的女巫已

---

① 裘锡圭:《论卜辞的焚巫尪与作土龙》,载《甲骨文与殷商史》。
② 秋甫主编:《萨满教研究》,上海人民出版社,1985,页56。

仅为求雨舞雩的技艺人才，不复掌握宗教巫术的大权"①。

三　说巫

关于巫之说，可分为以下几点：

第一，巫，甲骨文常作✢，像两玉交错的形状。《说文解字》巫部：

> 巫，祝也。女能事无形，以舞降神者也。象人两褒舞形，与工同意。古者巫咸初作巫。

"无形"指神，"褒"即袖。事无形即事神，此说以事神为巫之主要职能。《说文解字》玉部："靈，巫也，以玉事神。"《九歌》中多灵字，楚人称巫为灵，故王逸注谓灵巫也，说明巫以玉为事神的主要灵物和法具。

第二，也有学者指出，巫字本来是舞字，陈梦家认为卜辞舞字作󰁓，讹变而为小篆之巫。又说："舞巫既同出一形，故古音亦相同，义亦相合，金文舞無一字，说文舞無巫三字分隶三部，其于卜辞则一也。"② 又如杨向奎先生说："巫当然不仅是女人，而舞的确是巫的专长，在甲骨文中'無'（舞）字本来就是巫，也是一种舞蹈的姿态——󰁓（《殷墟文字甲编》第七五页，九六九·三·〇·〇〇六二），（同上书，第二八五页，一

---

① 陈梦家：《商代的神话与巫术》，《燕京学报》第二十期，页533。
② 同上书，页537。

第二章 巫觋

一七九·三·〇·〇五一七)。史出于巫,所以太史公司马迁自叙上及重黎。"① 此说强调"巫"在字源上与"舞蹈"的密切关联。郑玄《诗谱》亦云"古代之巫实以歌舞为职"。②

第三,巫在狭义上特指女者,广义上兼指男、女而言。觋在狭义上特指男者。《说文解字》:

> 觋,能斋肃事神明也,在男曰觋,在女曰巫。

《玉篇》《广韵》则有"在男曰巫,在女曰觋"的说法。段注说文则认为:"统言则《周礼》男亦曰巫,女非不可曰觋也。"总之,男巫女巫可通谓之巫。

第四,春秋时代巫祝常连用,巫史亦常连用,而史亦祝宗之统称,故《说文》所说"巫,祝也"合于东周的部分史实。但以祝释巫的意义可能后起。《说文解字》示部:"祝,祭主赞词者。从示,从人、口。"郭沫若认为"祝"的甲骨文像跪而有所祷告之形。周代的"祝"明确是指职司祭礼并向鬼神祝祷。《礼记·曾子问》"祝迎四庙之主",郑玄注:"祝,接神者也。"接神亦即事神。孔颖达《易·巽》注:"史谓祝史,巫谓巫觋,并是接事鬼神之人也。"段玉裁认为《说文解字》以祝释巫有误,他提出:"按祝乃觋之误,巫觋皆巫也,故觋篆下总言其义","《周礼》祝与巫分职,二者虽相须为用,不得以祝释巫也"。巫是以舞降神,祝是向神祷告,二者有所不同。特别是上

---

① 杨向奎:《中国古代社会与古代思想研究》,页163。
② 转引自《巫与巫术》,页338。

古时代，可能专职的"祝"或祝祷的意识行为还未出现的时候就已经有巫了。

第五，上古巫医相通，《公羊传·隐公四年》何休注："巫者，事鬼神祷解以治病请福者也。"何休注虽晚出，但巫师在初民社会即兼医师为人治病，在人类学研究中十分普遍，所以这个解释是朴素而有根据的。事实上，古医字本从巫，《论语·子路》"南人有言曰，人而无恒，不可以为巫医"，以巫医相联。《世本》"巫咸为帝尧之医"，《吕氏春秋·勿躬》"巫彭作医"，古医皆即是古巫。《山海经·海内西经》有"六巫"之说："开明东有巫彭、巫抵、巫阳、巫履、巫凡、巫相巫。"郭璞注："皆神医也。"巫阳之名又见于《楚辞》。

第六，《周礼》的记载虽不足以说明夏商，但应不远于西周的情实，其中反映的巫的职能，对了解上古，有可以参考的价值。《周礼·春官》：

> 司巫掌群巫之政令，若国大旱，则率巫而舞雩；国有大灾，则帅巫而造巫恒。祭祀，则共匰主及道布及蒩馆。凡祭事，守瘗。凡丧事，掌巫降之礼。
>
> 男巫掌望祀望衍授号，旁招以茅。冬堂赠，无方无算。春招弭，以除疾病。王吊，则与祝前。
>
> 女巫掌岁时祓除，衅浴。旱暵则舞雩。若王后吊，则与祝前。凡邦之大灾，歌哭而请。

"司巫"的职责有二，一是大旱大灾时帅群巫舞雩，二是在丧祭之礼中扮演一定的角色。"男巫"春天招神讨福,以除疾病。"女巫"逢大旱舞雩,岁时除不祥。由此可见,在周代,巫的主要职能是:旱灾舞雩;丧事降神;时令招神袚除。这也大体上是商代的官巫的主要活动和职能。在小邦国以及民间,巫的职能可能与王朝的巫官略不同,下层的巫可能更多的是执行祛病、禳祸、卜筮、除不祥及参掌丧祭等。

现在,我们来综合地讨论一下中国古代巫觋的职能与性质。

四 巫术与萨满

让我们回到文化人类学有关原始文化的一些论点。19世纪以来,原始文化和巫术的研究可谓蔚然大观,而其中看法各不相同。我们在以下只举出几种有代表性的看法,这些看法以广泛的调查为基础,是学术界公认的重要研究成果,可以把它们与中国古史的材料相参照,以构成讨论的基础。

原始文化研究的奠基人泰勒(E. B. Tyler)曾指出,魔法的信仰,"按其基本原则来说乃是著名的文化阶段之最低阶段。那些很少参与世界智能发展的低等种族之间,魔法还完全有效地保留着。从这种水平开始,对它还可以向上追溯,因为蒙昧人的许多手段和习惯无重大改变地、远远地继续保留着它的地位。""在任何国家中,保留了较古部族之残余的隔绝或远方的部落,巫师能够得到较高的荣誉。"[①] 他把巫术的思维属性

---

① 泰勒:《原始文化》,上海文艺出版社,页117。

理解为"联想":"巫术是建立在联想之上而以人类的智慧为基础的一种能力,但是在相当大的程度上,同样也是以人类的愚蠢为基础的一种能力。这是我们理解魔法的关键。人早在低级智力状态中就学会了在思想中把那些他发现了彼此之间的实际联系的事物结合起来。但是,以后他就曲解了这种联系,得出了错误的结论;联想当然是以实际上的同样联系为前提的。以此为指导,他就力求用这种方法来发现、预言和引出事变。而这种方法,正如我们现在所看到的这种,只有纯粹幻想的性质。"①

以研究巫术著称于世的弗雷泽发展了泰勒的联想说和类比说,他把全部巫术归结为两大类型:一是"顺势巫术"(或称模拟巫术),一是"接触巫术"。顺势巫术所依据的思维模式是所谓"相似律",即基于"相似"的联想而建立的。接触巫术则依据的是所谓"接触律",即基于"接触"的联想而建立的。他说:

> 如果我们分析巫术赖以建立的思想原则,便会发现它们可归结为两个方面:第一是"同类相生"或果必同因;第二是"物体一经互相接触,在中断实体接触后还会继续远距离的互相作用"。前者可称之为"相似律",后者可称之为"接触律"或"触染律"。巫师根据第一原则即"相似律"引申出,他能仅仅通过模仿就会实现任何他想做的事。

---

① 泰勒:《原始文化》,上海文艺出版社,页122。

第二章 巫觋

从第二个原则出发,他断定,他能通过一个物体来对一个人施加影响,只要该物体曾被那个人接触过,不论该物体是否为该人身体之一部分。基于相似律的法术叫做"顺势巫术"或"模拟巫术",基于接触律或触染律的法术叫做"接触巫术"。①

他又指出:

如果我对巫师逻辑的分析是正确的话,那么它的两大"原理"便纯粹是"联想"的两种不同的错误应用而已。"顺势巫术"是根据对"相似"的联想而建立的,而"接触巫术"则是根据对"接触"的联想而建立的。"顺势巫术"所犯的错误是把彼此相似的东西看成同一个东西,"接触巫术"所犯的错误是把互相接触过的东西看成为总是保持接触的。但在实践中这两种巫术经常是合在一起进行。②

关于顺势巫术或模拟巫术,弗雷泽举出了大量的例子,我们仅取几种以作说明。一种是奥吉布威印第安人企图加害于某人时,就照仇人的模样制作一个小木偶,然后将一根针刺入其头部或胸部。③ 另一种是苏门答腊岛的巴塔克人中若有妇女不孕,就制作一个木偶婴儿抱在膝上,相信这会使怀孕的愿望变

---

① 弗雷泽:《金枝》,中国民间文艺出版社,1987,页19。
② 同上书,页20。
③ 同上书,页22。

为现实。① 再一种如瓦拉蒙加部落，白鹦鹉图腾的头人手执这种鸟的模拟像，模仿其求偶的鸣叫，以此求得鹦鹉的繁殖。② 类似的还有英属哥伦比亚印第安人渔民，如果鱼群在应来的季节不来，就请男巫作成一个游鱼模型，放在鱼群通常会来的水域中，在举行这种仪式时还伴以念诵祈求鱼群游来的祷告。③

关于接触巫术，最具代表性的例子就是，相信任何人只要拥有别人的头发或指甲，无论相距多远，都可以通过对这些头发或指甲施法而达到伤害那个人的目的。④

弗雷泽又把这两类巫术统归于"交感巫术"这一总称，他认为这样更便于理解这些巫术的性质。他使用的"交感"，是指"认为物体通过某种神秘的交感可以远距离地相互作用，通过一种我们看不见的'以太'把一物体的推动力传输给另一物体"⑤。其实，原始的巫术未必预设了一种对以太的信仰，他们也许根本不认为这种超距的交感作用需要某种"物质基础"或"中介物"。尽管在大洋洲有对"玛纳"的信仰，但玛纳并不是作为交感巫术的中介来被信仰的。⑥

弗雷泽正确地指出，交感巫术的体系不仅包含了积极的规则，也包含了大量的消极规则即禁忌，它告诉人们的不仅是应该做到什么，也有不能做什么。积极性规则是法术，而消极性

---

① 弗雷泽：《金枝》，中国民间文艺出版社，1987，页23。
② 同上书，页28。
③ 同上书，页29。
④ 同上书，页58。
⑤ 同上。
⑥ 参看林惠祥：《文化人类学》，商务印书馆，1991，页285。

第二章 巫觋

规则是禁忌。"事实上全部或绝大部分禁忌的原则似乎只是交感巫术的相似律与接触律这两大原则的特殊应用。"① 如马达加斯加的士兵认为若吃了一只争斗而死的公鸡,自己就可能死在战场上,他们还避免吃肾,因为在他们的语言中"肾"和"射死"是同一个字,他们认为吃了肾就肯定会被射死。这种禁忌显然是顺势巫术的一种特殊的、消极的运用。

最后,有必要提到弗雷泽论巫术和宗教的区别,这个问题在后面还要详细讨论,但在这里应简略地指出一点,即在弗雷泽看来,巫术与宗教的区别,并不在于是否假定有神灵的存在。巫术与宗教的区别在于:

> 它对待神灵的方式实际上是和对待无生命物完全一样,也就是说,是强迫或压制这些神灵,而不是像宗教那样去取悦或讨好它们。因此,巫术断定,一切只有人格的对象,无论是人或神,最终总是从属于那些控制着一切的非人的力量。任何人只要懂得用适当的仪式和咒语来巧妙地操纵这种力量,他就能够继续利用它。②

弗雷泽巫术研究的结论中最有争议的是他把巫术与科学看成性质相近的认识世界的方式。不过,这一点与本书处理的主题无关。因此,我们也不关注马林诺夫斯基对弗雷泽的批评,而直接来看马氏对巫术的了解。

---

① 林惠祥:《文化人类学》,页31。
② 弗雷泽:《金枝》,页79。

马氏认为，巫术是基于粗拙信仰的一套实用手段，而这些实用手段是针对着那些无能为力的过程。至于那些有能为力的过程就用实用技术来对付。① 所以马氏认为巫术不是原始科学，而是在科学技术的限度边界之外用以发泄人的情绪，获得满足。这表现在巫术总是在一种近于狂怒的情绪性表演中完成的。他还认为咒语是巫术行为的核心，是巫术中最重要的成分。他还有一个论断，认为巫术是为人而创的，因为巫术的题材全部是与人相关的题材。② 即巫术行为皆取向于人类事务而非神事。作为功能学派的代表，马氏认为，与认知、宗教不同，巫术的功能在于使人在情绪挫折时渡过挫折，保持精神平衡，在虚假的仪式中保持乐观、提高希望。③

由以上文化人类学家对蒙昧社会巫术的研究来看，他们的结论与中国古文献所记载的巫觋活动并不十分吻合。瞿兑之曾谓中国古代之巫有四大职务，即招神、逐疫、禳灾、除不祥，④不过他是以《周礼》巫官所职而言。正如我们在前面已指出的，中国文献记载的古巫的主要活动，是以舞降神，以救灾祛病。这些活动，与人类学家所说的巫术有两点重要的差异：第一，中国古巫的活动是以神灵观念为基础的，这与弗雷泽所记述的许多蒙昧社会的无神灵的自然巫术，是不同的。第二，中国古巫的活动，主要地不是像自然巫术那样"强迫或压制神灵"，而

---

① 马林诺夫斯基：《文化论》，页 55。
② 见马林诺夫斯基：《巫术科学宗教与神话》，页 53—63。
③ 同上书，页 77。
④ 瞿兑之：《释巫》，《燕京学报》第七期，页 1328。

第二章　巫觋

是谄媚和取悦神灵。这两点，使得中国古代巫觋活动更像弗雷泽所说的宗教，而不是巫术。

文献记载的三代古巫既没有登山通天之事，也已很少甚至没有施行过基于自然力的交感巫术，而以降神、祭神为主要特点。降神又是用舞蹈的方法来迎请神灵。我们知道，《金枝》所载述的巫术，绝大部分是没有神灵出现的，所以马雷特在论巫术时开篇就提出：

> 宗教可以没有神吗？《金枝》第一次使世人了解到人类心灵和人类社会的一个原始阶段，在这个阶段上，人们几乎没有关于神、甚至关于灵魂的描述，但都把注意力集中在某种神秘力量上，大致就是那种现代自然科学所谓的自然力量，据说这种力量可以通过某种仪式被用来为人类服务。[①]

他还说："据弗雷泽认为，宗教总要涉及求助于神，而巫术与神没有任何联系。"[②] 马雷特（R. R. Marett）的这种说法对弗雷泽本人来说可能是不十分准确的，因为我们已经引述过，弗雷泽承认一部分巫术与神灵打交道，只是打交道的方式不同，巫术是要支配神灵，操纵神灵和自然力。然而，马雷特当然不是无稽之谈，因为《金枝》笔下的大量巫术只是诉诸交感法则，而没有任何神灵存在的预设。

[①] 马雷特：《心理学与民俗学》，山东人民出版社，1988，页143。
[②] 同上书，页153。

且不说《楚语》申明神降附巫觋之身的传说，三代以舞降神的巫觋明显是以神灵观念为基础的。从弗雷泽的《金枝》可以知道，这种以舞降神的巫觋并非人类学家在世界各地所见的原生性巫术，已经是自然宗教阶段上演变出来的产物。事实上，弗雷泽在澳大利亚看到的某些有神灵观念参与的巫术，很可能是受了外来有神宗教的影响所致。中国古巫也完全没有弗雷泽所说原始巫术的那种属性——要颐指气使地调动神灵或自然力，而恰恰是以弗雷泽所说的超乎巫术的献媚态度，恭请（与祭祀配合）神灵的降临或满足神灵的要求，以便使神灵帮助人类。瞿兑之说："人嗜饮食，故巫以牺牲奉神；人乐男女，故巫以容色媚神；人好声色，故巫以歌舞娱神；人富言语，故巫以词令歆神。"① 这清楚地说明古巫取悦神灵的态度。另一值得注意之点是，马林诺夫斯基指出："巫术这实用的技术，有受限定的手段：咒、仪式、术士底遵守一切条件，更永远是巫术底三位一体。"② 而中国古巫所行也缺少马林诺夫斯基强调的巫术之首要条件——咒语。虽然，由后世文学作品可见民间仍有不少原生性的黑白巫术在下层流行，其来源为何尚不能断定，但我们至少可以说，在中国文字发明的时代，"巫"所承担的职能已经是祭祀宗教的一部分，而使其自身已成为祭司之一种。这与人类学上所说的一般的巫师，有所不同。这是因为文献中的中国古巫已不是原生形态的了，而是神灵观念较发展时期的次生形态。

那么，是不是可以说，在某种程度上，中国古巫在个体形

---

① 瞿兑之：《释巫》，《燕京学报》第七期，页1327。
② 马林诺夫斯基：《巫术科学宗教与神话》，页75。

第二章 巫觋

态上比较接近于在北亚洲通古斯语族和蒙古语族文化中所说的"萨满"呢？这正是张光直、亚瑟·瓦立等学者的看法。

米尔西·埃利亚德（Mircea Eliade）在其名著《萨满主义》中指出，自20世纪初以来，人类学家落入一种习惯，交互地使用"萨满"（shaman）、"医巫"（medicine man）、"术士"（sorcerer）和"巫师"（magician），以描述某种具有巫术—宗教力量的人物和所有原始社会的基础。这些名词也被引申地运用于文明人的宗教史研究，如印度、伊朗、中国古代宗教中的原始因素。埃利亚德指出，如果萨满一词意指任何巫师、术士、医士，那就会使概念的运用变得复杂含混，也使萨满这个词失去意义，因为我们已经有了巫师、术士等名词。因此，为避免误导，应限制"萨满"的使用。虽然萨满像所有医士一样疗疾，像所有巫师一样表演奇迹，此外他也是祭者、诗人等，而这些都不是"萨满"的严格意义的本质。埃利亚德冒着危险给出了他自己关于萨满现象的定义：萨满等于迷狂的技术，萨满是神迷入狂的大师。他也指出，萨满在各地一般会与其他形式的巫术和宗教并存，不会完全占取宗教领域，在许多部落祭司与萨满共存。[1]

秋浦在《鄂温克人的原始社会形态》中指出，鄂温克人有自然崇拜，有明显的自然神观念和精灵观念。他指出："鄂温克人对于疾病的理解是完全建立在迷信基础上的，认为人们生病是神鬼作祟的结果，所以他们就是以请萨满跳神、驱鬼的方式

---

[1] Mircea Eliade, *Shamanism*, Princeton University Press, 1972, pp. 3-4.

来'治疗'疾病的。"① "由于鄂温克人对自然力量的恐惧,产生了一种虚幻和不正确的概念,因而当自然力量和人发生矛盾的时候,也只有试图通过一系列迷信手段解决它。这样,就在产生了超自然力量——神的观念的同时,同样出现了献祭、禁忌、魔法等具体的崇拜形式。"② "献祭的目的是为了取得神的欢心,从而使人们得到福佑;与此相反,对神的任何渎犯,在他们看来,都会触怒神明而得到灾祸。这样就在他们的行为中规定了种种的禁忌。"③ 这提示出,在神灵观念存在的地方,禁忌不一定如弗雷泽所说只是交感巫术的反用。当然,作者所考察的鄂温克人已与外界有较长的交往历史,已经不是纯粹的原生原始文化。

据秋浦说,鄂温克人认为,"萨满是灵物的代表,他可以交往于人神之间。他有法术的力量,可以为病人赶鬼,为猎人祈福"④。"萨满的宗教活动主要是给病人祭神赶鬼,以白色的驯鹿为牺牲,对'舍卧刻'和'舍利'神献祭,当小孩生病时,认为其灵魂离开了肉体,以二只驯鹿祭'乌麦'神,举行招魂仪式","猎人长期打不到野兽时也请萨满跳神祈求丰收"。⑤ 秋浦主编的《萨满教研究》中指出,萨满作为人和神之间的中介人,其职能主要有以下三个方面:一、为消灾而祭神、跳神。所祭的神有天神、祖先神等。二、为病人跳神,根据不同症状

---

① 秋浦:《鄂温克人的原始社会形态》,中华书局,1962,页86。
② 同上书,页91。
③ 同上。
④ 同上书,页98。
⑤ 同上书,页99。

第二章 巫觋

祭不同的神,使其不要作祟,致祷词许愿供祭该神,求对病人宽恕。三、为祈求丰收祭神。①

中国的人类学家对萨满如何跳神很少记述,斐济人的降神记载也许可以用作比照:"其时众声齐息,寂静如死,神巫正在深思默想中,众人都不瞬地齐向他注视。在几分钟后他的全身便渐颤动,面皮稍稍扭动,手足渐起痉挛,犹如病人发热一样。有时或兼发呻吟呜咽之声,血管涨大,血液的循环急激。此时这种巫已经被神附身,以后的言语和动作都不是他自己的而是神所发的了。神巫口里时时发出尖锐的叫声……这是神灵自己报到的话。当应答大众问话的时候,神巫的眼珠前突,旋转不定,他的声音很不自然,脸色死白,唇色青黑,呼吸迫促,全身的状态像个疯癫的人。其后汗流满身,眼泪夺眶而出,兴奋的状态乃渐减。最后神巫叫声'我去了',同时突然倒地,或用棒捶击地面。神巫兴奋的状态过了些时,方才完全消失。"② 看来斐济的这种降神者属于萨满的类型。

张光直先生认为中国古文献中的"巫"应译成 shaman,而不译成术士 magician 或 wizard。张光直曾引述亚瑟·瓦立的定义:"在古代中国,鬼神祭祀时充当中介的人称为巫,据文献的描述,他们专门驱邪、预言、卜卦、造雨、占梦。有的巫师能歌善舞,有时,巫就被解释为以舞降神之人。他们也以巫术行医,在作法之后,他们会像西伯利亚的萨满那样,把一种医术遣到阴间,以寻求慰解死神的办法。可见,中国的巫与西伯利

---

① 秋浦主编:《萨满教研究》,上海人民出版社,1985,页 68。
② 引自林惠祥《文化人类学》,页 265。

亚和通古斯地区的萨满有着极为相近的功能,因此把'巫'译为萨满是合适的。"①

的确,在神灵观念上古巫与萨满相近。尤其是,按照《楚语》所说,在绝地天通之前的巫觋是可以通天升天的,因此,绝地天通以前的巫觋是很近于萨满的。

然而,考虑到埃里亚德以及其他学者的意见,如"萨满的神力在于他能使自己随意进入迷幻状态,……鼓声与舞蹈并作,使他极度兴奋,并把他的伙伴,如野兽和鸟类召到身边,这些旁人看不见的动物能助他一臂之力,帮助他升天"②。在通古斯语中"萨满"的本义即是迷狂者。应当说,作为萨满主要特征的迷狂技术和迷狂状态,不见于文献对三代古巫的记载。而"绝地天通"之后,三代的古巫确实没有借助动物或高山再去升天通天的了,《楚语》的传说正反映了一个事实,即升天通天早已被排除于古巫的职能之外了。这都说明,文献所记载的有关古巫的活动,都不是原生巫术,而是由原生巫术出发,在文化的早期理性化进化过程中间,在文化发展的进一步阶段上,受到新的发展阶段上的文化体系所制约和影响的,一种次生的、特殊的形态。当然,这绝不是说中国古代在"巫"之外就没有其他术士或交感巫术,也没有无视后来在多民族融合的历史中许多北方民族把他们的原始文化因素带入中原,以及近古民间社会巫术的存在。我们只是强调,在我们回顾中国文化的演生历史时应当注意,当我们由文献出发而把中国文化的发展上溯

---

① 张光直:《美术、神话与祭祀》,辽宁教育出版社,1988,页35。
② 引自同上书,页54。

第二章　巫觋

到所谓巫官文化或巫觋文化的时候，我们应了解三代古巫与一般所谓巫师及萨满的差异，以把握中国前轴心时代文化的发展水平。

五　巫祝与巫史

《说文解字》"巫，祝也"，先秦文献上"巫祝"常常连用。与"巫祝"的意义相同，"巫史""祝史"的连用也很多。应当指出，以"祝"释巫，是在祭祀文化的体系中说明巫，因为"祝，祭主赞词者"，祝本来明显地就是祭祀仪式中承担祝祷职责的人士或官员。也因此，在这种解释中，巫是已经或已被祭祀化了的。

《仪礼·士丧礼》言"商祝袭祭服祿衣次"，又言"夏祝鬻余饭"，注家谓夏祝、商祝，祝其实都是周祝，"以习夏礼谓之夏祝，以习商礼谓之商祝"[1]。《礼记·乐记》也说"宗祝辨乎宗庙之礼，故后尸；商祝辨乎丧礼，故后主人"。孙注："士丧礼有商祝夏祝，凡袭、殓皆使商祝，设奠皆使夏祝。该二祝皆周礼之丧祝，习商礼者为商祝，习夏礼者为夏祝。"[2] 照这些说法来看，夏商两代的丧礼是流传到周代的。

周代职官体制中有明文规定了祝的职能，《周礼》春官有大祝：

---

[1]　胡培翚：《仪礼正义》卷二十六。
[2]　孙希旦：《礼记集解》，中华书局标点本，页1012。

> 大祝掌六祝之辞，以事鬼神示，祈福祥，求永贞。一曰顺祝，二曰年祝，三曰吉祝，四曰化祝，五曰瑞祝，六曰策祝。掌六祈，以同鬼神示，一曰类，二曰造，三曰，四曰禜，五曰攻，六曰说。(《周礼正义》，中华书局标点本，页 1985)

注引郑司农云："顺祝，顺丰年也。年祝，求永贞也。吉祝，祈福祥也。化祝，弭灾兵也。瑞祝，逆时雨、宁风旱也。策祝，远罪疾。"孙诒让案语引《大戴礼记·千乘》"日历巫祝，执使以守官，俟命而作，祈王年，祷民命，以畜谷蜚征庶虞草"以说明之，表明在他看来与周代的巫祝没有本质区别。类、造等六名都是祭名，为六种不同的祭祀。此外还有作六种祠祷之辞，辨六种名号等。大祝职又说：

> 凡大禋祀、肆享、祭示，则执明永火而号祝。隋衅、逆牲、逆尸，令钟鼓，右亦如之。来瞽、令皋舞，相尸礼；既祭，令彻。大丧，始崩，以肆鬯渳尸，相饭，赞殓，彻奠；甸人读祷，付、练、祥，掌国事。国有大故，天灾，弥祀社稷，祷祠。大师，宜于社、造于祖，设军礼，类上帝。国将有事于四望，及军归献于社，则前祝。(《周礼正义》，页 2027)

这表明大祝的职责和功能是参与国家祭祀仪典的执行过程，主持祭典的许多节目，在王室丧礼中执掌若干礼仪环节，主持六

第二章　巫觋

种祭祀（六祈），执掌六种祈祷仪式的祷辞（六祝）。而所有的目的都是要通过对鬼神的祭祀、祷告来求福、祈年、化灾、远疾。

春官中又有小祝，其职云：

> 小祝掌小祭祀将事侯禳祷祠之祝号，以祈福祥，顺丰年，逆时雨，宁风旱，弥灾兵，远疾。大祭祀，逆盂盛，送逆尸，沃尸盥，赞隋，赞彻，赞奠。凡事，佐大祝。大丧，赞渳，设熬，置铭；及葬，设道赍之奠，分祷五祀。大师，掌衈祈号祝，有寇戎之事，则保郊，祀于社。凡外内小祭祀、小丧纪、小会同、小军旅，掌事焉。（《周礼正义》，页 2042）

小祝的职能是辅佐大祝，参与各级政府祭祀典礼的操作执行，在丧礼和师礼中专任特定环节上仪式的操作。另外独自执掌一些小祭祀。

《周礼》天官中又有女祝：

> 女祝掌王后之内祭祀，凡内祷祠之事。（《周礼正义》，页 563）

注云："内祭祀，六宫之中灶、门、户；祷，疾病求瘳也。祠，报福。"又云："掌以时招、梗、袚、禳之事，以除疾殃。"如果说大祝的主要职能是通过祭祷而祈福，是积极的；女祝的职能则主要是禳祓，以祛疾殃，是消极的。

《礼记·檀弓》：

> 君临臣丧，以巫祝桃、茢、执戈，恶之也，所以异于生也。

这即是巫祝连用、不加分别的例子。祝在当时亦行巫事，《左传》："君以军行，祓社衅鼓，祝奉以从，于是乎出境。"（定公四年）祓、衅都是祭礼中的巫术成分，这表明巫祝当时确实相通。

《周礼正义》天官之叙官孙氏有案语云："古者巫祝皆世事，则女祝疑当以祝官之家妇女为之，与女巫略同。"这也表现出孙诒让认为周代巫祝已十分接近。而由以上可见，《周礼》记载的祝官莫不与祭祀禳祓有关，祝的特点在于制作、掌管、致诵祷辞。六祝的祝辞当是王侯祭祀时祝官代行祷告之辞，如《尚书·金縢》中周公告祖而由史册祝之。

现在让我们来简要讨论商周时代的"祝宗卜史"。《左传》定公四年：

> 分鲁公以大路、大旂，夏后氏之璜，封父之繁弱，殷民六族，条氏、徐氏、萧氏、索氏、长勺氏、尾勺氏，使帅其宗氏，辑其分族，将其类丑，以法则周公，用即命于周。是使之职事于鲁，使昭周公之明德。分之土田陪敦，祝、宗、卜、史，备物典册……

第二章 巫觋

晚近先秦文化的研究颇为注重"史官文化"的概念,也有学者将诸子学术溯源于史官文化。不过,应当指出,殷商西周的"史"与祝宗卜巫在职能上往往互通,并不能分得那么清楚,在诸侯国,更是如此。

"史"有广狭不同意义。陈梦家《殷墟卜辞综述》中列举商殷的史官类官职有:尹、多尹(其中有师保之尹和册命之尹)、乍册、卜、多卜、工、多工、史、北史、卿史等。其中尹与乍(作)册是主持册命的官员,卜为占卜官员,工是百工或乐工。陈氏指出:"史、卿史、御史似皆主祭祀之事。"① 所以,我们在西周及春秋文献中看到的大量的史祝、史巫,及史官占卜的事例,是毫不奇怪的。这表明,"史"官最早是神职性职官,后来在王朝一级分化为祝宗卜史,但在诸侯国,史往往承担多种神职。

王国维《释史》一文首引《说文解字》"史,记事者也",认为"掌文书者谓之史,其字从又从中,又者右事,以手持簿书也"。又引《金縢》"史乃册命"、《洛诰》"王命作册"、《顾命》"太史秉书"、《周礼》"太史掌建邦之六典",认为史字所从之中,其义取诸持策,皆掌书之官。② 不过,这是狭义的史,并非商周早出的广义的史。

在《楚语》观射父答昭王问中有"家为巫史"的话,很显然,这里的"史"即是指巫祝一类事神之人。严格地说,这里的"史"可能更近于"祝",指主持享祭者。但巫在三代时亦即

---

① 陈梦家:《殷墟卜辞综述》,中华书局,1988,页520。
② 王国维:《释史》,《观堂集林》卷六。

是祝，所以陈梦家更直接地认为："祝即是巫，故'祝史'、'巫史'皆是巫也，而史亦巫也。"① 他还指出："卜辞卜、史、祝三者权分尚混合，而卜史预测风雨休咎，又为王占梦，其事皆巫事而皆掌之于史。"② 陈氏指出，由巫而史，而为王者的行政官，故巫为统治者的最早形态，③ 后来则将古巫史的职能分化为专门职官，如大卜占人筮人掌占卜，占梦掌占梦，大祝掌祝祈，男巫女巫掌禳祓，方相氏专职驱鬼，大史小史掌文书，等等。

研究周代官制的学者指出，据周代金文如番生毁、毛公鼎的铭文，协助周王处理政务的有两大部门，即"卿事寮"和"太史寮"，有学者径称为"两寮执政"，④ 在太史寮中主要由太史及其僚属组成，太史为史官之长，同时包括大祝、大卜等职。此外"宰"的下属也有史，诸侯亦有史。太史及太史寮之名已见于殷墟卜辞。与殷代相近，西周的太史"是一种兼管神职与人事"的职官，⑤ 即一方面掌管国家典章文书，一方面管理祭祀、天象、历法。太史之下的"史"当为记事之官，早期史官的记事可能皆与占卜有关。以后随着国家事务的扩大，人事记录越来越占重要地位。《礼记·玉藻》说"动则左史书之，言则右史书之"，指左史记录王侯的行动，右史专记王侯的言语。西周的史官活动特色有二：第一，史官的册命文告职能也兼人神

---

① 陈梦家：《商代的神话与巫术》，《燕京学报》第二十期，页534。
② 同上。
③ 同上文，页535。
④ 张亚初、刘雨：《西周金文官制研究》，中华书局，1986，页102。
⑤ 同上书，页27。

第二章　巫觋

两面，既代王宣读文告册命，又代王在卜祭中册告；第二，参与宗教性活动，如《逸周书》记载的史逸代王册告皇天后土。

祝卜类官职在金文中有大祝，但地位较《周礼》所说的大祝为高。金文中又有司卜，据认为与《周礼》中的大卜相当。宗，《周礼》春官有大宗伯，金文中却未见，不过这并不能证明西周时无此官，《国语》《左传》皆有"宗"。

总观西周官职，史官的职务主要为掌祭祀、掌典仪、掌册告、掌记事，而宗伯为之统，是神职的最高官员。春秋时神事在史官的职务中仍然很重要，如《左传》载卫史之言曰"我太史也，实掌其祭"（闵公二年）。

由于"史"同时是神职人员，所以文献中"史巫""史祝""祝史"的联用很多，如"祝史"，《左传》有数例：

祝史矫举以祭。（桓公六年，随）
其祝史陈信于鬼神。（襄公二十七年，晋）
日有食之，祝史请所用币。（昭公十七年，鲁）
郊人助祝史除于国北，禳火于玄冥回禄，祈于四鄘。（昭公十八年，郑）
今君疾病，为诸侯忧，是祝史之罪也。诸侯不知，其谓我不敬，君盍诛于祝固、史嚚以辞宾？（昭公二十年，齐）
夫子之家事治，言于晋国，竭情无私，其祝史祭祀，陈言不愧；其家事无猜，其祝史不祈。（同上）
外内不废，上下无怨，动无违事，其祝史荐信，无愧

心矣。是以鬼神用飨，国受其福，祝史与焉。（同上）

这些例子说明，《左传》中的祝史显然都是祭祀之官。又如昭公二十六年齐侯使祝史祭禳彗星之现，晏子说"祝史之为，无能补也"。《礼记》所用之例：

> 大宰命祝史以名遍告于五祀、山川。（《曾子问》）
> 礼之所尊，尊其义也，失其义，陈其数，祝史之事也。（《郊特牲》）

史于祭祀之外，亦掌星历卜筮，《郊特牲》所谓"陈其数"者，即指星历卜筮而言。《左传》《国语》中史任占卜的例子甚多，列举如下：

> 周史有以《周易》见陈侯者，陈侯使筮之。（庄公二十二年，陈）
> 初晋献公筮嫁伯姬于秦，……史苏占之。（僖公十五年，晋）
> 邾文公卜迁与绎，史曰"利于民而不利于君"。（文公十三年，邾）
> 公筮之，史曰吉。（成公十六年，晋）
> 晋赵鞅卜救郑，占诸史赵、史墨、史龟。（哀公九年，晋）
> 献公卜伐骊戎，史苏占之。（《国语》卷七晋语一）

第二章　巫觋

> 虢公梦在庙，……召史嚚占之。（《国语》卷八晋语二）
> 筮史占之，皆曰不吉。（《国语》卷十晋语四）

《仪礼·少牢》馈食礼"史兼执筮与卦"。《礼记·月令》亦载"命大史衅龟、筮，占兆，审卦，吉凶是察"，大史任占卜，这也是史卜相通、史卜不分的证明。在晋国似尤为突出。故孙诒让说"卜筮官通谓之史"。

"祝"与"宗"的连用也不少，《左传》：

> 晋范文子反自鄢陵，使其祝宗祈死。（成公十七年，晋）
> 祝宗用马于四墉。（襄公九年，宋）
> 公使祝宗告亡。（襄公十四年，卫）
> 昭子齐于其寝，使祝宗祈死。（昭公二十五年，鲁）

这几例中的祝宗都以"祈"为主要职能。《国语》则多用宗祝：

> 工史书世，宗祝书昭穆。（卷四鲁语上）
> 虔其宗祝，道其顺辞，以昭祀其先序数。（卷十八楚语下）

以下再综合地举出一些祝史卜巫职近相通的例子：

> 神居莘六月，虢公使祝应、宗区、史嚚享焉。（《左传》

庄公三十二年)

　　寡君之疾病,卜人曰"实沈、台骀为祟",史莫之知。(昭公六年)

这也显示出祝、宗、史皆主祭事,而史又通巫医。《周易》《巽卦》九二爻辞"用史巫纷若,吉,无咎",新发表的帛书马王堆《易传》之《要》篇载孔子语:

　　我后其祝卜矣。
　　吾与史巫同途而殊归者也。
　　祝巫十筮其后乎。①

《史记·滑稽列传》载西门豹在魏国邺郡事:"邺三老、廷掾常岁赋敛百姓,收取其钱得数百万,用其二三十万为河伯娶妇,与祝巫共分其余钱持归。"表明当时基层社会的祝巫也主要以祭祀为事。

　　总起来说,以上所述,主要是要说明商周的"巫"已经祭祀化了,不再是人类学上所说的巫师,不再是龙山文化以前未绝地天通的巫觋,而已成为商周祭祀体系中祭司阶层的一部分。《史记·封禅书》所载也颇能说明此点:

　　汉兴,……令祝官立蚩尤之祠于长安,长安置祠祝官、

---

① 引自陈松长、廖名春释文,载《道家文化研究》第三辑,上海古籍出版社,页434—435。

第二章　巫觋

女巫。其梁巫，祠天、地、天社、天水、房中、堂上之属；晋巫，祠五帝、东君、云中君、司命、巫社、巫祠、族人、先炊之属；秦巫，祠社主、巫保、族之属；荆巫，祠堂下、巫先、司命、施糜之属。九天巫，祠九天，皆以岁时祠官中。其河巫祠河于临晋而男山巫祠南山秦中。

很明显，秦汉时的官置之巫，即是专主祠神的人员，故《集解》引文颖言"巫，掌神之位次者也"。这至少和东周的情形相距不远。

现在，我们来为本章作个小结。由古史资料和人类学理论来看，三皇五帝时代的巫觋与一般蒙昧社会的巫术和巫师不同，比较接近于沟通天地人神的萨满。但商周的古巫虽带有上古巫觋的余迹，却已转变为祭祀文化体系中的祭司阶层，其职能也主要为祝祷祠祭神灵。

从本章可以看到，文献记载的古巫的特性与人类学家在蒙昧社会了解的巫术有所不同。这种不同主要根源于两者的一大区别，即中国古巫是次生形态的，而人类学家在澳大利亚等地所见的是原生形态的。中国古巫的记载在文字产生之后，这时中国文化已经历了原始发育的很长一个过程，神灵的观念早已出现，献祭媚悦神灵的行为已成为文化—宗教的重要形态。原来部落的公共巫师已转变为祭祀文化结构中的一个角色。

另一方面，原生性巫术在民间和小传统中仍然存活，而巫文化在文化总体中的地位在衰落。《左传》中"祝宗卜史"的说法暗示巫已转化为祝，传统的巫已被排除于政治—宗教的结构之外，尽管巫在王朝和不同地域的诸侯国中担当的角色和职能有所差别，但总体上看，巫术活动已不断从上层文化退缩到下层和民间，① 尽管在上层文化中也常常能看到其遗存。而整个祝宗卜史的地位随着文化理性化的发展而衰落，这个大趋势是很清楚的。在春秋战国我们还可以看到从孔子到荀子的儒家对巫史的排斥，以致司马迁《报任安书》中感叹道："文史星历近乎卜祝之间，固主上所戏弄，倡优畜之，流俗之所轻也。"② 明显表示祝卜已不能代表精英文化，已从大传统逐渐退到了小传统。

这一切，都是由于大小传统的分离而逐渐发展出来的，而大小传统的分离，可以说正是从绝地天通所开始的。绝地天通并没有禁绝个体巫术，它只是表明公众巫术由统治阶级独掌，大小传统，由此渐渐分离。

---

① 巫俗以楚为盛，王逸注《九歌》云："昔楚国南郢之邑，沅湘之间，其俗信鬼而好祀，其祀必使巫觋作乐，歌舞以娱神。"《汉书·地理志下》"信巫鬼，重淫祀。"《岳阳风土记》记荆湘民俗言："疾瘵不事医药，惟灼龟打瓦，或为鸡子占卜，求神所在，使俚巫治之，皆古楚俗也。"
② 《文选》卷四一。

第三章 卜筮

> 数而不达于德，则其为之史。史巫之筮，向之而未也，好之则非也。
> ——孔子，见于《要》。

一 遗存的解释

当我们溯源巡视中国上古宗教思想的原始阶段时，通常认为，仰韶及齐家文化墓葬中为死者躯体周围撒布红色赤铁矿粉末的习俗，可能表示了某种灵魂信仰或祖先崇拜的萌芽。① 仰韶文化葬具上的凿孔，经与民族学葬俗比较，被认为是供灵魂出入之用。仰韶文化中的割体葬仪，学者参照民族学材料认为

---

① 参看朱天顺：《原始宗教》，上海人民出版社，1978，页3—6。

是对死者的献祭行为。① 仰韶彩绘陶盆内壁的人面鱼纹，有学者认为是图腾，也有学者认为是巫师的形象，② 还有学者认为是生殖崇拜。③

在了解原始社会人类宗教观念方面，人们经常要依赖于考古发掘，而墓葬的发掘又占很大比例。因而，葬俗成了考古学家了解远古宗教观念的主要方向。有关中国远古葬俗的发现和解说有以下几个方面：

第一，在山顶洞人和仰韶文化墓葬中都发现在死者周围撒有赤铁矿的红色粉末，通常认为这是一种习俗，"这种红色可能表示生者与死者的血缘联系"，或被看作"灵魂崇拜的表现形式"④。

第二，仰韶文化流行的瓮棺葬，在葬具上必凿一孔，"据永宁纳西族的葬俗调查，该族在盛灰的陶罐或布袋上也要穿一孔，供灵魂出入，故可确知仰韶文化已经有灵魂崇拜的信仰"⑤。

第三，我国考古发现的原始葬式多为仰卧直肢，考古学家也根据民族学中葬式与宗教观念的联系，认为"大部分是睡式，让死者长眠，有些与宗教信仰有关"⑥。

第四，死者的头向有讲究，"如仰韶文化头向西或西北，大

---

① 参看《中国大百科全书》（考古学卷），页 599。
② 见宋兆麟：《巫与巫术》，四川民族出版社，1989，页 2。
③ 参看赵国华：《生殖崇拜文化论》，中国社会科学出版社，1990。
④ 宋兆麟：《巫与巫术》，页 3。宋兆麟等：《中国原始社会史》，文物出版社，1983，页 476。
⑤ 宋兆麟：《巫与巫术》，页 4。
⑥ 宋兆麟等：《中国原始社会史》，页 478。

第三章　卜筮

溪文化头向北,大汶口文化头向北或东北,庙底沟早期龙山文化头向南等等"。有学者认为,"这些现象都是根据当时鬼魂崇拜的一定想法搞的"。①

第五,我国原始社会多以一次葬为主,但仰韶文化中二次集体葬很流行。集体葬一般认为与氏族社会的血缘纽带有关,而二次葬被认为"可能与宗教信仰有关"②。夏鼐认为:"因为他们有一种信仰,以为血肉是属于人世间,必等到血肉腐朽之后,才能作最后的正式埋葬,这时候死者才能进入灵魂世界。"③ 这个说法所根据的应当是后世的材料,如《礼记·檀弓》"骨肉复归于土",《郊特牲》"形魄归于地"。学者还在民族学材料中如苗族、畲族、壮族、黎族等葬俗找到例证。

第六,随葬物的发现甚早,仰韶以降,随葬物的质料和工艺不断改进,其中生活用品多种多样,如大汶口墓地多有随葬饰物:串玉、骨角质的项饰、头饰、玉笄、骨笄、臂环、指花纹、象牙梳及各种坠饰。良渚文化、龙山文化中随葬玉器很多,其他生产用具、生活用品也五花八门。一般认为,随葬物反映活人认为死者在另一世界仍然生活。④

对葬俗背后的原始宗教观念的推断虽然只有参考的意义,但也不妨视之为一种诠释。事实上,文明的历史时代的传留文献,也仍是一种遗存,我们对它们的理解也不可避免地会有诠

---

① 宋兆麟等:《中国原始社会史》,页479。并参朱天顺:《原始宗教》,页51。
② 宋兆麟等:《中国原始社会史》,页480。
③ 同上。
④ 见《新中国的考古发现与研究》,文物出版社,1984,页93。《中国原始社会史》,页482。

释在其中。以上对古代葬俗的解说，其核心是认为我国新石器文化时期已经有灵魂和灵魂世界的观念。

我国古代图腾不发达，从仰韶时代到龙山时代很少发现图腾，人面鱼纹虽有解释为图腾的，但说服力不强。至少可以说，在文明的历史时代的初期，文字和传说中已很难看到图腾的残迹。李玄伯用力于论证上古中国有图腾制，但其说太过牵强，难以信据。① 有关原始宗教现象中可有确切解释的是生殖器崇拜。新石器中期以后，陶祖（陶制男根）在许多考古文化中都有发现。如陕西铜川李家沟、临潼姜寨仰韶文化晚期，甘肃甘谷灰地儿马家窑文化，临夏张家嘴齐家文化等新石器中期遗存都出土过陶祖。山东潍坊大汶口文化，湖北京山屈家岭文化，陕西华县泉护村，西安客省庄和河南信阳三里店等龙山文化也都有陶祖出土。此外，其他地区也有陶、石、木祖出土。②

把陶祖看作男性祖先崇拜现象，说服力不强，倒不如说是男性生殖力的崇拜。这种崇拜应是人类较早就有的企求促进群体繁衍的一种行为，带有一种交感巫术的性质。这种现象在宗教演生形态上是比较原始的，无以体现神灵观念。而祖先崇拜是有确定部族或家族对象的，是具体的，一个族群崇拜其祖先，不可能对象化为一个没有族性的男根。"祖"字在字源上与"且"通，而"且"的字形与出土陶祖形近，但这并不是证明陶

---

① 李玄伯认为古代姓即图腾，如风姓、姬姓、祝融八姓等皆是图腾，谓曹姓以枣为图腾等等，见其所著《中国古代社会新研》（影印本），上海文艺出版社，1988，页82—122。

② 参看宋兆麟等：《中国原始社会史》，页485。

祖为祖先崇拜的确实根据,因为在中国文字发明的时代,殷代神灵祭祀之发达早已越过男根崇拜的时代。

当我们在阅读考古发掘报告和考古学家的论断时,我们很容易注意到,对考古文化遗存的解释往往多样而不一致,而且报告及研究中使用"可能"一类的推测语势,是相当普遍的。事实上,欧洲旧石器晚期的葬俗和岩画,解释也有不同。同样的情形也见于新石器文化的研究。除以上所说之外,像中原龙山文化和江浙良渚文化的玉琮,大汶口文化出土的獐牙钩形器、陶尊等的解释,也仍然多属推测性的。① 这对我们来说意味着,最好从那些有明确解释的考古遗存中选取材料来说明古远时代的宗教信仰,从这一点来看,葬俗、男根的诠释都比较复杂而不单一,而最少争议的原始文化遗存和文化现象应当是"占卜"。事实上,本章的注意力即在占卜上。占卜是中国上古"巫官文化"(范文澜语)的主要内涵之一,在商代蔚然演出浩多的甲骨卜辞,到周代的史卜手中,更形成《周易》的体系,在巫史文化内部演现了某种理性化的行程。

二 占卜的起源

内蒙古巴林左旗富河沟门遗址已发现占卜的卜骨,为鹿类动物的肩胛骨,有灼而无钻凿,这是迄今发现最早的占卜遗物。

---

① 参看张光直:《考古学专题六讲》,文物出版社,1986,页10。氏著:《中国青铜时代二集》,三联书店,页67—69。宋兆麟:《巫与巫术》,页3。

据放射性碳素断代并经校正，其年代为公元前 3350 年左右。①山东龙山文化如章邱城子崖所见的卜骨为牛、鹿等肩胛骨，已有修治，有的已经钻凿。西安客省庄及陕西其他龙山文化遗址也都有卜骨出土，包括王湾三期类型在内的整个河南龙山文化，多以猪、牛、羊、鹿的肩胛骨为占卜材料，通过烧灼，观察兆纹以解释吉凶。② 这表明龙山时代用动物的骨进行占卜的习俗很流行。③ 武威齐家文化遗址也曾发现动物肩胛骨占卜的实物。④ 辽宁羊头洼，唐山大城山，山东曹县莘冢集，内蒙古赤峰药王庙、宁城南山根，辽宁北票丰下等遗址均发现无字卜骨。以鹿、猪、牛、羊肩胛骨为材料，表明北方新石器后期占卜活动相当普遍。⑤ 可以说，在上古的北方中国，至少从公元前 3000 年以来一直有一个占卜的传统，这与同时代的南方中国的巫觋传统可能有所不同。

黄河中游龙山文化大量出土的动物肩胛骨种类多，与殷商专用牛肩胛骨不同；有许多不经攻治即行占卜，与商代后期（武丁后）普遍流行的攻治法不同。更不用说，商代的卜骨上已有文字。骨卜的方法较简单，迄今出土的卜骨皆有火灼痕，说明占卜时曾使用某种火灼，使之出现裂纹，成为占兆。在简单的规则下，裂兆的方向可决定吉凶。在复杂的规定中，需要专门的占卜师加以解释。

---

① 《中国大百科全书》（考古学卷），页 70。
② 同上书，页 70、260、437、192。
③ 《新中国的考古收获》，文物出版社，1961，页 14。
④ 《中国大百科全书》（考古学卷），页 371。
⑤ 同上。

第三章 卜筮

按《史记·夏本纪》和《竹书纪年》的记载，夏代在历史上存在的时间约相当于公元前 22 世纪至前 17 世纪。中国历史上是否存在过夏代，在 20 世纪前期曾遭到不少怀疑。自殷墟甲骨文证实了《史记·殷本纪》记述的商王世系以后，商代历史已被公认为信史。因此，尽管《史记·夏本纪》记述的夏代世系与商代同样简略，越来越多的史学家相信夏代在历史上的存在。目前，在考古学上，二里头文化被多数考古学家认定是夏的文化遗存。二里头文化已发现中国最早的宫殿建筑，铸铜、琢玉等行业已有专业分工。二里头出土的柄形饰上雕琢有规整的兽面纹，纹样与后来在铜器上常见的一致，似说明夏商文化某些方面传承的一致性。青铜器已有爵、铃、戚、刀、锥等，礼器已有爵、斝，二里头文化已进入青铜时代。二里头文化也出土了卜骨，多为猪牛等动物的肩胛骨，上有灼痕。①

占卜起源甚早，其原因是人对自己要作的事情的结果没有把握，在面临选择时没有把握，为了避免由个人性的选择带来实际的危害，便把决定权拱让给占卜，由占卜对事态发展来负责。从认识上说，占卜是要获得对欲了解问题的答案或决定，而并非像巫术谋求以行为影响事物的进程。由于占具本身往往不能直接提供给我们占卜者的信仰，因此我们难以从没有占辞记录的占卜遗存来确定当时的信仰状态。即使殷墟卜辞大量出土的情况下，考古学家对占问对象的说法也各不同，如郭宝钧先生认为是祷于鬼神，王宇信认为是祷于灵龟（其说出于《史

---

① 参看《中国大百科全书》（考古学卷），页 116—119。

记·龟策列传》），二说便不相同。还有学者认为是向祖先提问。① 从宗教学的意义上看，重要的并不是占卜过程的技术细节，而是一定的占卜活动所预设的信仰，所包含的宗教意义。

占卜在商代可略分为用龟甲占卜和用兽骨占卜，其原理是一样的，只是所用材料不同。《说文解字》："占，视兆也，从卜口。"又云："卜，灼剥龟也，象炙龟之形，一曰象龟兆之纵横也。"由于使用龟甲占卜是殷商文化的特色，故《说文》的解释只适用于商周以后。而根据考古发现，我们应可相信商代以前的占卜在本质上也都是"视兆"的行为，占卜所用材质的种类并不重要。

周代的卜筮可以说与殷商有一定的继承关系。这不仅由周原甲骨的出土可见周人受殷人影响而同样以龟甲占卜并刻辞记事；② 而且河南安阳出土的甲骨与陕西周原出土的甲骨同样出现了八卦数字符号和筮辞，③ 表明殷周的筮法亦可能同源。而商周卜筮的承继性表现，尤可见于《洪范》一篇：

> 七稽疑：择建立卜筮人，乃命卜筮。曰雨、曰霁、曰蒙、曰驿、曰克、曰贞、曰悔、凡七。卜五，占用二，衍

---

① 见郭宝钧：《中国青铜器时代》，三联书店，1963，页227。王宇信：《甲骨学通论》，中国社会科学出版社，1989，页114。张光直：《美术、神话与祭祀》，辽宁教育出版社，1988，页42。

② 参看李学勤：《周文王时期卜甲与商周文化关系》，《李学勤集》，黑龙江教育出版社，1988，页133—141。

③ 张亚初、刘雨：《从商周八卦数字符号谈筮法的几个问题》，《考古》，1982年第2期。

第三章 卜筮

忒。立时人作卜筮。三人占则从二人言。汝则有大疑,谋及乃心,谋及卿士,谋及庶人,谋及卜筮。

汝则从,龟从,卿士从,庶民从,是之谓大同。身其康强,子孙其逢吉。

汝则从,龟从,筮从,卿士从,庶民逆,吉。

卿士从,龟从,筮从,汝则逆,庶民逆,吉。

庶民从,龟从,筮从,汝则逆,卿士逆,吉。

汝则从,龟从,筮逆,卿士逆,庶民逆,作内吉,作外凶。

龟筮共违于人,用静吉,用作凶。

卜筮出于有疑,但王者有疑,需要参照五个方面的意见,再作出决断和预测,而不是仅仅依据卜筮的结果。这五个方面是:一、王者自己的内心意见;二、卿士的意见;三、庶人的意见;四、龟卜的结果;五、筮占的结果。根据箕子所说判定吉凶的规则可知,"从"是肯定,"违"是否定。若五个方面都肯定,为大同之吉,是最好的。如五方意见不一致,只要龟筮皆从,结果就为吉。如果龟筮皆违,就不宜行动。若龟从筮违,则内事吉顺,外事不利。由此可见,在面对疑难进行卜筮时,虽说应有五个方面的意见共同参照,其实卜和筮的结果是拥有决定性的。与卜筮相比,王者自己和卿士庶民的意见,都不是决定性的。

龟甲经钻凿后烧灼,烧灼后裂坼兆象有五种:雨、霁、蒙、驿、克。筮占所得卦象有二:贞、悔。兆卦之象合而为七,故说"卜五,占用二"。卜、筮时各用三人,而根据多数的意见来确定,故说"三人占则从二人言"。

《洪范》所说"择建立卜筮人",在《周礼》春官中有太卜、卜师、卜人以及龟人、占人等。金文中有"司卜",据认为与大卜相当。① 大卜即祝宗卜史的卜,占卜的职责有三种,即甲占、筮占、梦占:

> 大卜掌三兆之法,一曰玉兆,二曰瓦兆,三曰原兆;其经兆之体皆百有二十,其颂皆千有二百。掌三易之法,一曰连山,二曰归藏,三曰周易,其经卦皆八,其别皆六十有四。掌三梦之法,一曰致梦,二曰觭梦,三曰咸陟,其经运十,其别九十。

孙诒让引贾氏等说,认为《洪范》所说卜筮各用三人,其卜之三人,各用玉、瓦、原兆,故每事之占都是三兆兼用。② 玉兆即甲骨的裂坼象玉之裂纹,瓦兆即象瓦之裂纹,原兆象田地的裂坼。前人有谓玉兆为夏,瓦兆为商,原兆为周;③ 这个说法并无根据,因为如果箕子所说的三人占即是用三兆之法,则箕子所说必然都是殷人卜法,何来周兆可言。

大卜掌管兆法之外,卜师、占人等负责其他具体操作,如作龟、贞龟、陈龟、命龟等。君主王侯也常参与重大的卜筮活

---

① 张亚初、刘雨:《西周金文官制研究》,中华书局,1986,页37。
② 《周礼正义》,中华书局标点本,页1925。
③ 同上书,页1926。

第三章 卜筮

动，如《周礼》春官占人：

> 凡卜筮，君占体，大夫占色，史占墨，卜人占坼。

《礼记·玉藻》亦载：

> 卜人定龟，史定墨，君定体。

这都说明当时君主对占卜的重视，这种重视可能与上古时代君巫合一的传统有关，也可能是因为重大国事须由王者决定和承担责任。无论如何，根据上面的材料，卜兆既成之后，由君王先看，确定兆体的类型，然后由大夫观察色之明暗，再由史观察兆的大裂纹，卜人则观察大裂纹旁边裂坼的细裂纹。殷周及春秋多以史官占卜，故说"史占墨"。正如孙诒让所说"卜筮官通谓之史"。

最后简单讨论一下梦占。《周礼》春官有职曰"占梦"：

> 掌其岁时，观天地之会，辨阴阳之气，以日、月、星、辰占六梦之吉凶。一曰正梦，二曰噩梦，三曰思梦，四曰寤梦，五曰喜梦，六曰惧梦。季冬，聘王梦，献吉梦于王，王拜而受之，乃舍萌于四方，以赠恶梦，遂令始难驱疫。

难即傩，驱鬼以避疫。大卜的三梦之法被用来对六种梦象行占，这对古代的君王个人常常是很重要的。《左传》襄公十八年"中行献子将伐齐,梦与厉公讼,……走见梗阳之巫皋",成公十年"晋侯梦大厉被发及地,……召桑田巫",在这两个例子中都需要找巫者来释梦,以揭示来事的吉凶。这样的例子还有不少。

《诗经》中也有周人占梦的记述,《小雅》为西周王畿诗,其中载:

> 乃寝乃兴,乃占我梦,吉梦维何,维熊维罴,维虺维蛇。(《鸿雁·斯干》)
> 大人占之,维熊维罴,男子之祥。维虺维蛇,女子之祥。(同上)
> 牧人乃梦,众维鱼矣,旐维旟矣,大人占之,众维鱼矣,实维丰年;旐维旟矣,室家溱溱。(《鸿雁·无羊》)
> 召彼故老,讯之占梦,具曰予冬,谁知乌之雌雄。(《节南山·正月》)

从这些记述中可以看出,周代梦占的习俗也很普遍。

《周礼》春官大卜职最后总结了三兆、三易、三梦占卜的原则:

> 以邦事作龟之八命,一曰征,二曰象,三曰与,四曰谋,五曰果,六曰至,七曰雨,八曰瘳。以八命者赞三兆、三易、三梦之占,以观国家之吉凶,以昭救政。

八者为邦之大事,依次为征伐、天象、人物、谋议、结果、卜至、降雨、疾瘆。"六曰至"郑氏注"至谓至不至也"，孙诒让以为"谓卜人来至否也"①。但二说似皆未通，疑至即格，指神之降临与否或神之降临的吉凶。尽管如此，八者中没有提到祭祀，这与《左传》所说的"国之大事在祀与戎"② 不能相合，是颇为奇怪的。

三 巫术与占卜

现在，让我们从理论上来对占卜作进一步的讨论。

近代以来人类学家收集了不少野蛮社会与文明社会的占卜事例，并作出了分析和论述。泰勒把占卜和预言归为巫术或魔法，他认为："内脏占卜法，……显然完全阐明了它的象征性的原则。……骨卜技术可以和内脏占卜法并列。例如北美的印第安人把豪猪的扁骨放在火上，按照它的花纹来判断能否猎获豪猪。在这里，那种叫作斯加普里曼奇亚或奥莫普拉托斯柯匹亚的用肩胛骨占卜的方法是主要的方法，这种跟古代中国借助龟甲裂纹来占卜的有联系的方法，在蒙古特别流行。……把肩胛骨拿到火上，直到它按各种不同的方向裂开，然后，骨上的那道长裂痕就被看作是'生命之路'，而向右方和向左方的横裂痕就是各种不同的好的或坏的预兆的标志。假如只是要求关于某一特定的事件的预言，那么纵的裂痕就表示事情顺利，而横的

---

① 《周礼正义》，中华书局标点本，页 1937。
② 《左传》成公十三年。

裂痕就表示困难。"①

但引人注目的是，弗雷泽在其书中几乎未涉及占卜。这可能因为"占卜"与他对"巫术"的控制性了解不合，使得他不把占卜视为巫术的一种。事实上，有些划入占卜的东西不是对未来的预言，只是决定当下的选择和取合，如抓阄和掷币。弗雷泽说到的孔德人为婴儿命名的占卜，就是这样的一种。② 他所说的克尔特人在万圣节前占卜来年运气的例子，③ 也只是像现代人用扑克测度命运一样而已，并无深意。同样值得提起的是，在马林诺夫斯基把巫术解说为一套有实用目的的动作的理论体系中，也没有涉及占卜。

成为对照的，列维-布留尔在他以著名的"前逻辑思维"为基点的原始思维研究中，颇详细地讨论了占卜的问题。他把占卜看作用以发现隐秘的"互渗"联系的手段，他说："对原始人来说，占卜乃是附加的知觉。如同我们使用工具能使我们看到肉眼看不到的微小东西或弥补我们不足的感觉。原始人的思维则首先和主要利用梦，然后利用魔棍、算命晶球、卜骨、龟鉴、飞鸟、神意裁判以及其他无数方法来在神秘因素及其结合为其他方法所不能揭示时搜索它们。……由于原始人的思维本身的结构，占卜则是这种思维所绝对必需的。"④

他又指出，占卜不只是要揭示未来，也要了解过去，"从占

---

① 泰勒：《原始文化》，连树声译，上海文艺出版社，1992，页131、132。
② J. G. 弗雷泽：《金枝》，徐育新等译，中国民间文艺出版社，1987，页379。
③ 同上书，页897。
④ 列维-布留尔：《原始思维》，丁由译，商务印书馆，1987，页280。

第三章 卜筮

卜本身来考察，它是以同等程度注意到过去和未来，它在犯罪行为的侦察中所起的重要作用说明了这一点。例如在巫术裁判中，几乎永远是靠占卜来揭露犯罪的部族和个人。当需要弄清是谁对病人使出凶恶的巫术，是什么恶灵控制了他，遗失的东西在什么地方，失掉音信的是否还活着，等等，也是这样行事的"①。

与其他人类学家不同，列维-布留尔似乎把占卜看成文化形态中最初级的东西，"就是在文化发展的最低阶段上，也已经在使用占卜了"②。尽管在上例中他说到过占卜在巫术审判中的作用，但照他看，占卜并不是一开始就与巫术共生的。反而，他认为占卜早于巫术，由占卜发展出巫术：

> 从占卜到巫术的过渡差不多是不知不觉实现的，二者都是奠定在关于神秘关系的同一些集体表象的基础之上，占卜主要在于发现这些关系，而巫术则是利用这些关系。但实际上这两种目的是彼此联系着的，因为巫术影响的运用需要知道这些神秘关系，而另方面占卜致力于发现神秘关系，其目的又在利用他们。③

的确，巫术的操作有时常须占卜，以确认那些联系为前提；但

---

① 列维-布留尔：《原始思维》，丁由译，页281。
② 同上书，页280。
③ 同上书，页284。另外，宋兆麟认为："占卜的起源要比巫教晚得多，比巫术出现更迟，但是占卜是在鬼神观念和巫教发展到一定历史阶段产生的。"（《巫与巫术》，页149）

占卜的目的却不见得都是为了使用巫术。列维-布留尔引用的非洲人种志材料也说明，在巴隆加人，巫师专指施妖法的人，而骨卜师是算命先生和氏族首领顾问，两者间并没有直接联系。①无论如何，对他来说，占卜、巫术都是来源于"集体的表象中被想象和被感觉了的互渗"②。

不过，在文化人类学看来，很难找到一种统一的模式，不论是社会组织的进化，或文化—宗教的进化，都没有一个放之四海而皆准的模式。这当然容易导致相对主义的立场，但尽管如此，对我们现在已知的大多数文化区域来说，占卜和巫术毕竟是最初始的文化—宗教表现，我们似乎没有必要一定追究占卜和巫术发生的先后。列维-布留尔的说法的意义，在我们看来，是指出了"占卜"与"巫术"不属于同一形态，这也应当是弗雷泽和马林诺夫斯基在研究巫术的著作里不去涉及占卜的原因。

在托卡列夫的著作中提供了不少世界各地占卜的事例。澳大利亚土著居民特别畏惧"咒杀"，认为一切疾病、灾厄皆是仇者的法术所致，因此，逢有人死，动辄诉诸各种占卜方法，以测知死者为何方仇人所咒杀。另外，东北亚地区的萨满也常借助占卜，以判断应祭哪一神，尽管占卜并不是萨满的主要活动。③古代日耳曼人极重视占卜，占卜的方式很多，或以动物

---

① 列维-布留尔:《原始思维》，页285。
② 同上书，页291。
③ 见谢·亚·托卡列夫:《世界各民族历史上的宗教》，魏庆征译，中国社会科学出版社，1985，页54。及参看秋浦主编:《萨满教研究》，上海人民出版社，1985，页68。

第三章 卜筮

(如鸟、马)的行为为预兆，或求签问吉凶。据塔西陀记载，日耳曼人往往折取核桃树枝，制成卜签，签上标以不同符记，然后随意置于白布之上；若所卜为公事则由祭司主之，所卜为私事则由家长行之。卜时先由主卜者向神祇祈祷，继而眼望苍天，取签占卜，一般连取三次，凭签上符记求解。① 巴比伦的占卜体系非常完备，祭司中专事占卜者为"巴鲁"，巴鲁善为人解梦，占卜方法亦据牲畜的动作、禽鸟的飞翔等，而最常见者为脏卜，特别是肝卜。② 古罗马的宗教生活中，占卜也有举足轻重的作用，"每逢国有大事，诸如开战、出师、征伐、媾和、大兴土木等，罗马人无不求请神示。占卜最习见之法，莫过于视鸟之飞翔，察圣鸡之啄食，观闪电之态势"。也有视祭献动物内脏以卜休咎，据说法术却并未盛行于罗马宗教。③ 在周初《洪范》提到的"九畴"中，"七曰明用稽疑"，其中完全是卜筮，根本未涉及巫术，这与古罗马人颇为相似。

在中国上古文化中，巫与卜还是有分别的，从周初的祝宗卜史的提法可见，卜在周代仍有较高的地位，而巫的地位逐渐降低。卜人即使在汉代也还被认为是民间的智者。④

现在我们再来进一步讨论占卜形式下思维和信仰的性质。正像巫术中的法术与萨满的差异一样，占卜术中也有基于自然感应力的占卜和基于神灵观念的占卜。就是说，从共时性上看，

---

① 托卡列夫：《世界各民族历史上的宗教》，页239。
② 同上书，页239。
③ 同上书，页485—487。
④ 《史记·日者列传》引贾谊言曰"吾闻古之圣人，不居朝廷，必在卜医之中，"乃在市之卜肆中见司马季主。

巫术与占卜都可以既与神灵观念相联系，又不预设神灵观念为前提，而从历时性上看，二者的出现可能有所先后。弗雷泽的说法虽然有人质疑，但就他所处理的大量材料来看，拉伯克进化论主张的原始宗教第一阶段为尚未有神的魔术，这个结论在逻辑上和历史上都有普适性。① 如果我们把只基于自然感应力的巫术和占卜，与预设了神灵观念的巫术和占卜在概念上相区别，那么可以称前者为"自然巫术"和"自然占卜"，而称后者为"神灵巫术"和"神灵占卜"。当然，若要为所有这些找到一种统一性，那就是列维-布留尔所说的原逻辑的"神秘思维"②，或列维-斯特劳斯所说的前科学的"野性思维"③。

因此，正如中国远古时代最原生的巫术可能是自然巫术，而后才发展出神灵巫术一样，远古时代最初的占卜可能是自然占卜，后来才发展出神灵占卜。当然，由于各地文化发展的不平衡，在同一个时段中，各个地区的原始文化形态会呈现出不同的水平和面貌。因此，仅就出土的卜骨来看，我们还不能准确地判定当时的信仰特质和信仰状态，必须借助卜辞才能真正了解一个时代的信仰水平。就中原的先进文化来看，在历史时代，中国固有的"巫"的活动已笼罩于神灵信仰，并且在泛灵论的同时已发展出较高的神灵观念，这时的"巫"不仅主要承担着神灵祭祀程序的部分职能，而且兼理占卜的职能，并且占

---

① 参看林惠祥:《文化人类学》，商务印书馆，1991，页30。吕大吉主编:《宗教学通论》，中国社会科学出版社，1989，页78。
② 见列维-布留尔:《原始思维》，如页28、280等。
③ 列维-斯特劳斯:《野性的思维》，李幼蒸译，商务印书馆，1987，页16。

第三章 卜筮

卜也常常是为祭祀而服务的。商代的甲骨占卜无疑地已经是基于神灵观念的宗教活动了。与远古时代巫术或占卜可能作为整个原始宗教生活的主要形式不同，商代的巫卜活动，至少在上层文化中，都已成为祭祀文化的一部分。当然，独立的自然占卜和神灵占卜在此后的各社会阶层中仍然存在流衍，而其在生活中的地位则与远古时代是无法相比的。应当指出，从卜辞来看，占卜与祭祀的一个不同是，祭祀的对象即是鬼神祖灵，而占问的对象不一定直接就是鬼神祖灵，如卜辞中有问是否祖在作祟，显然不是问祖自己。《史记·龟策列传》的说法以灵龟为沟通上下的媒介，其说应有所本。

如果从理论上来看，占卜与巫术虽皆属于神秘思维，但毕竟体现了两类不同的思想原则。就自然占卜而言，自然巫术是诉诸交感法则，企图通过动作、言语来调动、操纵那种马雷特称之为类似自然科学所谓的自然力量[①]；而自然占卜则不是实践性、操作性的，是认知性的，它只是企图神秘地去发现事物之间的联系。在某种意义上，巫术与占卜的区别，正如技术与科学的区别一样。至于神灵巫术（萨满）和神灵占卜，其间也有类似的分别，神灵巫术是要利用和搬动神灵的超自然力量来实现对某一客体的影响；而神灵占卜则只是企图通过超自然的启示了解人类自身理性与感性所不能了解的事项或领域。不过，萨满的形态似较特殊，这不仅因为萨满也行占卜，而且因为，萨满跳神进入迷狂使神灵附体，是要给出启示以解答人的疑难，

[①] 马雷特：《心理学与民俗学》，山东人民出版社，1988，页143。

并非可以以此对其他客体施加影响，这一点与占卜的功能并无二致。

四　卜与筮

现在，我们来考察上古的筮占。筮字《说文》释之为"易卦用蓍也"，从竹。《礼记·曲礼》"龟为卜，策为筮"，策即是蓍，形如算筹，故从竹。《太平御览》卷八十二引古书云"昔夏后启筮，乘龙以登于天"，《吕氏春秋·勿躬》"巫咸作筮"，即巫咸作筮。《世本·作篇》明确说"巫咸作筮"。甚至还有"神农使巫咸主筮"（《路史》后纪三）的说法，《易传》认为伏羲氏始作八卦，所推原的历史就更早了。古巫多掌筮，故筮的历史应亦相当久远。

殷人就王室的宗教活动来看，固然重于甲骨之占，但也应有筮占，特别是王室以下，由于龟甲的资源不易获得，就须更多依靠筮占。即使是王室的问占活动，也须有筮占，只是筮占的材具和记录没有甲骨那么好保存罢了。从《洪范》所载殷箕子答武王问所举的"乃命卜筮"来看，殷人应当是卜筮并用的。有学者认为，商代已盛行占筮，筮法的出现最迟不晚于武丁时期，因此商人运用筮法要大大早于周人。殷末自商王都城到边远地区都广泛流行筮法。只是，这一时期的筮法不是后来的卦画"—""--"，而是由三个或六个重叠的数字符号组成，而且卜与筮常常同时进行，故筮的数字和筮辞也常常刻在卜占的甲

第三章 卜筮

骨上。①

大卜一职"掌三易之法"的说法，表明在古史上"易"即是筮数体系，故连山、归藏、周易皆称为易。《国语》鲁语韦昭注释三易为"一夏连山、二殷归藏，三周易"，郑玄作《易赞》也说"夏曰连山，殷曰归藏"②。三易的区别，据古人说，"连山易，其卦以纯艮为首，艮为山，山上山下，是名连山。云气出内于山，故名易为连山"；"归藏易以纯坤为首，坤为地，故万物莫不归而藏于其中，故名为归藏也"。③ 根据这个说法，周易的周字，并非地名，"连山、归藏皆不言地号，以义名易，则周非地号。以周易以纯乾为首，乾为天，天能周匝与四时，故名周易也"④。贾公彦疏进而提出，三易与三代的三正有关，"周以十一月为正，天统，故以乾为天首。殷以十二月为正，地统，故以坤为首。夏以十三月为正，人统，人无为卦之首之理，艮渐正月，故以艮为首也"⑤。贾疏之说未免于牵强，因为即使可以把"周"解释为周天，易字还是没有得到解释；如果易即是"三易"之易，为何夏商二易之名中没有易字？可见，仅用"连山""归藏"的名称中无地名这一点来否认"周易"中的周字指地号，还是不够的。另外，如果贾疏关于三正的推断是正确的，那么，就必先预设三代都是以天为乾、以地为坤。换言

---

① 张亚初、刘雨：《从商周八卦数字符号谈筮法的几个问题》，《考古》，1982年第2期。
② 参看《周礼正义》卷四十七，页1930。
③ 《周礼正义》卷四十七引贾疏，页1929。
④ 同上。
⑤ 同上。

之,意味着三易的卦象的类比思维是同一个系统之内的。事实上,《周礼》所说"其经卦皆八,其别皆六十有四",确乎提示着,除了卦序不同之外,三易的卦画卦名及经别相分的体系都有很大的共通性,暗示周以后流传的筮卦体系起源甚早。

据《周礼》,三易之外,还有九筮。九筮之名也显示筮法有古远的来源:

> 筮人掌三易,以辨九筮之名,一曰连山,二曰归藏,三曰周易。九筮之名,一曰巫更,二曰巫咸,三曰巫式,四曰巫目,五曰巫易,六曰巫比,七曰巫祠,八曰巫参,九曰巫环,以辨吉凶,凡国之大事,先筮而后卜。

筮通筮。巫更、巫咸等名的巫字,郑氏注以为当为筮字,即筮更、筮咸等等。但后来儒者多读九巫如字,因为即使九巫的巫字不改为筮,亦明指筮法,而非九位巫者。前文的"辨九筮之名"就是明证,说明九筮即是以九位巫者的名字命名的筮法。

关于卜与筮在决策过程中的关系,据《洪范》所说是卜筮并用;据《周礼》(筮人)所说是先筮后卜;而《礼记》(曲礼)则云"卜筮不相袭"。《周礼·筮人》所说"凡国之大事,先筮而后卜",按《正义》引贾疏的解释,"筮轻龟重,贱者先即事"[①]。《洪范》所说可能是周初情形,《周礼》所说可能是西周后期。大约卜筮的先后不是绝对的,春秋时更无一定之法。此

---

① 《周礼正义》卷四十八,页1966。

第三章 卜筮

外,王者在处理小事时往往只卜不筮,这也就是《礼记·表记》所说的"天子无筮"。

总之,两周文献中卜筮连用之例甚多,表明当时占卜实践中二者有密切的关联,像《诗经》"卜筮偕止,会言近止"(《鹿鸣·杜》)。即使较晚亦然,如《左传》僖公十五年记"龟象也,筮数也",《管子·权修》"上好龟筮,好用巫医"等。从文献记载来看,理论上及国家礼制体系中龟卜较草筮更为重要,天子临大事,虽可能先筮,但终以卜占为断。[①] 而在实际上,考虑到作为贡品的龟甲来源不易,卿士以下必多用筮法,因此在社会文化层面上,筮法必然占重要地位。这也应是后来周易筮法越来越居占卜体系主导地位的原因之一。

广义来看,祝卜都是神职人员,在三代文化中都在祭祀仪典的程序中承担一定的职能,如卜筮,在丧礼中需卜宅、卜葬日,祭礼中需卜祭日、卜用牲等。但二者不同处在于,祝主要承担祭典中的祈祷行为,而卜还需承担其他人事预测(观国家之吉凶)的功能。

《礼记·曲礼》说:

> 龟为卜,策为筮,卜筮者,先圣王之所以使民信时日、敬鬼神、畏法令也;所以使民决嫌疑,定犹与也。故曰,疑而筮之,则弗非也,日而行事,则必践之。

[①] 据《左传》僖公四年的解释"筮短龟长,不如从长"。

商周之交时，卜筮已非纯粹无神之方术，而与鬼神信仰及由此而来的宗教祭祀（包括丧葬典礼）混合而为其一部分，故《礼记·表记》说："昔三代之明王，皆事天地之神明，无非卜筮之用，不敢以其私亵事上帝，是故不犯日月，不违卜筮。"《礼记》中多次说到"不违卜筮"，这成了周代礼制的原则之一了。

五 筮法与筮辞

以上所说，多述及古代有关卜筮的制度。至于殷末周初在实践上对卜筮的重视，除了甲骨遗存之外，也可见于文献。如商书《盘庚下》：

> 吊由灵各，非敢违卜。

灵，注者往往释为神，即上帝，认为占卜的结果出于神意，不能违背。这里的卜当然是指龟卜。龟卜在周初亦占重要地位，这不仅可由周原甲骨推知，文献记载亦复不少。《尚书·金縢》记周武王在灭商的第二年重病，周公向先王祷告，其中说"我即命立元龟"，占卜结果是"乃卜三龟，习吉。"《尚书·大诰》："予不敢闭于天降威，用宁王遗我大宝龟，绍天明，……朕卜并吉。"又说："宁王惟卜用，克绥受兹命。今天其相民，矧亦惟卜用。"声称文王信用龟卜，故能接受天命。这都表明周人在代殷之初仍然在重大事务上重视龟卜的作用。在《大诰》中卜与天命已有关联："予何其极卜？敢弗于从率宁人有指疆土？矧今

第三章 卜筮

卜并吉？肆朕诞以尔东征，天命不僭，卜陈惟若兹！"声称天命没有差错，卜占的结果必须遵从。《召诰》中记载在营建洛邑的过程中召公以占卜选择基址，《洛诰》记载洛邑营建前后周公多次占卜地址，最后一次的占卜成王也亲自参与，都证明了周初统治者在决策时常常求助于占卜。

以上几例中都仅仅提到卜，而没有涉及筮。但周书的《君奭》说：

> 故一人有事于四方，若卜筮罔不是孚。

《君奭》是周公对召公的诰辞，亦在周初，这里卜筮已经连用，说明筮在周初也已占据一定的位置。再考虑到《洪范》中箕子"立时人作卜筮"和龟从筮从的说法，应当肯定，周初蓍筮在应用上已成熟到与龟卜并立的程度。虽然在国家礼制规定中龟高于筮，但筮占在王室之外更加普遍。如果再考虑到"三易"的说法，肯定蓍筮在夏商以来一脉相承的传衍，则周代筮法就更不是空穴来风了。

连山、归藏究竟是否有其书，后人所辑佚篇是否可靠，尚是疑问。即使周易之前曾有连山、归藏之书，其内容除筮法而外，包含何种观念、信仰的东西，更不易弄清。《太平御览》卷一百八十引桓谭《新论》说："《连山》八万言，《归藏》四千三百言。"黄宗炎曾大疑之，认为若果如此，夏时文字差不多是文王周公时的二十倍，这完全不合文字发展及书册发展的常理。《尚书》本来说得很清楚，"惟殷先人有典有册"，故说夏代有

《连山》之书八万言，是完全不可能的。这说明桓谭所见的《连山》《归藏》必是后人所造。《汉书·艺文志》不录连山归藏，说明对其真伪有疑。晋隋间刘炫伪作《连山》，见于《北史》刘炫传："时牛弘奏购求天下遗逸之书，炫遂伪造书百余卷，题为连山易、鲁史记等。"由此可知，隋时，桓谭所见《连山》亦已亡逸，故刘炫得以伪造。而至宋代，并刘炫伪书亦不得见，郑樵说："连山，夏后氏易，至唐始出，今亡。"桓谭所见伪连山与刘炫伪作连山的佚文，高明先生曾为之略考，但所辑得的数十条，在宗教研究上没有多大意义和价值。①

《归藏》一书，《隋书·经籍志》："归藏，汉初已亡，按《晋中经》有之，惟载卜筮，不似圣人之旨。"既然归藏之书汉初已亡，则桓谭、郑玄、刘勰都提到见过的《归藏》，必然不是汉初以前所传的《归藏》。隋志所录伪本归藏，到宋代亦亡佚大半，《中兴书目》："《归藏》隋世有十三篇，今但存《初经》《齐母》《本蓍》三篇，文多阙乱，不可训释。"高明曾就干宝等人所引述的《归藏》佚文的卦辞加以考察，其卦名与《周易》略异。如需作溽，小畜作小毒畜，大畜作大毒畜，艮作很，损作员，谦作兼，无妄作毋亡，家人作散家人，涣作奂，这些例子大多是因字的通假使用不同而出现的差异，与《周易》的卦名没有根本区别。但又有瞿、钦、规、夜、分、岑昕、林祸、马徒，卦名与《周易》全然不同，不知当于《周易》何卦。② 伪

---

① 皆参见高明：《连山归藏考》，引自《周易研究论文集》第一辑，北京师范大学出版社，1988，页 125。

② 同上书，页 127、128。

第三章 卜筮

《归藏》的佚辞，前人以为与《说卦》相近，王应麟《汉书艺文志考证》引述的卦辞中有一段：

> 明夷曰：昔夏后启筮享神于大陵，而上钧台，枚占，皋陶曰：不吉。昔夏后启筮享神于晋之墟，作为璿台于水之阳。昔者桀筮伐唐而枚占于荧惑，曰不吉，不利出征，唯利安处，彼为狸，我为鼠，勿用作事，恐伤其父。昔穆王天子筮卦于禹强。

桀筮的一段明显是筮辞，与《周易》很接近。

民族学材料显示，西南少数民族流行卜必三次的数卜法。如凉山彝族的草占法，取草秆一束握于左手，以右手随便分去一部分，然后看左手所余之数是奇是偶。如此三次，可得到三个数字，根据这三个数字的奇偶排列，来判定吉凶。据汪宁生同志所述，在"打冤家"法中，这种卜筮方法的吉凶判定法则为：

偶偶偶——中平，不分胜负
奇奇奇——中平，非胜即败，胜则大胜，败则大败
偶奇奇——下，战斗不大顺利
奇偶偶——下下，战必败，损失大
偶奇偶——中平，战斗无大不利
偶偶奇——上，战斗有胜利的希望
奇奇偶——平，战斗与否，无甚影响

奇偶奇——平，战必胜，掳获必多①

最后一条似不应为"平"，而应为"上上"。汪宁生指出，《周易》一书反映的筮法已包括比较复杂的数字计算，不是数字观念薄弱的远古居民所能运用，故不能代表筮法开始时的情况。②他还指出："八卦原不过是古代巫师举行筮法时所用的一种表数符号，它既不是文字，又与男女生殖器无关，当然更不是龟卜的兆纹所演化。像《周易》所代表的那样复杂的巫术是很晚的东西，若就筮法开始来说，决不会晚于卜法。只是卜法所用龟骨便于保存，筮法所用蓍草不能保存而已。尽管有'筮短龟长''天子无筮大事卜小事筮'等说法，也只能反映统治阶级对卜法比较重视，并不能说明卜法比筮法早。"③这个看法也许可以支持夏后氏已用筮的传说。

所以，我同意汪宁生的看法，从人类学掌握的材料看，简单的筮法在原始文化中已有存在，故筮法不必大晚于卜法。它们可能最初是不同地区的原始居民采取的不同占法，卜法可能最早是渔猎民族的占法，筮法是农业民族及游牧民族的占法，以后文化交流，相互影响。三代已是文明时代，并非原始时代，再考虑三易之说，则夏虽不一定有文字，但有一套筮法体系是可能的，而且夏的筮法可能已经不是一种原生的初级筮占。殷代筮法就更不可能是所谓简单的思维，这时占筮之辞的发展大大丰富了易占体系的文化内容，据《史记·封禅书》索引，"东

---

① 汪宁生：《八卦起源》，引自《周易研究论文集》第一辑，页98。
② 同上书，页99。
③ 同上。

第三章　卜筮

君、云中亦见于《归藏》易也"，则归藏之中已有神名，远非"打冤家"之类可以相比的了。

在考古发现的文化遗存中所看到的卜骨甲等，其自身并不可能直接显示当时人们的宗教观念的性质与程度。这不仅指它们无法反映那些与它们可能共生的图腾、巫术、精灵信仰和多神信仰，而且指这种占卜本身也可以出于不同的信仰。因此，只有根据能揭示占卜信仰基础的卜辞，我们才有可能了解某一时代某一族群占卜活动之后的观念信仰。正如我们指出过的，卜和筮都可能像自然巫术一样，并不预设神灵的信仰，也可能是基于某一种神灵的信仰。另一方面，占问的对象不一定就是信仰对象，两者不一定一致，如龟卜占问的对象为灵龟，但信仰可能是帝；占问对象可能是祖先，信仰的最高神为天等。筮法无所谓占问对象，就是企图由易卦了解神或天或天命的安排。

"夏曰连山，殷曰归藏"，郑玄这一说法应当正确理解为夏商已各有一套筮法，而不是说夏商已有成册的筮书。孔子说三代的礼制之间是有所损益的因袭关联，三易之间的关联或许也有类似之处。但是，由《礼记》对夏商文化的宗教特性所作的叙述来看，夏"事鬼敬神而远之"，殷"尊神率民以事神"，宗教观念颇为不同，因此，即使夏商都有筮法，其筮法都有卦辞，各自的筮辞体系也应当与各自的鬼神信仰相适应，而不可能一致。《史记·封禅书》索引"东君、云中，亦见于归藏易也"，其所见《归藏》不知何本，东君日神，云中云神，殷墟卜辞中已有日神东母及云神①，传至后世。因此，商代若有易筮之书，有可能反映殷人的宗教观念。楚辞中有东君、云中，二神又为汉时巫祠，应即殷人信仰的影响。

六 《周易》的意义

现在，我们来讨论《周易》在上古占筮传统发展中的意义和地位。

《礼记·表记》"三代皆以卜筮事神明"的说法，表示上古卜筮活动是事神活动的一部分，特别是祭享神灵活动的一个组成部分。从殷人的卜辞来看，无论从功能上还是性质上说，确实如此。

当然，《易经》及其实践，是在寻求原因，用卡西尔的话来说，它所寻求的原因既不是逻辑的原因，也不是经验的原因，而是一种神秘的原因。②《周易》的整个体系制作预设了筮法及其结果与宇宙万事的神秘联系，这种联系的观念背景是卡西尔所说的巫术和神话的一体性思维。③ 这种思维是前《周易》时代占卜文化所已经具有的，不是《易经》所特有的。

然而，在占辞的内容、性质上，《周易》显然较少"神明"之辞，筮辞记录也很少事神之事，主要是人事的预测。更重要的是，为什么是筮书的《周易》，而不是卜书或其他的易书转化

---

① 陈梦家：《殷墟卜辞综述》，中华书局，1988，页574—578。
② 卡西尔：《人论》，甘阳译，上海译文出版社，1985，页102。
③ 同上书，页105—107。

第三章 卜筮

为后来哲学的人文主义与自然主义?正如余敦康曾指出的:"为什么惟独从周人的筮占中发展出了一套哲学思想体系,而其他的占卜都始终停留在宗教巫术的阶段,这种现象究竟应该怎样解释?"① 应当说,这正是因为《周易》一书本身包含了这种可能转化的特质和根据,即"数"的特质。简言之,《周易》是以数为基础的,这使得摆脱神鬼观念而向某种宇宙法则转化成为可能,这虽然不见得是始作《周易》者的意愿,但却是人文化过程得以实现的一个内在根据。

与卜辞的一个最大区别是,《周易》经文中直接反映周人对帝、天的宗教信仰的内容很少,仅两条,即《大有》上九"自天佑之,吉无不利",和《益》"或益之十朋之龟,弗克违,永贞吉,王用亨于帝,吉"。从随机的观点来看,表明周人的占卜中宗教性观念(如卜辞常出现的帝的观念)日趋淡薄,而且这里的帝只是祭祀的对象,并未显示有令风令雨的权能。《周礼》所说的"以八卦占筮之八故"基本都是人事之变,主要用于推测人事的吉凶;它不再像卜辞那样没完没了地卜雨卜年,这与我们在后面"天命"一章中将要讨论的天的"历史中的上帝"的转变是相对应的。

同时,正如王夫之《周易外传》指出的"龟之见兆,但有鬼谋,而无人谋",《周易》筮法的实现过程则不仅有鬼谋,而且更有人谋。朱伯崑先生指出,龟卜与占筮相比有重要区别,龟象是自然成纹,卦象是人为推算;龟卜不须推衍,蓍占要借

---

① 余敦康:《从〈易经〉到〈易传〉》,《中国哲学》第三辑。

助逻辑上的推衍。[①] 这种人谋的推衍正是体现为"数"的运算，使人的注意力转移到"数"的上面。

《易经》中"高宗伐鬼方""帝乙归妹"皆不止一次出现，说明《周易》作为文献体系并不能完全看作周人的独特的文化创造，其中至少包括殷人易占实践的经验。卜辞中有贞、吉、大吉、亡尤、利不利等，《易经》中也有吉、无吉、无咎、利涉大川、不利有攸往等，显示《易经》的占辞与卜辞的构辞方式相近，句法也相似。[②]《易经》的形成应当是，正像卜辞一样，筮辞在很早的时候已开始有记录，我们知道，"惟殷先人有册有典"[③]，殷人已会使用毛笔书写竹板记事，因此，周人在殷末也一定从殷人学得了不少文化，包括易占和某些筮辞，并在以后逐步地把历次筮得的应验的命辞、验辞加以整理编排。由两个基本爻、八种基本卦及重卦构造组成的筮法体系所决定，整个演易系统一定只有六十四个卦象，故六十四卦名应较早就被确定了。在开始的阶段上，可能都是用卦辞来占吉凶，以后的发展中产生了变卦的规则，爻辞才逐渐根据卦名系统积累排列起来。

如果龟骨的卜占也曾有占书的话，应当也是把兆象加以排列，并规定判定吉凶的法则。除《周礼》所说的三兆之法外，《左传》中记载晋文公令卜偃占卜，结果为"吉，遇黄帝战于阪

[①] 朱伯崑：《易学哲学史》上册，北京大学出版社，1986，页5。
[②] 同上书，页4。
[③] 《尚书·多士》。

第三章 卜筮

泉之兆"①，这说明"黄帝战于阪泉"已经是一个固定的、被赋予了普遍象征意义的兆象，如同"☰"乾卦或《周易》其他基本卦象一样。《左传》又载卫孙文子以龟卜，"献兆于定姜，姜氏问繇，曰：兆如山陵，有夫出征，而丧其雄。"② "兆如山陵"是说兆象，"有夫出征，而丧其雄"应是繇辞。《左传》又有："卫侯占卜，其繇曰：如鱼窥尾，衡流而方羊裔焉。"③ 这里也是繇辞。可见当时应已有兆书一类的手册。《左传》还有记载："初，懿氏卜妻敬仲，其妻占之，曰吉，是谓：凤凰于飞，和鸣锵锵，有妫之后，将育于姜，五世其昌，并于飞卿，八世之后，莫与之亨。"④ 这"凤凰于飞"八句，可能就是《周礼》所谓"其经兆之体皆百有二十，其颂皆千有二百"一类的颂辞。郑注谓"颂，谓繇也"，孙诒让说："卜繇之文，均为韵语，与诗相类，故亦谓之颂。"⑤ 说明周代的甲占确有手册，载有适用于龟卜的繇辞。

如果说《周易》卦爻辞中的宗教观念较之殷人大为减少是反映了周人思想的特点或变化，那么，现在要问，是周人先有了思想上的改变才反映到《周易》上来呢，还是说《周易》的筮法体系本身即比卜法更具有理性化的因素，并由此所决定，《周易》的运用过程本身同时加深、改变了周人的思维与信仰呢？

---

① 《左传》僖公二十五年。
② 《左传》襄公十年。
③ 《左传》哀公十七年。
④ 《左传》庄公二十三年。
⑤ 《周礼正义》卷四十七，页1926。

50年代最早由李学勤先生指出，至70年代末由张政烺先生第一次系统论证了周原甲骨及殷甲骨和西周铭文中的记数符号组就是筮法的卦形，只是不用"—""− −"组成三叠或六叠的卦形，而是用数字符号"八""十"等组成的三叠或六叠的卦形。① 与卜辞明显不同，这些符号既不与卜兆对应，文辞也与卜辞不符，却与八卦的记载相吻合。②

《周易》的成书意义，最重要的莫过于类型化和形式化。这与殷人的占卜正相对比。商人占卜的特点是不仅次数多，占问中的鬼神事多，而且繁琐。每次占卜须刻前辞、命辞、占辞和验辞，前辞记明卜日及卜人之名，命辞即问占的问题，占辞为占者视兆后所作的占记，验辞是既卜之后记录应验的事实。近不到百年以来，仅以殷墟为主的几处出土的甲骨片已数以万计，刻辞五花八门，不仅证明殷人占卜活动之频繁，而且说明殷人还未找到一种方法，类型化地处理兆象的吉凶。

而按《周易》体系的建构原则，人不再需要记住每一次占卜的经验，人们把吉凶顺逆的种种占卜结果，集中、提炼为八经卦、六十四卦的卦象，把卜辞式的纷繁记录，类型化为卦辞和三百八十四爻的爻辞。人们的占筮只要把筮得的卦象结果与卦爻辞对检即可。在这样一种系统中，每一卦的卦辞及每一爻的爻辞，已不代表某一个别的原初经验，而代表一种类型，一种原理。从而，与卜辞相比，在《周易》的体系建构下，个别

---

① 李学勤：《谈安阳小屯以外出土的有字甲骨》，《文物参考资料》，1956年11期。张政烺：《试释周初青铜器铭文中的易卦》，《考古学报》，1980年4期。
② 张亚初、刘雨：《从商周八卦数字符号谈筮法的几个问题》。

第三章 卜筮

上升为普遍,经验上升为原理,把每一卦和每一爻,都作为一类经验的象征。人们在这里终于摆脱了远古占卜的那种原初的个别性,掌握到处理经验的普遍性。这正是《周易》之所以为"易简""简易"的特质。从远古占卜到《周易》的发展中,我们确实可以看到一种理性化的进步,尽管这是卜筮系统内的理性化。

《周易》的成卦,不管是传统的伏羲画八卦、文王演六十四卦的说法,还是从逻辑了解八卦到六十四卦的递进关系,总之是先有八卦而后有六十四卦,八种卦象两两相叠,演出六十四卦。这种演进出于占筮本身的需要,因为随着社会事物复杂程度的增加,八种卦象不足以覆盖所占之事,这就促使人们进一步加以推衍,形成了六十四卦,以便对应复杂的事物和变化。卦名则由经验而来,震卦原为问打雷事而应验,因以命名;履卦本问狩猎之事,应验而命名为履,等等。①

也许有人会说,蒙昧人用一块贝壳掷正反面,来测度吉凶,只有两种卦象"正""反",只有两种解释"吉""凶",这不是更简便易行吗?问题并不能那样非历史化。列维-斯特劳斯指出过原始人思维的具体性,如哈努诺人在当地把鸟分为七十五种,表现了原始人感性思维发达,而抽象思维不发达。② 另一方面,从汪宁生提供的例子来看,原始文化中尚且需要八种卦象如上上、下下、上、下、平、平平等,以便对各种程度种类不同的结果作出细致的指示(预测),因此就复杂社会如殷周的卜筮体

---

① 参看朱伯崑:《易学哲学史》上册,页11、12。
② 列维-斯特劳斯:《野性的思维》,页7。

系来说,并不是卦象越少越好,越能体现形式化。同时,问题的提出须在一个具体的历史框架内。殷周相承,殷已有的繁琐的占卜文化如何到周代演出类型化简易的《周易》,是一个具体的历史问题,不是任意提出的逻辑问题。

由《周易》可见,在实践上,它与巫术和交感思维及联想思维不同。当人筮得"飞龙在天"后,并不需要借助类比和联想律来加以联想,因为"利见大人"在卦爻辞中已经规定了它的吉凶,规定了卦象意指什么。事实上,这句爻辞可以变为任何其他一句吉利的话语,在《易经》体系内承担其类型化的功能。所以,易筮实践所预设的原理就是每一卦辞、每一爻辞的意指都不局限于卦爻辞的话语具体性上,这一点王弼说得很明白:

> 夫象者,出意者也。意者,明象者也。……义苟在健,何必马乎?类苟在顺,何必牛乎?(《周易略例·明象》)

王弼批评的那种执象忘意,正是只知具体、不知抽象。类型化的规则使得《周易》的卦爻话语取得了一种超越性,即吉凶虽然寄寓于特定的物象或话语,却具有超越具体物象的普遍意义。

八卦在开始形成的时候可能曾被赋予模拟的意义,但作为成熟体系的《易经》的特有思维,并不是一个具体的象与另一具体的事物间的联系,而是一个象与无数占得此象的特定时空中的事物的联系。它在能指(卦象)与所指(事像)之间建立了一种普遍性质的象征联系。当然,这种联系不是巫术的实践

第三章 卜筮

性的,而是认知的、预测的。《易经》表示周人已找到了或建立起占卜结果与所要预测的事物之间的稳定联系、规律性联系。但是,实践上我们知道,真正的卜筮实践,面对复杂的自然、社会境况,要想作出"正确"的解答,合理解说"预测"与"结果"的复杂关系,需要大大发挥人的解释的能动性。从这一点来说,比起龟卜来,《周易》无疑更大地敞开了人的思维努力的空间,取得了龟卜不能相比的长足进步。

从上述的观点来看,《周易》的发明和使用,表明当时中国人已经超越了只知道具体性思维的原始阶段,不能把它仅看作列维-布留尔所说的"互渗律"思维的体现。从整个占卜传统的发展演变来看,《周易》的体系和实践,其意义不应从原始思维的意义上来理解,而应当把它视为周文化"祛除巫魅"[①] 过程的一部分(这当然不等于说周代乃至现代没有原始思维或野性思维)。

列维-斯特劳斯说过:"宗教是自然法则的人化,巫术即人类行为的自然化,即把某些人类行为看作是物理决定作用的一个组成部分。"[②]《周易》是非人化(非拟人化)的,但《周易》的非人化不同于自然巫术的非人化,因为《周易》是在中国早期文明经历了殷商多神崇拜之后发展起来的,从这样一个特定的具体的历史进程来说,它就不能被作为那种"没有起源"(马林诺夫斯基语)的巫术来对待。不管《周易》与周族的文化特

---

① 马克斯·韦伯语,见苏国勋:《理性化的限制》,上海人民出版社,1988,页 87。

② 列维-斯特劳斯:《野性的思维》,页 252。

性有何关联,从中国文化的纵向发展来看,我们有理由说,多神崇拜的殷商祭祀文化是对自然巫术的否定,非拟人化的《周易》则是对多神崇拜的一种否定。特别值得指出的是,《易经》的卦爻辞体系正好与周人的"天命"思想相配合,而天命思想正是早期中国文化得以发展出独特形态的重要基础。由此才导致神格的淡化,逐渐发展起天数、天道的哲学观念。

筮辞由原来零散、具体的记录,在《易经》整体规则的规定之下,一跃而变为具有普遍意义的象征话语。当然在断占和解释时,可能需要以类比作为中介以便从特殊过渡到普遍,或从爻辞的特殊与筮问的特殊间建立起二者的关联,但总体上说,占筮的实践并不是类比思维。在这样一个规则作用之下,那些原来具体、零散、经验的占筮辞颂记录,组成为一个文本体系,筮辞的这种文本化,标志着学会使用文字的中华民族开始努力谋求从经验中把握普遍原理,并通过文字把这种把握凝结为普遍形式,尽管这种提升和凝结仍然包裹在神秘的外衣之下,仍然受到卜筮活动的内在限制。春秋以降,人们更进而把《易经》与卜筮过程进行分离,把《易经》作为直接阅读的文本。《易经》在这个历史过程中被经典化,最终完成了它的彻底的文本化,为"文本—解释"的纯粹精神活动开辟了道路。

如果说吉尔兹把"意义"与"象征"紧密联结更多的是基于南半球文化的例证[①],《周易》则是借助卦象作为象征用以对应各类现象,而象征本身所联结的意义是人所赋予的。不过,

---

① 克利福德·吉尔兹:《文化的解释》,纽约,1973;参看《文化人类学的理论框架》,浙江人民出版社,1988,页 256—264。

第三章 卜筮

如果不从《周易》体系的发明的意义来看，而从筮占实践来看，则《周易》的本质与其说是物象的象征，不如说是"数"的推演。由《左传》僖公十五年"龟象也，筮数也"的说法及孔子用"达于数"定义筮可知，周代的人是把"数"看作《周易》筮法的本质特点。在孔子看来，"数"的这种意义不仅是筮与卜的区别，而且是"史"与"巫"的主要区别。① 另一方面，正如孔子所说，"数而不达于德"是《周易》（指经）的文化特色，而文化的进步不仅体现为抽象思维的提高，更要体现为价值伦理的贞定，我们将在以下两章中进一步讨论这些问题。

太史公称卜筮为"稽神设问之道"，上古时代上下尊行，"自古受命而王，王者之兴，何尝不以卜筮决于天命哉"②。据司马迁说：

> 自古圣王将建国受命，兴动事业，何尝不宝卜筮以助善。唐虞以上，不可记已。自三代之兴，各据祯祥。涂山之兆从，而夏启世；飞燕之卜顺，故殷兴；百谷之筮吉，故周王。王者决定诸疑，参以卜筮，断以蓍龟，不易之道也。
>
> 蛮夷氐羌虽无君臣之序，亦有决疑之卜。或以金石，或以草木，国不同俗。然皆可以战伐攻击，推兵求胜，各信其神，以知来事。③

---

① 《马王堆帛书易传·要》载孔子语："赞而不达于数，则其为之巫，数而不达于德，则其为之史。"
② 《史记·日者列传》。
③ 《史记·龟策列传》。

然而,自孔子以至荀子,已将《周易》文本化,并走了一条理性主义的诠释之路。卜筮行为在孔子虽亦不能免,但"尚其辞""乐其辞"是孔子晚年的学易宗旨。[①] 至荀子时代,主张"善为易者不占"[②],卜筮已为稷下儒者所不重视。《史记》记载汉初贾谊、宋忠与司马季主的一段话,很能表出当时卜筮在知识阶层眼中的地位:

> 夫卜筮者,世俗之所贱简也。世皆言曰:"夫卜者多言夸严以得人情,虚高人禄命以说人志,擅言祸灾以伤人心,矫言鬼神以尽人财,厚求拜谢以私于己。"此吾之所耻,故谓之卑污也。[③]

这是指民间卜筮者而言,但明白显示出卜筮在文化格局中的衰降。一切宗教现象的起源都不仅仅基于认识的原因,而更多基于生活世界实践的需要和人的存在的焦虑,只要人对自己的行为后果和命运际会没有把握,宗教和巫术、卜筮就永远因此需要而存在。但是,在文化的理性化过程的不同阶段,巫术和卜筮在文化体系中的地位不同,而由此种地位的变化,使我们得以从一个方面了解文化理性化发展的水平。

---

① 孔子说:"予今不安其用而乐其辞。"(《要》)
② 《荀子·大略》。
③ 《史记·日者列传》。

第四章 祭祀

> 国之大事，在祀与戎。
> ——《左传》成公十三年

> 礼有五经，莫重于祭。
> ——《礼记·祭义》

一 从巫术到祭祀

中国上古时代的巫文化曾很发达，从个体巫术到公众巫术的发展，逐步孕育出"神"的观念，导致了自然巫术向神灵巫术的发展。在以祭祀和战争为"国之大事"的文明时代初期，公众巫术已融入祭祀文化或转进为祭祀文化的组成部分。

弗雷泽在研究了交感巫术的两个分支"顺势巫术"和"接

触巫术"之后指出：

> 我们看到，在前面所看到的某些事例中，首先确认有神灵存在，并且还以祈祷和奉献供品来赢得神灵的庇护。但总的说来，这类事例尚属少数，它们只表明，巫术已染上了和掺和了某些宗教的色彩和成分而已。无论在任何地方，只要交感巫术是以纯粹的形式出现，它就认定，在自然界一个事件总是必然地和不可避免地接着另一事件发生，并不需要任何神灵或人的干预。①

弗雷泽认为，巫术与宗教对自然进程的看法不同，它们之间的差异，"取决于它们对这样一个关键性问题的回答：统治世界的力量，究竟是有意识的和具有人格的，还是无意识的、不具有人格的？"② 弗雷泽认为，巫术要强迫、压制自然和神灵，而宗教是邀宠、讨好神灵。他写道：

> 宗教作为一种超人力量的邀宠所认定的是两个答案的前者（统治世界的力量是有意识有人格的），因为所有的邀宠做法都暗示着那位被讨好者是一个具有意识或人格的行为者。他的行为在某种程度上是不定的，可以被劝说来按照人们所希望的方向改变。……人们决不能向那些被看成

---

① 弗雷泽：《金枝》，徐育新等译，中国民间文艺出版社，1987，页75。
② 同上书，页79。

第四章 祭祀

无生命的东西讨好。①

> 尽管巫术也确实经常和神灵打交道，它们正是宗教所假定的具有人格的神灵，但只要它们按其正常的形式进行，他对待神灵的方式实际上是和对待无生物完全一样，也就是说，是强迫或压制这些神灵，而不是像宗教那样去取悦或讨好它们。②

除了巫术与宗教这种在信仰—行为上的不同之外，弗雷泽特别注意到二者在历史上的对立。他认为这种对立正是根源于信仰上的差异。根据他的看法，巫术与宗教之间的这种基本原则上的抵触，正足以说明历史上何以存在祭司经常追击巫师。事实的确如此，在文化的理性化过程中，理性化首先和主要反映在上层文化、精英文化的大传统上，这就必然导致了理性化的上层文化对下层文化、俗民文化的小传统的排斥和挤压。这种排斥或挤压是有普遍性的，中国亦然，只是并未采取西方那样的尖锐方式而已。

弗雷泽当然也注意到，在我们所了解的许多原始文化中，宗教和巫术是混淆着的。古印度与古埃及"早期历史上的献祭仪式普遍带有最原始的巫术精神"③，中国上古时代也有类似情况。弗雷泽说：

---

① 弗雷泽：《金枝》，页75。
② 同上。
③ 同上书，页81。

> 我们已经如此熟悉的这种对立（指宗教与巫术）似乎只是在宗教历史的晚期才清楚地表现出来。在其较早阶段，祭司和巫师的职能是经常结合在一起的，或更确切地说，他们各自尚未从对方分化出来。为了实现其愿望，人们一方面用祈祷和奉献祭品来求得神灵们的赐福，而同时又求助于仪式和一定形式的话语，希望这些仪式和言语本身也许能带来所盼望的结果而不必求助于鬼神。①

尽管如此，弗雷泽以其广博的知识和卓越的睿智提出了以下的重要判断：

> 虽然在许多世纪里和许多国土上巫术与宗教相融合、相混淆，但我们仍然有理由认为这种融合并非自始即有。曾有一个时期人们为满足他们那些超越一般动物需求的愿望而只相信巫术。首先，考虑到巫术与宗教的基本见解，我们就倾向于作出这样的判断：在人类历史上巫术的出现要早于宗教。我们已经看到，一方面，巫术仅只是错误地应用了人类最简单、最基本的思维过程，即类似联想或接触联想；另一方面，宗教却假定在大自然的可见屏幕后面有一种超人的有意识的具有人格的神的存在。很明显，具有人格的神的概念要比那种关于类似或接触概念的简单认识要复杂得多。②

---

① 弗雷泽：《金枝》，页81。
② 同上书，页84。

第四章 祭祀

> 所以,很可能是,在人类发展进步过程中,巫术的出现早于宗教的出现,人在努力通过祈祷、献祭等温和谄媚手段以求哄诱安抚顽固暴躁、变幻莫测的神灵之前,曾试图借符咒魔法的力量来使自然界附和人的愿望。
>
> 这种从巫术与宗教的基本概念推演出来的结论,已为我们对澳大利亚土著民的观察结果所证实:在那些我们已掌握有准确资料的最原始的野蛮人中间,巫术是普遍流行的,而被视为对更高权威的一种调解或抚慰的宗教则几乎不为人所知。可以粗略地说,在澳大利亚所有的人都是巫师,却没有一个人是神父;每一个人都自以为能够用"交感巫术"来影响他的同伴或自然的进程,却没有一个人梦想用祈祷和祭品来讨好神灵。①

我们所以花这么长的篇幅引述弗雷泽的论述,很明显,因为这些论断对于我们理解夏商文化特别是殷商文化的特质有十分重要的启发性。简言之,殷商时虽有巫史,而且大行占卜,但其主导的宗教信仰—行为形态,正是弗雷泽所说的"努力通过祈祷、献祭等温和谄媚手段以求哄诱安抚顽固暴躁、变幻莫测的神灵",即属于祭祀文化;而不是"借符咒魔法的力量来使自然界附和人的愿望"的巫术文化。

---

① 弗雷泽:《金枝》,页84。托卡列夫也说:"澳大利亚人没有祈祷,而有符咒;没有牺牲、供奉和安抚仪式,而有巫术仪式。"(引自吕大吉主编:《宗教学通论》,中国社会科学出版社,页385)

二 神灵与崇拜

为了理解从巫觋文化到祭祀文化的发展，我们先要考察上古神灵观念的痕迹。

中国上古巫觋在夏商以前早与神灵打交道，远古且不去说，良渚文化的神灵气息就已相当浓郁。如第一章所说，古巫登山通神，以舞降神，但后世所说的神已是比较发达的神的观念，与上古早期的神的观念可能不同。

甲骨文、金文中的"神"字多作"申"，不从示。郭沫若说："甲骨文作～若 ，金文大抵如是，惟反书者甚少。……惟申字在古有直用为神者，如克鼎之'顉孝于 '，杜伯盨之'宣孝于皇 且考'，均系神字，殆假借特。又申有重义，有伸义，此于古文字形均未有说。"又说"要之古十二辰第九位之申字乃像一线联结二物之性，而古有重义"。① 杨向奎先生认为，二物就是指天和人而言，指"申"是一种联通天人的媒介。他还认为《尔雅·释诂》所云"申，重也"，正是指人民不能和上帝直接交涉，必须经过"申"的一类手续而言。② 但杨说虽云发挥郭说，终嫌勉强，因为郭氏明说以申为神之假借。

金文中神字从示为多，诅楚文、楚帛书的神字与金文字尤相近。《说文解字》释神："神，天神，引出万物者也。从示、

---

① 郭沫若：《甲骨文字研究·释干支》。
② 杨向奎：《宗周社会与礼乐文明》，人民出版社，1992，页162。

第四章　祭祀

申。""天神"作为整个宇宙即天地万物的主宰,这一观念是相当晚的,在商代以前还没有。照《国语·楚语》观射父所谓"明神降之""享之"的说法,"神"是指神灵,神灵可降于人间,附于人身,享用人间供奉的祭品,为人们带来嘉福。

早期的神的观念可能与鬼神信仰有关,因为古代"神"亦多指鬼神,特别是亡灵所变成的神鬼。《正字通·示部》:"神,阳魂为神,阴魄为鬼,气之伸者为神,气之屈者为鬼。"伸者即伸升上天,屈者即附游地上。《礼记·乐记》"幽则有鬼神",指死后的存在。这种鬼神的信仰是比较早的。

说到神,不可不说"示"。甲骨文"示"代表地祇,即地神。《广韵·支韵》:"祇,地祇,神也。"这样看来,作为农业民族的华夏族,最早产生的大神观念,可能就是地神,所以以后与神事有关的字都从示。《周礼·春官·大宗伯》:"掌建邦之天神人鬼地祇之礼。"可以说,天神、人鬼、地祇的三层神灵结构,是三代至少商代已经形成了的神灵体系。其中的人鬼是祖先神。

在从示的字中,有些值得提及,以便后面的讨论。首先是"祝"字,《说文》:"祝,祭主赞词者,从示,从儿口。一曰从兑省;易曰兑为口、为巫。"这里的"易曰"是指《说卦》"兑为泽,为少女,为巫,为口舌"。段注认为祝字是会意,表示"以人口交神也"[①]。《诗·小雅·楚茨》"工祝致告,徂赉孝孙",这表示,祝是祭祀时行祝祷词的人。祝在广义上就是向鬼

---

① 段玉裁:《说文解字注》,上海古籍出版社,1981,页6。

神祈祷求福，不一定只是在祭祀时用语言来与神交通。另外，《楚辞·招魂》"工祝招君，背行先些"，说明祝之职在楚国除致告鬼神之外，又行招魂之术，与巫相通，故王逸楚辞注曰"男巫曰祝"①。其次是"祭"，《说文》："祭，祭祀也。从示，以手持肉。"即以牺牲来献祭鬼神，祭字意义明白，毋庸讨论。最后是"祟"字，《说文》："祟，神祸也，从示，从出。"《集韵·术韵》："祟，鬼神为厉。"指鬼神制造的灾祸，如《说苑·君道》："楚昭王有疾，卜之，曰：河为祟。"甲骨文中问祟的例子不少。

早期的神灵信仰，无论是自然神、鬼魂、精灵、神怪，其原初形态应当是泰勒所谓万物有灵论，即"对于精灵实体的信仰"②，这种信仰的特点是多元性、有限性、不定性和超自然性。

自然崇拜（Nature Worship）和自然神崇拜是精灵崇拜的一种形式。霍尔巴赫曾指出，人类历史上最初级的宗教形态是"拜物教"，指对自然物和自然势力的崇拜，即崇拜那些和人自己生活密切相关或人类对之依靠性很强的物体。他认为，从拜物教逐步发展出多神教，最后达到一神教。③费尔巴哈也有同样的看法，他说："自然界是宗教的第一个对象。"④孔德也认为人类最初的宗教是对于一切自然物体的崇拜，而不论这些物体是否寓居有神灵。自然物体被人格化为精灵，在他看来是宗

---

① 见朱熹：《楚辞集注·招魂第九》，文津出版社，1987，页137。
② 参看吕大吉：《宗教学通论》，中国社会科学出版社，1989，页49。
③ 同上书，页76。
④ 费尔巴哈：《费尔巴哈哲学著作选集》下，三联书店，1962，页679。

第四章 祭祀

教发展的第二阶段。① 根据宗教史的材料,近代宗教学的创始人麦克斯·缪勒更明确提出了宗教起源于自然物崇拜说。② 事实上,把自然物崇拜与自然神崇拜分为两种不同的原始信仰,是不必要的,人在对自然物体进行崇拜时,总是将某种神性赋予了自然物体,或以自然物体具有神性为前提。

自然崇拜的存在在中国上古亦不例外,卜辞及先秦文献中都可以见到。如《左传》昭公元年:

> 山川之神,则水旱疠疫之灾于是乎禜之。日月星辰之神,则雪霜风雨之不时,于是乎禜之。

这种山川日月星辰之神的观念应发生甚早,《礼记·祭法》:

> 山林川谷丘陵,能出云,为风雨,见怪物,皆曰神。有天下者祭百神。

怪物的说法表明早期自然崇拜与精灵信仰确实有关。上面这两段材料说明天地山川日月是三代祭祀的重要对象,证明中国古代自然崇拜由来甚久。

上面所引材料可以显示出,由于神灵崇拜与信仰在考古遗存中常常很难寻觅,所以对中国上古神灵观念的了解,我们需要借助文献对祭法和祭祀的记述来了解,换言之,要通过祭祀

---

① 参看吕大吉:《宗教学通论》,页 123。
② 同上。

文化来了解神灵观念。《尚书·舜典》：

> 正月上日，受终于文祖，在璇玑玉衡，以齐七政。肆类于上帝，禋于六宗，望于山川，遍于群神。①

按照这个说法，舜在继承了君位之后，即祭祀上帝及天地日月河海，又祭山川及群神。按其论述次第推之，"群神"应即"能出云，为风雨，见怪物，皆曰神"的"神"，也就是自然神。

虽然，《夏小正》中只有二月祭鲔一类的精灵崇拜，② 文献载述则显示出，虞夏时的信仰已不是单纯的自然崇拜，而是多神的鬼神信仰。《论语》说夏禹"致孝乎鬼神"③，说明鬼神信仰和崇拜已在国家崇拜活动占重要地位。《礼记·表记》说夏是"事鬼敬神而远之"，又表明当时的祭祀文化还不发达。但据《尚书·甘誓》，在夏启时，已有"赏于祖""戮于社"的声明，说明已有国家一级的"祖""社"的宗教活动。"祖"即祖庙，"社"即社神，说明当时已有祖先崇拜和地神崇拜。古文《尚书·五子之歌》记太康时事，其中陈述太康的主要罪行之一就是"覆宗绝祀"，也是指祖先祭祀的崇拜而言。

但至少在商之初已有至上神的观念，《论语·尧曰》"予小子履敢用玄牡，敢昭告于皇皇后帝"，注家皆据《墨子》认为是

---

① 类，祭名，《说文》释之为"以事类祭天也"。禋，洁祀也。望，祭山川之名。"六宗"一说指日月星河海岱。
② 《夏小正》"初岁祭耒"，《尚书大传》及后人注以为祭字当是察，其实不必。"二月祭"三月"祈麦实"。见《大戴礼记解诂》，中华书局，1983。
③ 《论语·泰伯》，8·21。

第四章 祭祀

汤的祝辞①，则当时已有帝或类似的至上神的观念。《孟子·滕文公下》：

> 汤居亳，与葛伯为邻。葛伯放而不祀，汤使人问之曰："何为不祀？"曰："无以供牺牲也。"汤使遗之牛羊，葛伯食之，又不以祀。汤又使人问之曰："何为不祀？"曰："无以供粢盛也。"汤使亳众往为之耕，老弱馈食。……

这里的祀肯定不是指祖先祭祀，应当是对神的祭祀。

三　殷商信仰体系

如上节所说，三代的宗教信仰和行为状态已经不是纯粹的自然崇拜，这一时期自然崇拜虽然存在，却是作为整个神灵系统的一部分，因此，在讨论殷商宗教时，我们必须整个地来讨论其祭祀文化，以了解其信仰—行为的全体。

就卜辞来看，殷代的崇拜还处在具体的阶段，神灵世界分散多样，这表现在占卜的频繁与占卜范围的无所不包，表现在殷人"尚鬼"的繁杂的祭祀。②《礼记》"殷人尊神，率民以事神，先鬼而后礼"③，这里的"神"兼指天神与人鬼。根据对卜辞的研究，由卜辞记载的祭祀活动及其对象，由卜辞记载的占

---

① 参看《论语集释》第四册，中华书局，页1351。
② 见陈梦家：《殷墟卜辞综述》，中华书局，1988，页561。
③ 《礼记·表记》。

问内容，可知殷人的神灵观念可分为三类：

　　一、天神：上帝、日、东母、西母、云、风、雨、雪

　　二、地示：社、四方、四戈、四巫、山、川

　　三、人鬼：先王、先公、先妣、诸子、诸母、旧臣[①]

"帝"是殷人信仰的最高的神，具有最高的权威，管理着自然与下国。上帝最重要的权力是管辖天时而影响年成。这说明殷人已经有至上神的观念，而且这个至上神明显是一个早期的主掌农业的自然神。同时，这个"帝"已远不是原始部落的部族神，卜辞中的上帝不仅像人间帝王一样发号施令，而且有帝廷，有工臣为之施行号令。殷人作为祖先来崇拜的先王先公可上宾于帝廷或帝所，转达人间对上帝的请求。陈梦家指出：

> 殷人的上帝或帝，是掌管自然天象的主宰，有一个以日月风雨为其臣工使者的帝廷。上帝之令风雨、降福祸是以天象示其恩威，而天象中风雨之调顺实为农业生产的条件。所以殷人的上帝虽也保佑战争，而其主要的实质是农业生产的神。先公先王可上宾于天，上帝对于时王可以降祸福，示诺否，但上帝与人王并无血缘关系。人王通过先公先王或其他诸神而向上帝求雨祈年，或祷告战役的胜利。[②]

他还指出，上帝与人鬼不同处在于，他不享受祭祀的牺牲，它

---

① 陈梦家：《殷墟卜辞综述》，页562。
② 同上书，页580。

第四章 祭祀

虽然是令风令雨的主宰,但人并不能向他直接祈求。先公先王则不仅可以享用时王的献祭,而且时王也可以通过求祈先公先王来使之影响上帝,以得到降雨丰年。[1]

从卜辞来看,殷之先公先王死后升天,宾于帝所,已被天神化,而自然神祇如山川土地等在祭祀中也已被人格化了。殷人的上帝是自然的主宰,但并未充分人格化。占卜在习惯上被视为巫术的一种,但占卜与巫术的区别在前章我们已经讨论过了。在检视殷商文化时我们必须充分注意这一重要的事实,即甲骨卜辞的内容"以有关于自然神祇和祖先的祭祀为最多"[2]。据罗振玉统计,卜辞内容可分为九类,其中以卜祭居第一位。[3] 殷王在一年三百六十日中几乎无日不举行祭祀[4],其中多数由殷王亲自祭祀,也有不少时候让别人代他举行祀典[5]。这种祭祀的对象主要是祖先神灵,殷人发明了"周祭"的方法,以免混淆不清,而使祀典有序。祭祀的名目甚多,有衣祭、翌祭、肜、劦、岁、𡉕(侑)、禴、叙等祭。这些祭祀活动都要伴以占卜。

这说明,殷商的占卜事实上可以看作是整个王室祭祀活动的一个组成部分,它应纳入整个祭祀活动礼仪和体系中来加以了解。换言之,殷商甲骨刻辞代表的占卜活动乃是从属于整个

---

[1] 陈梦家:《殷墟卜辞综述》,页 580、361。
[2] 同上书,页 636。
[3] 引自侯外庐《中国思想通史》第一卷,人民出版社,1992,页 68。
[4] 李亚农:《殷代社会生活》,《李亚农史论集》,上海人民出版社,1978,页 416。
[5] 同上书,页 436。

祭祀文化的，因此不应该孤立地去了解殷商占卜的宗教意义，而应该在整个殷商祭祀文化中来了解其宗教意义。不仅占卜是这样，巫觋在殷商上层宗教活动中也已祭司化了。殷商祭祀文化的特质，不仅在于它可以与龙山时代的巫觋文化相区别，以显示文化的演进，而且，正是由于巫觋文化发展为祭祀文化，才一方面有了后来由祭祀礼仪衍生出的整个规范体系——礼，另一方面发展了祭司阶层，即分化的祝、宗、卜、史。西周的礼乐文化正是在此基础上得以发展出来，并为后来诸子思想的早期发展准备了职官制度的基础。同时，祭祀文化也恰足以表示这仍不是一个宗教思想成熟的文化，而是基于多神崇拜和祭祀，向着更高宗教阶段过渡的一个阶段。

为了显示历史发展的轨迹，我们先从卜辞所见的宗教信仰说起。卜辞的作用当然是有限度的，一方面殷墟卜辞主要是王室的档案，可以反映当时大传统的宗教信仰，但在多大程度上能反映或代表一般社会的信仰，则可能是有疑问的。另一方面，即使不考虑大小传统的差别，卜辞的形式和刻写载体的限制也使卜辞难以充分反映当时的社会文化面貌。但是，本书的立场是注重大传统的形成及其对整个文化发展的范导作用，尽管"惟殷先人有册有典"，可是商代的文献实在太少；所以卜辞仍是我们立论和由以了解殷商文化的基础材料。

四　殷人的祭祀活动

先需指出，卜问的对象与祭祀的对象及信仰的对象不一定

第四章 祭祀

一致,在研究宗教信仰时须加注意。祭祀的对象一定是鬼或神(合称鬼神),只是据陈梦家说,在殷代的祭祀中上帝并不是祭祀的对象。① 因此殷代作为祭祀对象的鬼神中不包括上帝。然而,卜辞告诉我们殷人有明确的上帝信仰,从这一点来说,祭祀体系并不完全等同于信仰体系。占卜也有同样的情形,占卜的设问对象有人认为是鬼神(郭宝钧),有人认为是灵龟(王宇信),② 由卜辞可以看出,卜问帝的活动并不是直接问于帝,占问河神人鬼的活动也并非向河神人鬼发问,这从卜辞中经常问帝、神、鬼是否作祟即可看出。因此,卜问只是借助于一种神秘的方式来向祖先神询问,相信祖先神会通过龟板的裂坼显示出对占问的回答。正如我们已经说过的,占卜本身既可以以神灵信仰为基础,也可以不预设神灵观念为前提,而不论有或没有神灵观念在其背后,占卜总是体现了一种神秘的交感作用、诉诸神秘的交感方式,和以神秘交感为内容的原始性思维。正是在这个意义上,人们往往把占卜视为巫术的一种形式。对于殷人而言,即使占问的对象不是帝和神鬼,并不等于说殷人不信仰帝、鬼、神的存在。殷人实际上是以一种间接的神秘交感方式来测度帝、鬼、神的意志,这也正表明,原生巫觋的直接交通天地的联系被断绝以后,占卜在沟通天地方面的作用居重要地位,体现了上古宗教思维—行为的一次重大转变。

因此,我们需通过卜辞,把占问内容与祭祀活动总和起来

---

① 见陈梦家:《殷墟卜辞综述》,页 580、361。
② 郭宝钧:《中国青铜器时代》,三联书店,1963,页 227。王宇信:《甲骨学通论》,中国社会科学出版社,1989,页 114。

加以考察。

(一)卜辞中殷人关于帝、上帝的信仰

  帝令雨足年——帝弗令雨足年 前 1.50.1
  今三月帝令多雨 前 3.18.5
  羽癸卯帝其令风——羽癸卯帝不令风
乙 2452.3094
  上帝降莫 师友 1.31（存 1.68）
  帝其降我莫——帝不降我莫 乙 7793
  帝其乍王祸——帝弗乍王祸 乙 1707，4861
  帝其降祸
  王乍邑，帝若 乙 1947，6750
  伐邛方，帝受我又 林 1.11.13
  佳帝壱我年 乙 7456[①]

令雨、令风都是指帝命令下雨、刮风，降莫即降下旱灾，降祸即降下对人的祸害，若即允诺，又即保佑。

  由卜辞可见，殷人所信仰的帝，首先是自然天时的主宰，特别是决定是否或何时降雨的主宰，这无疑是一个体现农业民族需要的至上神，他掌管降雨、风、云和收成（年），从消极的方面说，帝可以降旱、降馑、降灾给人间。同时帝不仅主宰天

---

  ① 皆引自《殷墟卜辞综述》第十七章。胡厚宣先生曾著文《殷卜辞中的上帝与王帝》，也引述了大量的有关祭祀的卜辞材料，基本看法与陈梦家同，可参看其文，载《历史研究》，1959 年 9、10 期。

第四章 祭祀

时,也掌管人间祸福,可以保佑人王,也可以降祸人间。卜辞中的帝,作为神已经相当人格化,这从卜辞中的"帝廷"观念也可以证实。卜辞中有:

> 王又岁于帝五臣正,佳乙雨　　粹13
> 秋于帝五工臣,才且乙宗卜　　粹12
> 于帝臣,又雨　　甲779

这表明帝像人间的君主一样,有一个朝廷(帝廷),有"臣"为之驱使奔走。有学者认为,"五臣正""五工臣"即是《左传》昭公十七年郯子所说神话传说的"五工正",是协助帝掌管天时的官吏。

殷人把他们的先公、先王神灵化,并认为先公、先王的亡灵可以上天到帝廷或帝所,用卜辞的语言,叫作"宾"于帝所。卜辞有:

> 下乙宾于帝　　乙7194
> 大[甲]不宾于帝　　乙7549
> 旨千若于帝所——旨千若于帝右　　乙3085①

由此可见,帝之为殷人的至上神,是没有疑问的。但帝是天神,

---

① 皆引自《殷墟卜辞综述》第十七章,页572—573。

还是人鬼,学者意见不同。郭沫若以帝为帝喾。① 又认为殷人的"天"只是指日月星辰运行之所,不指至上神。② 他还认为,由周书的《大诰》可推知殷人卜问的对象一定是天(帝),而不是乞灵于龟甲③。李亚农则引《汤誓》为说,认为商书中的天即是上帝,他并未清楚说明殷人自己是否已用"天"这一概念来表示上帝,但显然,他并不像郭沫若那样认为文献中凡出现了"天"的商书都是不可靠的。同时,他似乎也认为殷人祭祀的对象都是先公先王。④ 陈梦家的看法是,殷人的帝可能是指"昊天"。⑤

(二) 殷人关于风雨山川诸神的信仰

卜辞中有不少记述祭祀其他自然神祇的内容,如:

乙巳卜王宾日——弗宾日　　佚 872

御各日,王受又　　粹 1278

---

① 郭沫若:《青铜时代》,《郭沫若全集》历史编第一卷,人民出版社,1982,页 326。

② 郭沫若:《青铜时代》,页 321。帝是否为至上神学者向有不同看法,早如李宗侗与伊藤道治都认为殷之上帝只是特殊族群的神,不是普遍的至上神,傅斯年、徐旭生亦有类似看法。参看许倬云:《西周史》,台北联经出版社,1990,修订版,页 97、99。近来又有学者否认殷周的帝是至上神,如晁福林认为殷人的帝只是诸神之一,偏处神殿一隅而已,殷代并未存在过统一的至上神。见其文《论殷代神权》,载《中国社会科学》,1990 年第 1 期。本文取陈梦家、胡厚宣等的说法。

③ 同上书,页 319。

④ 《李亚农史论集》,页 560。

⑤ 《殷墟卜辞综述》,页 574。

第四章　祭祀

丁巳卜又出日——丁巳卜又入日　　佚407

今日既，礼日　　菁10,10（以下皆引自《殷墟卜辞综述》，不再注明）

这是有关祭日的卜辞，入日、各日即落日，这里的宾、御、又、礼都是祭日之法。卜辞中还记载有用"土"祭祭东母西母，东母西母应分别指日神和月神。

卜辞中又有风雨雪等祭，如：

宁于风　　　燕558

寮风　　　　　　　佚227

宁雨　　宁沪1014

宁雨于土　　上1907

"宁"即后世宁字，即息风、止雨之祭，这里的风、雨以及云、雪都是指风雨之神。卜辞中也有许多山川之祭，如：

甲申卜炎十山

丁丑卜又于五山

庚午卜其桒雨于山　　邺三38. 4

癸巳寮㠱　　库130

卜辞中所见祭山之法有寮、又、炎、桒年桒雨等。五山、十山是哪几个山，不能确定，但这是指数山之神，并无可疑。㠱可能是岷山。关于河祭：

   尞于洹、   前 6.60.3
   尞于潢、   乙 200＋421
   王其又于滴。 摄—385

洹潢、滴皆是水名，祭河神之法为尞、又等。卜辞所见祀河，亦多用沈、埋之法，即埋牛牲，与周人祭地之法的"瘗埋"相近。

  卜辞中亦见祭土地的记载，如：

   贞又尞亳土   佚 928
   尞于口土   乙 5325

祭土就是祭社，祭社的目的是祈地利、报地功，卜辞中所说的祭某土，即是祭某地之社。

  卜辞中还见殷人对四方神的祭祀，四方之神也是殷人求雨秦年的对象：

   尞于东五犬五羊五口、 续 1.52.6
   尞于西，弗保   金 618
   尞于北   珠 464

这都是用尞祭祭四方之神。李亚农认为，殷人已不是牛鬼蛇图

第四章 祭祀

腾都要崇拜，而是只祭祀名山大川的自然崇拜。①

（三）一些与祭祀有关的较完整的卜辞

(1) 己未贞：叀甲子酚伐自上甲？

己未贞：于乙丑酚伐？

辛酉贞：甲子酚劦？弜酚劦？

庚午贞：射甾呂羌用自上甲？叀甲戌？于乙亥用射甾呂羌？②

辞意为，乙未日问，在甲子日酚祭伐祭自上甲以下的先公先王吗？己未日问：在乙丑日举行酚祭和伐祭吗？辛酉日问：在甲子日举行酚祭和劦祭吗？还是不举行酚祭和劦祭呢？庚午日问：用射甾进献的美人为牲祭祀自上甲以下的先公先王是在甲戌日吗？③

(2) 辛巳卜，贞：来辛卯酚河十牛、卯十牢？王夐燎十牛，

卯十牢？上甲燎十牛，卯十牢？

辛巳卜，贞：王夐、上甲即宗于河？

---

① 《李亚农史论集》，页557。
② 《甲骨文合集》第32023片，引自《商周古文字读本》，语文出版社，1989，页37。
③ 本节卜辞辞意皆请参看刘翔等《商周古文字读本》。下不复注。

辛巳卜，贞：王侑河，竟？

　　弜窑？

　　辛巳卜，贞：王侑河，竟？弜窑？

　　庚寅卜，贞：辛卯又岁自大乙十示又口牛口汎羊？

　　癸巳卜，贞：又上甲岁？

　　弜又岁？

　　甲午卜，贞：其汎又岁自上甲？

　　弜巳又？

　　甲午卜，贞：又出入日？

　　弜又出入日？

　　乙未卜，贞：旨方来，于父丁祉？

　　乙未卜，贞：旨来，于大乙祉？

这片卜辞刻于一块牛肩胛骨上，辞中记载了酻、卯、竟、窑、又、岁、汎、祉等多种祭祀礼的名称，祭祀对象既有祖先神（河、上甲等），又有自然神（出日、入日）。辞意为辛巳日占卜，问：未来的第一个辛卯日酻祭先祖河用十牛、卯十牢吗？祭祀王亥竟十牛、卯十牢吗？祭祀上甲竟十牛、卯十牢吗？辛巳日占卜，问：王夒、上甲到宗庙里与河一起享受祭祀吗？辛巳日占卜，问，王侯祭先祖河用竟祭吗？不用侯祭吗？……第二天辛卯日侑祭、岁祭自大乙以下十世先王……侑祭用牛牲……汎祭用羊牲吗？癸巳日占卜，问：侑祭、岁祭上甲吗？不用侑祭、岁祭上甲吗？甲午日占卜，问：要汎祭、侑祭、岁

第四章 祭祀

祭自上甲以下的先王吗？不用侑祭吗？甲午日占卜，问：侑祭出日和入日吗？不侑祭出日和入日吗？乙未日占卜，问：旨方来侵犯，要祉祭父丁吗？乙未日占卜，问：旨方来侵犯，要祉祭大乙吗？

（3）丁卯贞：畄昌羌其用自上甲汎至于父丁？

丁卯贞：畄昌羌于父丁？

辛未贞：于河桒禾？

辛未贞：桒禾于河，燎三牢、沉三牛、宜牢？

辛未贞：桒禾高且河于辛巳酚燎？

辛未贞：桒禾于高且，燎五十牛？①

辞意为：丁卯日问：用畄进献的羌人汎祭自上甲至父丁的先公先王吗？丁卯日问：用畄进献的羌人（汎祭）父丁了吗？辛未日问：向先王祖河祈求好年成吗？辛未日问：向先祖河祈求好年成，用三牢燎祭，用三牛沉祭，用一牢宜祭，好吗？辛未日问：在辛巳日朐高祖河祈求好年成，用酚祭和燎祭吗？辛未日问：向高祖（河）祈求好年成，用五十牛举行燎祭吗？

（4）王其又母戊一羟，此受又？

二羟？

卯虫羊？

---

① 《甲骨文合集》第 32028 片，引自上书，页 31。

　　　　叀小牢？
　　　　叀牛？王此受又？①

辞意为：王将要侑祭母戊，用一名羌作人牲，这会得到保佑吗？用两名羌呢？剖杀羊呢？用小牢作牲呢？用牛作牲呢？王这样会得到保佑吗？

　　（5）乙亥卜，行贞：王宾小乙，昪，亡尤？才十一月
　　　　乙亥卜，行贞：王宾，叙，亡尤？
　　　　丁卯卜，行贞：王宾父丁，昪，亡尤？
　　　　丁丑卜，行贞：王宾，叙，亡尤？
　　　　己卯卜，行贞：王宾兄己，昪，亡尤？
　　　　己卯卜，行贞：王宾，叙，亡尤？②

行，祖甲时贞人名。宾，音宾，通傧，指商王亲自参加先祖之祭。昪，音谢，祭名。叙，报祭。辞意为：乙亥日占卜，贞人行问：王傧祭小乙用昪祭，没有灾祸吗？时在十一月。乙亥日占卜，贞人行问：王傧祭（小乙）用叙祭，没有灾祸吗？丁丑日占卜，贞人行问：王傧祭（父丁）用昪祭，没有什么灾祸吧？己卯日占卜，贞人行问：王傧兄己用昪祭，没有灾祸吧？己卯日占卜，贞人行问：王傧祭（兄己）用叙祭吗？没有灾祸吧？

----

　　① 《殷契粹编》第380片，引同上书，页30。
　　② 《甲骨缀合新编》第303片，引同上书，页28。

第四章　祭祀

(6) 癸丑卜，争贞，我宅兹邑，大甲，帝若？三月
癸巳卜，争贞，帝弗若？①

争为武丁时贞人名，辞意为：癸丑日占卜，贞人争问：我（商王）住在这个城邑，侑祭大甲，上帝允诺吗？时在三月。癸巳日占卜，贞人争问，上帝不允诺吗？

五　殷代宗教的特点

由以上可见，殷人的祭祀是以牛、羊、猪甚至人为牲，献祭祖先亡灵和自然神祇。其中以祭祀祖先神灵为多。殷祭的方式主要有五种：一曰乡，二曰翌，三曰祭，四曰壹，五曰叠。乡是伐鼓而祭，翌是舞羽而祭，祭是献酒肉而祭，壹是献黍稷而祭，叠是合历代祖妣并祭。②除此之外，还有岁、夕、禴、勺、侑、叙、寋等。乡、翌所以娱祖先，祭、壹所以享祖先，这是把人间精神和物质两方面的享受奉献给死去的祖先作为讨好的方式，这显然意味着，祖先在人间的生命结束之后，并没有消逝为无，而是仍然以某种形式（灵魂或其他）存在，他们不仅仍然保持着对人间种种享受的乐趣和能力，而且可以以直接或间接的方式对人世生活发生影响。基于这种信仰，人需向祖先献祭，以求得对人世生活的福佑。许烺光指出，在中国的祖先崇拜中死去的人仍然是家庭的一个成员，他与家庭的关系

---

① 《殷墟文字丙编》第 147 片，引同上书，页 49。
② 郭宝钧：《中国青铜器时代》，页 228。

仍然保持，这与印度教的家庭完全不同。① 显示出中国古代文化的精神气质在人际关系间表现为强烈的相互亲和与相互依赖的倾向。

殷人祭祀的次序是彡—翌—祭—壹—叠，依次进行，周而复始。每一周复，称为一祀。同时，殷代祖先都是以死日为庙号，而时王祭祀先王必须使祭日与庙号的忌日相同，如祭上甲必须在甲日，祭报乙必须在乙日，等等。

陈梦家指出，在卜辞中，上甲以后的王、妣属于一大类，而上甲以前的先公高祖，河、王夒是属于另一大类。② 这两类神灵的一个主要区别是，王、妣、臣对时王和王国有作祟的力量和作用，而先公高祖、河、王夒则是福佑的力量，是时王祈求丰年雨水的对象。虽然陈梦家指出有时偶有例外，但他认为大体上可说，先公高祖是下民福佑的力量，而先王先妣却常常是作祟的力量。因此殷人多求雨于先公高祖，只有少量的向先王先妣祈求年雨的卜例。

不过，统计结果上的差异不一定表示殷人信仰中对先公与先王之间有这种严格的区分，更可能的是，先公和先王都是既可降福又可作祟的意志莫测的神灵，事实上，殷人的上帝即是如此。需要说明的是，殷人求雨于先公高祖，而不直接祈求于上帝，是因为上帝虽然是令雨令风的主宰，但在绝地天通之后，人不能直接和天神交通，必须祭祀祈求高祖。祖先神灵既有亲近人间、可接受人间祭祀祈求并向上帝转达的一面，又有不能

---

① 许烺光：《宗族、种姓、俱乐部》，薛刚译，华夏出版社，1990，页44。
② 陈梦家：《殷墟卜辞综述》，页351。

第四章 祭祀

把握、可能作祟的一面。这充分体现了殷商宗教信仰的特点。

总起来说，殷人的宗教信仰可认为有以下几点。首先，殷人的信仰已不是单纯的万物有灵论，而是多神论或多神教的形态。虽然，殷人的多神教信仰本质上与万物有灵论没有区别，但其不同之处在于，在多神教信仰中，所有神灵组成了一个具有上下统属秩序的神灵世界或神灵王国。[①] 其次，这个神灵王国的最高神，正如泰勒所说，本身是由涵盖作用较大的物神转化而来的，是与自然生活最密切联系的职能神发展而来的。[②] 殷人的至上神来源于主管天时的农业神。同时也管理其他事物。至上神的职能大体可分为三类，即天时（雨、风等）、神事（祭祀）、人事（征战、疾病、王事）。第三，祖先神灵的信仰在殷人很突出，在多神信仰的体系中祖先神灵占有重要地位，虽然帝是否为祖灵尚难断定，但帝已经人格化，而祖灵也已天神化。山川土地四方之神都受祭祀，说明自然神祇已人格化。而祖先神比一般的自然神对殷人更为重要，这种把祖灵视为至上神与世人之间媒介的看法，似乎不只是由于至上神与祖灵的神格不同，而是祖先崇拜在某种程度上侵占至上神地位的表现。[③] 第四，帝与祖先神灵对人世的影响都有正负两个方面，虽然殷人并没有明确的善恶神的观念，没有善恶二元神的区分，而帝等神令雨、受又、受年，可以说就是善的方面；令风、降祸、降

[①] 参看吕大吉：《宗教学通论》，页137；《西方宗教学说史》，中国社会科学出版社，1994，页663。
[②] 吕大吉：《西方宗教学说史》，页664。
[③] 同上书，页680。

莫,可以说就是恶的方面。①

李亚农曾指出:

> 殷人创造的上帝并不单是降福于人、慈悲为怀的慈爱的神,同时也是降祸于人、残酷无情的憎恶的神。②

从卜辞中可见,对于殷人而言,上帝根本不是关照下民、播爱人间的仁慈之神,而是喜怒无常,高高在上的神。人只能战战兢兢每日占卜,每日祭祀,谄媚讨好祈求神灵的福佑。

这表明,从宗教学上来看,殷人所具有的宗教信仰本质上是属于"自然宗教"的形态,而尚未进至"伦理宗教"的形态。殷人的信仰不仅未能体现为一定的教义形式,而且殷人信仰的上帝只是"全能",而非"全善"。③ 侯外庐曾指出,卜辞中没有一个关于道德智慧的术语,④ 也表明殷人信仰的上帝与人世的伦理无关。这样一种性质的神灵观念的意象,在殷商青铜器上的饕餮纹样上充分显露出来。陈梦家所说的殷代铜器的动物形象森严而西周铜器的动物形象温和,⑤ 正是自然宗教与伦理宗教(礼乐文化)的区别的表现。

---

① 陈梦家:《殷墟卜辞综述》,页 646。
② 《李亚农史论集》,页 561。
③ 侯外庐称殷人的帝是"全能的一元神",《中国思想通史》第一卷,页 68。
④ 同上书,页 23。
⑤ 陈梦家:《殷墟卜辞综述》,页 561。李泽厚也指出饕餮为代表的殷商青铜器突出了神秘、恐惧、畏怖、凶狠和狰狞,指向了超世间的权威神力。见其著《美的历程》,文物出版社,1982,页 36—39。

第四章 祭祀

殷人对鬼神的信仰与行为，正如弗雷泽所说，表现出殷商文化的意识已经完全超出巫术阶段，是以"努力通过祈祷、献祭等温和谄媚手段以求哄诱安抚顽固暴躁、变幻莫测的神灵"。用弗雷泽的话说，殷人的意识已进于宗教阶段。但应看到，殷人虽有至上神的观念，但处在自然宗教的多神信仰阶段。

关于卜辞中的"帝"的字源意义及其所指，学者看法不同。清末吴大澂最早提出甲骨文的"帝"字像花蒂之形，认为蒂落生果，故帝字是表示有生物之德者。王国维《殷卜辞中所见先公先王考·夋》提出卜辞中的高祖夒应即是帝喾，但并未说"帝"即是"帝喾"。王氏的论据是，从卜辞祭夒来看，其"必为殷先祖之最显赫者"，"以声求之，盖即帝喾也"。他认为甲骨卜辞中夋字与夒字形极相近，故卜辞中的夋字皆夒字形讹所致，"'夋'者又夒字之讹也"。他的结论是："《祭法》'殷人帝喾'，《鲁语》作'殷人禘舜'，舜亦当作夋。喾为契父，为商人所自出之帝，故商人禘之。卜辞称高祖夒乃与王亥、大乙同称，疑非喾不足以当之矣。"①

郭沫若从《山海经》大量"帝俊"的传说入手，认为帝俊既是日月的父亲，当即天帝。而他利用王国维的考证，认定"卜辞中的帝便是高祖夒"②。他又以帝喾与舜为一人，其说无法在此讨论。我们关注的是，如果郭说即殷人的帝即其祖灵，这个看法可以成立的话，那么，殷人的至上神"上帝"或

---

① 王国维：《观堂集林》（卷九《史林一》）第二册，中华书局影印本，1991，页412、413。
② 《郭沫若全集》历史编第一卷，页327。

"帝",就是从祖灵崇拜中发展起来的。而且帝的神格就是"以至上神兼宗祖神"①。这合于斯宾塞宗教起于祖灵崇拜说。② 不过,对于郭氏此说,陈梦家未予肯定,他认为"卜辞中尚无以上帝为其高祖的信念"③,认为上帝与人王并无血缘关系④,但他又认为殷人信仰的帝相当于秦人的白帝少皞。他和其他一些文字学家都不认同王国维对夒的考证⑤。

甲骨文中的"帝"基本有两种用法,一指禘祭,一指神,一些学者认为先有用作禘祭的帝字,因把对天神的祭祀称作帝,所以又以这个字来称呼被祭祀的天神。然而,殷人最开始禘祭的天神为何?是天还是祖?这又涉及"天"的问题。而卜辞中的"天"是否有神祇之意,学者的看法也各不相同。

如果说殷人的上帝不享受祭献,这一点在宗教学上看有何意义?陈梦家认为这表示殷人的上帝虽是自然的主宰,却尚未被赋予人格化的属性,⑥ 但他在一个地方又把上帝列为殷人所祀的对象之一,⑦ 未能自圆其说。岛邦男认为甲骨文中的"口"字也作"帝"用,因此帝是享受祭祀的。高明先生据此说,以为口与帝都代表主宰宇宙的神灵,享受繁盛的祭祀。⑧ 但胡厚

---

① 《郭沫若全集》历史编第一卷,页329。
② 详见吕大吉:《西方宗教学说史》,页674—680。
③ 陈梦家:《殷墟卜辞综述》,页582。
④ 见同上书,页580。
⑤ 同上书,页338。
⑥ 同上书,页580、646。
⑦ 同上书,页562。
⑧ 参看高明:《商代卜辞中所见王与帝》,载《纪念北京大学考古专业三十周年论文集》,文物出版社,1990。

第四章　祭祀

宣等中国甲骨文专家的看法多与陈梦家同。① 在这个问题上，我们没有判断的资格。如果殷人的上帝的确不是祭祀的对象，而又无可争议地是殷人的至上神，那么，这说明，上帝不是由祖先神灵而发展来的概念，不可能是殷人的显赫先祖。从而，殷人的上帝观念的来源就须在祖灵之外去寻找，这个来源应当就是"天"的观念。詹鄞鑫根据《礼记》郑玄注"因其生育之功谓之帝"指出："天有生育万物之功，故称为帝，也就是说，帝的语源义是生育万物，……语言中的帝本是对天的别名，其意义是从生育万物的功能来说的。"② 这个解释正好与最早出的帝为花蒂说可以相通。事实上，至上神不完全人格化，对于中国宗教思想的特质和发展可能有着非常重要的意义，因为，正是这样一个由"天"体崇拜发展起来的至上神实体，才能顺理成章地在周代发展为"天命论"，形成后来中国文化与中国哲学的基本特色的根源。

六　周代的祭法

从本节开始，我们来研究周代的祭祀文化。

恩斯特·卡西尔（Ernst Cassirer）指出，祭祀的主要特性在于，在祭祀中人对他所崇拜的超自然力量的态度比在神话人物的形象中得到更清晰的显示。③ 敬奉神祇的祭祀行为是神话

---

① 胡厚宣：《殷卜辞中的上帝与王帝》，《历史研究》，1959年第9、10期。
② 詹鑫鄞：《神灵与祭祀》，江苏古籍出版社，1992，页47。
③ 卡西尔：《神话思维》，黄龙保等译，中国社会科学出版社，1992，页240。

宗教情感的真正客观化。他甚至认为,"绝大多数神话主题起源于一种祭祀的直觉,而不是起源于自然过程","正是祭祀构成神话的原始形态和客观基础"。①

卡西尔的上述论断还未得到人类学的证实,不过他关于祭祀与巫术的分析还是颇有道理,他认为任何献祭都包含着一种对自身感觉欲望的限制与克制②,而从这里"展现出献祭的一种本质特性,它从一开始就超过巫术世界观的水准"③。在巫术世界观中,我们难以找到自我限制的观念,在巫术中,自我要对神祇施加无限威力,以迫使他们改变自己的意愿。

在宗教发展的最初阶段,如原始民族盛行的一种习惯,即在从事任何重大事情之前必须节制自然欲望,采取禁食、减少睡眠、克制性欲等方法,在成年礼中还要经历困苦磨炼。在开始的时候,这种克制可能仅仅是为了加强肉体—巫术的力量和效验,但在后来的发展中,一个新的主题出现了,即人类不再寻求直接地、不受限制地支配外在神灵,而把神性看作强于自身的一种力量,而且这种力量不能以巫术的强制手段而只能以祈祷和献祭的牺牲形式获得。④ 卡西尔认为,从这里人才逐步获得自我的自由情感。卡西尔的说法似乎是对弗雷泽的发展,不过,弗雷泽和卡西尔都未指出,从巫术到祭祀的变化,也正是从理性不能把握的"神秘性"向崇高、道义的"神圣性"转

---

① 卡西尔:《神话思维》,黄龙保等译,中国社会科学出版社,1992,页241。
② 同上书,页243。
③ 同上。
④ 同上书,页244。

第四章 祭祀

变的契机。①

祭祀所表现的节制,在周代的祭祀礼仪中表现得最完全。正如卡西尔所说,当宗教注意力不再专限于祭品内容,而着重于献祭形式,② 祭祀活动就开始获得一种新的意义。不过这一点我们将在礼乐一章中再详加讨论。

甲骨卜辞所记载的殷人祭祀体系散漫零乱,虽然学者可以由之整理出一套体系,但较之文献载述的周代的祭祀礼仪的完备体系,仍是不能相比的。"周因于殷礼",在祭祀方面殷周有相承相因的关联,这不仅可由周原甲骨卜辞发现的周人祭祀殷人祖先的事实得到证实,周代的祭祀方式和祭祀体系与殷人相通之处也得到了学者的研究证实。③ 事实上,周人的伐殷一开始也是以殷商的祭祀传统的真正继承者自居,把"昏弃厥祀""宗庙不享"作为殷人的主要罪状之一。④

因此,本章的讨论,一方面是借助周人的祭祀体系以了解殷商的信仰状态和礼仪体系,另一方面由以了解殷周文化连续性的一面。并且,虽然周代的文化总体上是属于"礼乐文化",而与殷商的"祭祀文化"有所区别,但礼乐文化本来源自祭祀

---

① 参看何光沪:《二十世纪西方宗教哲学略览》,载吕大吉:《西方宗教学说史》,页903。
② 卡西尔:《神话思维》,页246。
③ 参看李学勤:《周文王时期卜甲与商周文化关系》,载《李学勤集》,黑龙江教育出版社,1989,页135—140。刘雨:《西周金文中的祭祖礼》,《考古学报》,1989年第4期。
④ 《尚书·泰誓》"弗事上帝神祇,遗厥先宗庙弗祀""郊社不修,宗庙不享",《牧誓》"昏弃厥肆祀弗答"。

文化,而且正如殷商的祭祀文化将以往的巫觋文化包容为自己的一部分,周代的礼乐文化也是将以往的祭祀文化包容为自己的一部分。这种文化发展的方式我们称之为"包容连续型",这是中国古代文化演进的基本方式,与中国古代政治社会的"维新道路"相对应。① 从西周初到孔子前,祭祀文化是周代礼乐文化的重要部分,只是其社会功能的意义超过了其宗教信仰的意义。而我们在本节着重于其宗教的面向。

由《尚书·武成》可见,武王伐商时,先"告于皇天后土、所过名山大川",即祭天地山川,以祈求神"尚克相予以济兆民"。伐商归来,"祀于周庙""执豆笾""柴、望,大告武成",即在宗庙祭祀,又以柴祭祭天,以望祀祭山川。

《礼记·祭法》:

> 燔柴于泰坛,祭天也。瘗埋于泰折,祭地也。用骍、犊,埋少牢于泰昭,祭时也。相近于坎、坛,祭寒暑也。王宫,祭日也。夜明,祭月也。幽宗,祭星也。雩宗,祭水旱也。四坎、坛,祭四方也。山林、川谷、丘陵能出云、为风雨、见怪物,皆曰神。有天下者祭百神,诸侯在其地则祭之,亡其地则不祭。

郑氏注:"时,四时也,亦谓阴阳之神也。"②《祭法》列举的祭祀活动是国家公共祭祀,其祭祀的神灵对象为天、地、四时、

---

① "维新道路"系侯外庐说,见所著《中国思想通史》第一卷,第一章。
② 孙希旦:《礼记集解》下,中华书局,1989,页1195。

第四章 祭祀

寒暑、日、月、星辰、四方诸神以及自然精灵。根据《祭法》，天子拥有祭祀所有群神的唯一权力，而诸侯以下按照等级只能祭祀某些神灵，不过这一点对本节并不重要，我们更关注的是由祭祀对象所显示的信仰。

《周礼·春官·司服》在叙述君王在各种祭祀时所衣之服时这样说：

> 王之吉服，祀昊天、上帝则服大裘而冕，祀五帝亦如之。享先王则衮冕，享先公、飨射则鷩冕，祀四望、山川则毳冕，祭社、稷、五祀则希冕，祭群小祀则玄冕。

注谓"群小祀"指林泽、坟衍、四方百物之属。[①] 根据《司服》对服冕的规定，可以认为周人对祭祀有所分类，由这些分类而规定对应的服冕。从《司服》所说的祭祀对象来看，可分为三类，即：昊天、上帝、五帝；先王、先公；四望山川、社稷、五祀、群小祀。先王与先公虽然异服，但可视为一类神灵。四望山川虽与社稷五祀异服，但皆属地示；群小祀若指林泽坟衍，则亦与山川近似而属之地示。因此，从大的方面来看，祭祀的对象就是天神、先祖、地示三类。

《周礼·春官·大司乐》则基于不同的祭祀仪典用乐不同，而描述了周人祭祀种类的分别：

---

① 孙诒让：《周礼正义》第六册，中华书局，1987，页1620。

> 歌大吕、舞云门，以祀天神。奏大蔟、歌应钟、舞咸池，以祭地示。乃奏姑洗，歌南吕，舞大磬，以祀四望。乃奏蕤宾，歌函钟，舞大夏，以祭山川。乃奏夷则，歌小吕，舞大濩，以享先妣。乃奏天射，歌夹钟，舞大武，以享先祖。凡六乐者，文之以五声，播之以八音。凡六乐者，一变而致羽物及山泽之示，再变而致裸物及山林之示，三变而致鳞物及丘陵之示，四变而致毛物及坟衍之示，五变而致介物及土示，六变而致象物及天神。

《大司乐》所说的六祭，其实是四类，即天神、地示、四望山川、先妣先祖。

《礼记·礼运》：

> 故先王秉蓍龟，列祭祀、瘞缯，宣祝嘏辞说，设制度，故国有礼，官有御，事有职，礼有序。故先王患礼之不达于下也，故祭帝于郊，所以定天位也。祀社于国，所以列地利也。祖庙，所以本仁也。山川，所以傧鬼神也。五祀，所以本事也。

这把祭祀作五种说，即帝、社、祖庙、山川、五祀。注曰"祖庙、山川、五祀皆鬼神"[①]。五祭中若以山川五祀为一类，则仍然是天、地、祖、山川百物四类。

---

① 孙希旦：《礼记集解》中，页614。

第四章 祭祀

不管是《司服》的三类说，或《大司乐》的四类说，还是《礼运》的五类说，其实祭祀的对象就是三大类，第一类是以帝为中心的天神，第二类是以社为中心的地示，第三类是祖先。

在《周礼》中，又有把全部祭祀分为大祭、中祭、小祭三类的说法，其《天官·酒正》载：

> 凡祭祀，以法共五齐三酒，以实八尊。大祭三贰，中祭再贰、小祭壹贰。皆有酌数。

注引："郑司农云：三贰，三益之副也。大祭天地，中祭宗庙，小祭五祀。"[①] 依此解释，大祭指祭祀天地，中祭指祭祀宗庙祖先，小祭指祭祀五祀（详后说）。这种对祭祀活动级别和规模的区分，在一定程度上亦可视为对祭祀对象的分类。郑玄则以《司服》为说，认为大祭是昊天上帝、五帝、先王，中祭是先公、四望、山川，小祭是社稷、五祀、群小祀。[②]

《周礼·春官·肆师》则有大祀、中祀、小祀三类的说法：

> 肆师之职，掌立国祀之礼，以佐大宗伯。立大祀，用玉帛牲；立次祀，用牲帛；立小祀，用牲。

这是根据祭祀时所用祭物的不同将全部祭祀分为三大类，大祀兼用玉、帛、牲；次祀用帛、牲，无玉；小祀仅用牲，无玉、

---

① 孙诒让：《周礼正义》第二册，页354。
② 孙诒让：《周礼正义》第六册，页1466。

帛。郑玄注:"郑司农云:'大祀,天地,次祀,日月星辰,小祀,司命以下。'"① 郑众认为祭祀对象的三大类是天地、日月星辰、司命等。而郑玄则认为大祀是天地、宗庙,中祀是日月星辰、社稷、五祀、五岳,小祀是司命、司中、风师、雨师、山川、百物。② 陈祥道《礼器》注曰:"周礼大祀、次祀、小祀见于《肆师》;大祭、中祭、小祭见于《酒正》。《大宗伯》所辨天地、五帝、先王之类,大祀也;社稷、五祀、五岳之望,中祀也;四方百物之类,小祀也。"③

把二郑的以上说法列表如下,以资比较:

	大祭	中祭(祀)	小祭(祀)
酒正郑司农注	天地	宗庙	五祀
肆师郑司农注	天地	日月星辰	司命以下
酒正郑玄注	昊天上帝五帝先王	先公四望山川	社稷五祀群小祀
肆师郑玄注	天地宗庙	日月星辰社稷五岳五祀	司命司中风师雨师

这些说法,纷纭散乱,盖因每一种提法都有其所从出发的特定角度,而总的说,《周礼》中的这些祭祀的分别,主要是把祭祀分为不同的等级。然而,对于我们注重祭祀后面的神祇信仰的立场来说,祭祀的等级并不重要,从这个方面看,天神、地示、祖先的分类,最为明晰。《周礼·春官·大宗伯》已明确

---

① 孙诒让:《周礼正义》第六册,页1465。
② 同上书,页1465—1466。
③ 见孙希旦:《礼记集解》中,页665。

第四章　祭祀

提出这种分类:

> 大宗伯之职,掌建邦之天神、人鬼、地示之礼,以佐王建保邦国。
>
> 以吉礼事邦国之鬼神示:以禋祀祀昊天上帝;以实柴祀日、月、星、辰;以槱燎祀司中司命飌师雨师。
>
> 以血祭祭社稷、五祀、五岳;以貍沈祭山、林、川、泽;以疈辜祭四方、百物。
>
> 以肆献祼享先王,以馈食享先王,以祠春享先王,以禴夏享先王。以尝秋事先王,以烝冬享先王。

《大宗伯》所载,都是国家固定的正式祭祀仪典。"以吉礼事国之鬼神示"是大宗伯的首要职责,孙诒让谓"祭祀之礼取以善得福,是谓之吉礼"[①]。又云"礼以事神致福为本义,故五礼首吉礼"[②]。

根据《大宗伯》之分,我们可以把上述有关周代祭祀的说法,从神祇的角度归纳为天神、人鬼、地示三大类:

> 天神:天、昊天、上帝、帝、五帝、日月、星辰、司命、司中、风师、雨师
>
> 人鬼:先王、先公、先妣、先祖、祖庙
>
> 地示:地、社稷、四望、五祀、五岳、山林、川泽、

---

① 孙诒让:《周礼正义》第五册,页1297。
② 同上书,页1297。

四方百物、群小祀

《礼记·祭法》注引孔氏曰:"《周礼》大宗伯备列诸祀,而不见祭四时寒暑者,宗伯所言,依岁时常祀。此所载,谓四时乖序,寒暑僭逆,水旱失时,须有祈祷之礼,非关正礼,故不列于宗伯也。"① 其实,《祭法》中所说的祭四时寒暑水旱,就神祇而言,亦《大宗伯》日月星辰司中及山川之属,如《左传》昭公元年:"日月星辰之神,则雪霜风雨之不时于是乎禜之。山川之神,则水旱疠疫之不时于是乎禜之。"②

七 周代的祭祀与神鬼观念

本章对祭祀的研究归根到底是为古代信仰研究服务的。由于周代祭祀的体系文献记载较详,加以三代祭祀文化有连续性,所以我们实际上是把周代祭祀的研究作为三代祭祀和信仰的典型来加以讨论的。

按照周礼,对不同的祭祀对象,祭献的方法不同。如《大宗伯》所说的"禋祀""实柴""槱燎"和"血祭""貍沈""疈辜"等,《祭法》所说的"燔柴""瘞埋""埋少牢"等更具体化

---

① 孙希旦:《礼记集解》下,页 1195—1196。
② 神祇分为三大类后世亦然,《史记·封禅书》:"周公既相成王,郊祀后稷以配天,宗祀文王于明堂以配上帝,自禹兴而修社祀,后稷稼穑,故有稷祠,郊社所从来尚矣。"说明郊祀、宗祀、社祀是最主要的三种神祇,从而天、祖、地是三大神类。不过,虽然汉高祖说"吾甚重祠而敬祭"(《封禅书》),毕竟汉以后国家祭祀不再能代表文化的精英传统。

第四章　祭祀

了。这些祭法或因祭品不同，或因焚、埋不同，而加以区别。献祭物品不同，如牲、帛、璧之类。所祭之物献祭的方式不同，如燔、埋等等。这些祭祀的方法古人谈论很多，为了使读者有所了解，这里只举一二例加以说明。"燔柴"是指积薪于坛上，取玉和牲置于柴上燔烧，使气达于上天，故这种祭法用于对天神的献祭。"瘗埋"是把牲牷埋入地下，使其血气灌于地下，这种祭法用于祭祀地示。对人鬼的祭祀则以奉献时令食物果品为主。

不仅不同的神祇需要采取不同的献祭方式，对神祇的祭祀的名目也有种种不同，如郊、社、禘、又、类、造、祫、禜、宜等。《周礼》中甚至区分了祀、祭、享，所谓"天神为祀，地祇为祭，人鬼为享"[①]。

(一) 祭天神

在《大宗伯》所掌的祀典中，对昊天上帝的祭祀最为重要，这也是周王的宗教特权。在周礼中对天帝的祭法为"禋祀"，《通典·吉礼》引郑氏注云："禋，烟也，取其气达升报于天也。"可知，禋祀的本义是升烟以祭。《尚书·尧典》"禋于六宗"，《洛诰》"禋于文武"，《诗·小雅·大田》"来方禋祀"，可见其祭法源来甚古。这些都是广义的禋祭。而《周礼》中所说的禋祀，是与实柴、槱燎相对，事实上，这三种祭法都是要烧柴的。如"柴"亦是积柴以焚之义，《风俗正义》祀典篇"槱

[①] 孙诒让释郑玄注，《周礼正义》第五册，页 1296。

者，积薪燔柴也"；燎即甲骨文之尞字，其来更久。禋祀、实柴、槱燎三者的分别，依《肆师》所说，禋祀用玉、帛、牲三事，实柴用帛与牲二事，而槱燎只用牲栓一事。所以，狭义的禋祀是指以璧、帛、牲加于柴上而燔之。

禋祀用于祭祀的对象是天帝，郑玄合昊天上帝为一神，①而金榜引《典瑞》"祀天旅上帝"之说，认为昊天与上帝并非一回事，认为上帝与五帝也不是一回事，他说：

> 昊天，垂天之象也；上帝，祈谷之帝也。冬至禘者为昊天，启蛰郊者为上帝，后郑合昊天上帝为一，误。②

孙诒让在金说之下有案语：

> 案：金说是也，此职及《司服》之昊天上帝，亦当分为二，昊天为圜丘所祭之天，天之总神也。上帝为南郊所祭受命帝，五帝之苍帝也。③

孙氏在《天官·大宰》"祀五帝"下疏中也说：

> 此例，有天，有上帝，有五帝。天即昊天，祀北辰。

---

① 《大宗伯》郑玄注引郑司农"昊天，天也。上帝，玄天也"，又说"玄谓昊天上帝，冬至于圜丘所祀天皇大帝"。见《周礼正义》第五册，页 1297。
② 同上书，页 1309。
③ 同上。

第四章　祭祀

上帝为受命帝，在周则祀苍帝。五帝为五色之帝。①

一般来说，"上帝者，天之别名也"②，但若细分，则以天指昊天，即冬至圜丘所祭之天，以帝为夏正郊社所祀之天。这都是天子正祭。五帝是指太皞、炎帝、黄帝、少皞、颛顼五天帝③。事实上，周人对天岁有八祭（或九祭）④，夏至郊天之礼为最重要，郊天时，日月并为配祭：

> 郊之祭，大报天而主日，配以月，夏后氏祭其暗，殷人祭其阳，周人祭日以朝及暗。⑤

暗，日昏时。阳，日中时。朝，日出时。

> 郊之祭，迎长日之至也，大报天而主日。⑥
> 郊之祭也，大报本反始也。⑦

---

① 见《周礼正义》第一册，页135。
② 《史记·封禅书》裴氏集解引郑注。刘雨认为有关祭祖的西周金文资料中显示天与帝不同，天是周人的至上神，而人王死后升天为帝，帝不是至上神，帝负责执行天所发布的天命。但刘说与《尚书》所用不合，兹不详论。参看其文《西周金文中的祭祖礼》，载《考古学报》，1989年第4期。
③ 《周礼正义·太宰》第一册，页135。
④ 同上书，第五册，页1298。
⑤ 《礼记集解·祭义》下，页1216。
⑥ 《礼记集解·郊特牲》中，页689。
⑦ 同上书，页694。

(二) 祭地示

地神《周礼》称"示",孙诒让谓"此经皆借示为祇"[①]。《说文》示部:"祇,地祇,提出万物者也。"地示之祭中古人最重视的是"社"。《礼记·郊特牲》中说:

> 社,所以神地之道也。

又说:

> 社祭主土而主阴气。

注曰:"山林、川泽、邱陵、坟衍、原隰,谓之五土,社者祭五土之总神也。"[②]

社在广义上可代表地神。对天子而言,社就是地。但对天子以下的诸侯大夫等,社不即是地,只是他所管辖的那一部分土地。《礼记·礼运》:

> 天子祭天地,诸侯祭社稷。

这里的"社"就是狭义的社,不能等同于"地",金鹗云:

---

① 《周礼正义》第一册,页147。
② 《礼记集解》中,页685。

第四章　祭祀

祭地专于天子，而祭社下达于大夫士，至于庶人，亦得与祭。盖祭地是全载大地，社则有大小。天子大社，祭九州之土，王社祭畿内之土，诸侯国社祭国内之土，侯社祭藉田之土，与全载地异。又地有上中下，上为山岳，中为平原，下为川渎。社虽兼五土，而为农民祈报，当以平原谷土为主，是社与岳渎各分地之一体，与全载之地尤异，此社神与地神所以分也。①

《礼记·祭法》：

> 王为群姓立社，曰大社；己自为立社，曰王社；诸侯为百姓立社，曰国社；诸侯自为立社，曰侯社；大夫以下，成群立社，曰置社。

《汉书·郊祀志》引王莽奏云："社者，土地。稷者，百谷之主。所以奉宗庙，工粢盛，人所食以生活也。"社字从土，是为土神；稷字从禾，是为谷神。孙诒让氏指出："祭稷者，祭稷之神，非祭稷也。物必有神主之，其神既主是物，正宜用是物以祭，报其生育之恩。"② 这说明地示祭祀的对象不是自然物本身，而是物神和自然神。

至于《大宗伯》所说的"五祀"，一般认为是五行之祇。《左传》昭公二十九年传蔡墨曰："有五行之官，是谓五官，实

---

① 引自《大宗伯》疏，《周礼正义》第五册，页1317。
② 同上书，页1320。

列受氏姓，封为上公，祀为贵神，社稷五祀，是尊是奉。"《太平御览》礼仪部引汉旧仪云："祠五祀，谓五行金木水火土也，……主其神祀之"。《大宗伯》所说的"五祀"与《礼记·月令》所说的五祀"门、户、中霤、灶"不同。《礼记·月令》所说的"五祀"与《周礼·小祝》所说的"分祷五祀"，及《仪礼·士丧礼》的"祷于五祀"，当由《祭法》而来。《祭法》说："王为群姓立七祀，曰司命、曰中霤、曰国门、曰国行、曰泰厉、曰户、曰灶；王自立为七祀。诸侯为国立五祀，曰司令、曰中霤、曰国门、曰国行、曰公厉；诸侯自立为五祀。"这里讲的五祀指户、灶、门、行、中霤之神。前人有谓五祀有大有小，《大宗伯》所说为五祀之大者，《祭法》所说为五祀之小者。[①]

(三) 祭人鬼

祭祀之礼因对象不同而异名，天神为祀，地祇为祭，人鬼为享。《周礼》贾疏"享，献也，谓献馔具于鬼神也"[②]。《尔雅·释天》则称"春祭曰祠""夏祭曰礿""秋祭曰尝""冬祭曰烝"，但这四祭都是时祭，都是季节性的祖先祭祀。

在周人的宗庙祭祀中，禘祫尤为重要，不过，"宗庙之祭，莫大于禘祫，而自汉以来，群儒聚讼"[③]。"祫"是"合先君曾主于祖庙而祭之"，祭于始祖之庙。"禘"是对太祖的祭祀，祭

---

① 《礼记集解》下，页1202。
② 见《周礼正义》第五册，页1330。
③ 孙诒让案语，见《周礼正义》第五册，页1339。

第四章 祭祀

于后稷之庙。"禘以孟夏，祫以孟冬"①，都是周天子对于祖先神的重大祭祀。

《礼记·祭法》说：

> 祭法：有虞氏禘黄帝而郊喾，祖颛顼而宗尧。夏后氏亦禘黄帝而郊鲧，祖颛顼而宗禹。殷人禘喾而郊冥，祖契而宗汤。周人禘喾而郊稷，祖文王而宗武王。

《国语·鲁语上》所载与《祭法》稍异，且在四者之外又有"报"祭，故云"凡禘、郊、祖、宗、报，此五者，国之祀典也"②。《礼记·丧服小记》：

> 礼，不王不禘。王者禘其祖之所自出，以其祖配之。

"禘"的对象是始祖之所出之帝，以始祖配祭，祭于始祖之庙。③ 如有虞氏始祖为颛顼，而颛顼出于黄帝，故应禘黄帝、祖颛顼。所谓"郊喾""郊鲧"的郊则是指祭天时以始祖以外的一个帝来配天。《丧服小记》说明禘、祫等都是君王的特权。

《祭法》注引杨复曰：

---

① 《周礼正义》第五册，页1339。
② 《鲁语》上："幕，能帅颛顼者也，有虞氏报焉；抒，能帅禹者也，夏后氏报焉；上甲微，能帅契者也，商人报焉；高圉、大王，能帅稷者也，周人报焉。"《国语》上，上海古籍出版社，1988，页166。
③ 见《丧服小记》赵匡注，《礼记集解》中，页866。

> 禘、郊、祖、宗，乃宗庙之大祭。禘者，禘其祖之所自出，而以其祖配之也。郊者，祀天以祖配食也。祖者，祖有功。宗者，宗有德。①

舜、禹皆祖颛顼（舜、禹皆颛顼孙），而颛顼出于黄帝，故虞夏两代皆禘黄帝。殷祖契为帝喾次妃所生，周祖后稷为帝喾元妃所生，故殷周皆禘帝喾。根据此种祭法，所禘之帝，由始祖而上，推其有功德之帝而祭之，不必为始祖之父。所郊之帝，在殷以前，皆于始祖外别推一帝以配天；周以后即以始祖配天。虞、夏、殷所祖之祖，即是始祖。而周之所祖为文王，说明周人所祖之祖是大祖。祖有功，即所祖者为创业传世所自来者。宗有德，即宗德高可尊者。祖和宗二祭，在早期如有虞氏不重血统而重功德。夏后氏以下，祖、宗二种祭祀的对象都是血缘上的祖先。②

《祭法》篇首论禘、郊、宗、祖，次叙祭天地、日月、四方、百物，下次论设庙、祧、坛、墠、社。故郑氏以为此篇"记有虞氏至周天子以下所制祀群神之数也"③。《祭法》结尾总论曰：

> 夫圣王之制祭祀也，法施于民则祀之，以死勤事则祀

---

① 见《祭法》注，《礼记集解》下，页1192。
② 参看王治心：《中国宗教思想史大纲》，上海三联书店影印本，1988，页34。
③ 见《周礼正义》，页1330。

第四章 祭祀

之,以劳定国则祀之,能御大灾则祀之,能捍大患则祀之。……此皆有功烈于民者也。及夫日、月、星、辰,民所瞻仰也;山林、川谷、丘陵,民所取财用也。非此族也,不在祀典。

国家祭祀的对象,一为英雄,二为天神,三为地祇。其英雄崇拜多是古先圣王而大有功于人民者。"功烈"包括开族创宗,故所列有功烈者即前述各代禘、郊、祖、宗的祖灵。应当指出,《祭法》的论述中把有功于民者列为祀典之首,已经显示出民本主义的趋向,且天神地祇的祭祀中未提到天帝,这都表明《祭法》的说法可能出自春秋以降。但无论如何可以看出,祀典的范围仍是我们在前面所说的三大类。

此说又见于《国语·鲁语上》展禽论祀一段:

海鸟曰"爰居",止于鲁东门之外三日,臧文仲使国人祭之。展禽禘:"越哉,臧文仲之为政也!夫祀,国之大节也,而节,政之所成也,故慎制祀以为国典。今无故而加典,非政之宜也。"

然后展禽讲述了同于《祭法》论制祀的那一段话。由《国语》可见,臧文仲见怪异而祭,仍是殷商以来的自然宗教传统,而展禽代表的知识精英已超越小传统和宫廷宗教需要。"无故加典"正是殷人祭祀行为的特征。展禽所说,参以《礼记》,不但突出了先祖先王人世功德的一面,而且这种功德祭祀已多少带有纪念性的意味,而非纯粹的宗教性祭享祈福,这显然是文化理性化过程的产物。周代以后祖先祭祀越来越突出并且社会化,其主要功能为维系族群的团结,其信仰的意义逐渐淡化。

在周代,又有宗庙与明堂之分。三代以前,如有虞氏,"瞽瞍、桥牛以上为舜之四亲,故祀之宗庙;帝喾为尧舜之所以受天下者,故祀之明堂"①。"祖"庙祭祖,"宗"庙祭功。而殷周以来因非受禅,故明堂与宗庙所祭对象相合。阮元有《明堂论》,论明堂之流变及与宗庙之异,意谓明堂为远古王者所居,具有多种功能(行政、教化、祭祀),但三代礼文益备,故王者居于王城,祭上帝于圜丘,祭祖考于宗庙,朝诸侯于朝廷,教国子于辟雍;在近郊东南别建明堂,有时用来进行特别的祭祀仪典。

现在让我们回到殷周的鬼神观念上来。

《礼记·祭法》"万物死皆曰折,人死曰鬼"。鬼字《说文》谓"人所归为鬼",《释言》"鬼之为言,归也"。《礼记·郊特牲》:"魂气归于天,形魄归于地,故祭,求诸阴阳之义也。殷人先求诸阳,周人先求诸阴。"《礼记·中庸》引子曰:"鬼神之为德,其盛矣乎!视之而弗见,听之而弗闻,体物而不可遗。使天下之人齐明盛服,以承祭祀。洋洋乎!如在其上,如在其左右。"《礼记·祭义》载孔子与弟子论鬼神:

> 宰我曰:"吾闻鬼神之名,不知其所谓。"子曰:"气也

---

① 详见《周礼·太宰》疏,《周礼正义》第一册,页136—137。

第四章 祭祀

者,神之盛也。魄也者,鬼之盛也。合鬼与神,教之至也。众生必死,死必归土,此之谓鬼。骨肉毙于下,阴为野土。其气发扬于上,为昭明君蒿凄怆,此百物之精也,神之著也。"

孔子重祭,故他的这些说法应反映周人对鬼神的看法,众生死后,其气发扬上升,活着的人往往看不到听不到,但这些气常在人的左右,可以感动乎人,以显示其存在;也可以在祭祀时回到祭祀者的面前,享承祭祀。这些发扬于上的气叫作神,广义地也叫做鬼神。祭祀就是求得与这些鬼神的感通。应当注意,这里讲的鬼神都是指生命体死后转变而成的特殊形态的存在,与前面所说的天神、地神等自然神祇不同。同时,孔子的讲法是气的观念比较流行之后的讲法,与上古信仰中人形、人格化的鬼神观有所不同。

鬼神是否有形象?《左传》庄公八年齐侯田于贝邱,见大豕,从者曰,公子彭生也,这是以鬼为动物形。《左传》文公二年夏父弗忌曰"吾见新鬼大、故鬼小",也以鬼有可见之形。《国语·晋语》载:

> 虢公梦在庙,有神人面、白毛、虎爪,执钺立于西阿,公惧而走,神曰:"无走!帝命曰:使晋袭于尔门。"公拜稽首。觉,召史嚚占之,对曰:"如君之言,则蓐收也,天

之刑神也,天事官成。"①

按《礼记·月令》"孟秋之月,其帝少昊,其神蓐收",据《国语》史嚚所说,蓐收神是人面、白毛、虎爪。《墨子·明鬼》记:"有神,鸟身素服三绝,面正方,曰:予为勾芒。"《礼记·月令》"孟春之月,其神勾芒",照《墨子》中的说法,勾芒神是鸟身方面。墨子信鬼,其说必是继承古远。从以上这两个例子可见,古人所谓神,都具有人兽合体的形象。

《祭义》把生命体死后发扬于上的气叫作"百物之精"和"神",又说"因物之精,制为之极,明命鬼神,以为黔首则,百众以畏,万民以服"。关于以鬼神设教的宗教社会学方面,不在本书讨论的范围之内,《祭义》的这句话,集解引孔氏之说,谓圣人因人与物死之精灵而尊称之为鬼神。② 这个讲法暗示着中国古代鬼神观念来源于鬼魂和亡灵的信仰,或本质上是一种鬼灵崇拜。这对于本节所讨论的"人鬼"的范围来说,基本上是可适用的。

最后,我们简单提一下《诗经》中的"神"的观念。在大小雅中有不少关于神的诗句,如小雅的《鹿鸣》《谷风》《甫田》多次出现"神之听之"的表达,显示出诗人相信神可以听到人的声音并赐人以福祥。又如"神之格思,不可度思"(《大雅·荡·抑》),指神之来至不可测度。"维岳降神"(同上,《崧高》)指神从高山降下。这些一般都是指自然神。在周诗中祭祀祖先

---

① 《国语》上,页295。
② 《礼记集解》下,页1220。并参看十三经注疏本《礼记正义》。

第四章 祭祀

神的诗篇也很多,在这些诗篇中祖先神被理解为可以来到宗庙享用祭献的存在,并赐福和保佑子孙。

读者可能注意到,我们始终未关注《山海经》记述的怪异世界。这是因为山经所载基本上是怪物,而很难说是神灵。这些怪物的特点是形象形体怪异,能食人,与"兽"没有本质的区别,故山经也常用"有兽焉"的提法。体现了人类在武器工具不发达的早期对食人野兽的恐惧。此外,书中常常把怪兽的出现和各种灾害联系起来,如"见则天下大疫""见则天下大水""见则天下大旱""见则天下大风""见则其国有大兵""见则其国为败",类似的说法有很多。这些说法体现了人类早期对各种天灾人祸的发生毫无所知,而无力抵御,它并没有说这些灾害就是这些怪物所制造出来的,而是把怪物的出现视为灾害发生的先兆。这些怪物的形象有的与传说的神灵的形象接近,但总的说,山经记述中的这些怪物都和神灵信仰没有直接关系。另一方面,《山海经》所表现的乃是先秦的民俗社会的民俗文化,① 是属于所谓"小传统"的范围,因此也就不在本书的关注之内了。

从卜辞记载的祭祀对象到周人礼书记载的祭祀对象来看,在中国上古时代很长一个时期,宗教信仰具有相当程度的多神教色彩或倾向。"有天下者祭百神"的传统大概自夏商到两周一直未变,殷人信仰中虽有帝和帝廷、臣正的观念以及祖先神灵宾于帝所的信仰,但民间社会祭祀的山川、河伯似乎与帝并无

---

① 以《山海经》为民俗文化的表现,可参看伊藤清司:《〈山海经〉中的鬼神世界》,刘晔原译,中国民间文艺出版社,1989。

统属的关系，周代亦然。因此，有理由推断，在帝的观念以前，古代的神灵信仰是认为存在着数目众多、特性各异、不相统属的神灵鬼怪，统一的至上神"帝"的观念的产生是与人间社会组织结构进化相适应的，这一点泰勒、恩格斯讲的都是正确的。① 关于宗教史上的精灵信仰，《宗教学通论》中有一段论述：

> 所谓"精灵"是指人格化的超自然力。精灵是指按照祖灵的模式推衍出来的。像祖灵那样具有人般的意志、感情、欲望，以自然界的事物和力量为崇拜对象，如山之精灵就以山为代表，河之精灵就以河为代表，具有人格，但还没有人形化的形象，总是和具体的自然事物和力量相联系。人们所崇拜的是它们的自然属性，是自然事物和力量背后隐隐莫测的灵体，是超自然力的初级形态之一，故通称为精灵。②

而从商周的祭祀文化来看，作为祭祀活动的基础神灵信仰，包括作为超自然力初级形态的精灵，也包括死后存在的生命亡灵（当然主要是祖灵），和各种天地自然神祇。

《国语·楚语下》观射父有一段话总论上古祭祀之道：

---

① 泰勒以多神教的秩序的原型是社会管理的秩序，参看吕大吉：《西方宗教学说史》，页663。恩格斯的看法见《马克思恩格斯选集》第三卷，人民出版社，1970，页355；同书第四卷，页220。
② 吕大吉：《宗教学通论》，页368。

第四章 祭祀

祀所以昭孝息民，抚国家、定百姓也，不可以已。夫民气纵则底，底则滞，滞久而不振，生乃不殖；其用不从，其生不殖，不可以封。是以古者先王日祭、月享、时类、岁祀。诸侯舍日，卿、大夫舍月，士、庶人舍时。天子遍祀群神品物，诸侯祀天地、三辰及其土之山川，卿、大夫祀其礼，士、庶人不过其祖。日月会于龙，土气含收，天明昌作，百嘉备舍，群神频行。国于是乎蒸尝，家于是乎尝祀，百姓夫妇择其令辰，奉其牺牲，敬其粢盛，洁其粪除，慎其采服，禋其酒醴，帅其子姓，从其时享，虔其宗祝，道其顺辞，以昭祀其先祖，肃肃济之，如或临之。

《史记·封禅书》载秦用四畤祠上帝，且云：

诸此祠皆太祝常主，以岁时奉祠之。至如他名山川诸鬼神及八神之属，上过则祠，去则已。郡县远方神祠者，民各自奉祠，不领于天子之祝官。

这说明，在国家祭祀体系中对上帝（四帝）的祭祀是常祀，其他各祀如山川之神，君王过某山川时则祀，去则止，并不固定。而各地郡县远方的神灵祭祀，其系统不必与国家祭祀系统相一致，祭法亦不统一，所谓"民各自奉祠"。

总而言之，殷商与西周通过祭祀所反映的信仰，在不同的社会层面有所不同，如不仅贵族与民众的信仰有不同，天子代表的统治集团与一般士阶层也可能不同。知识阶层的信仰一行为与统治集团及一般贵族的信仰之间的差别，在西周之前还不明显，而西周以后则明显地以理性化为特点，与统治集团和俗民大众呈现出不同。因此，在知识阶层观念的理性化还未表现时，统治阶层的宗教信仰与行为应作为该时代代表精英的大传统形态加以研究。而西周以后，随着知识阶层观念理性化的逐步展开，精英文化信仰和观念的代表由统治阶层的国家祭祀体系转移到知识阶层的精神创造，对后世的精神文化发挥强大的范导作用，这是思想史研究在春秋以后不再注重国家祭祀文化的原因。这当然并不表示汉以后的国家祭祀活动没有意义，只是，其意义需在政治文化的整合和政治合法性的建立中来加以把握，与本书注重宗教—伦理观念之发生和演变的角度有所不同。

八　古代宗教的类型

现在来集中讨论中国古代（上古）宗教的特点，特别是宗教类型与信仰形态。

一百多年前，"宗教学"的创始人麦克斯·缪勒（F. Max Müller），以他对宗教观念与宗教问题的宽广理解和深刻智慧，在其《宗教学导论》中提出：亚欧大陆最早居住着三大种族，即图兰人、闪米特人、雅利安人。与此相应地存在着图兰语、闪米特语、雅利安语三大语系。而这三大语系又对应着三大宗教：闪米特族系的希伯来人产生了摩西教（旧约圣经）而后发展出基督教（新约圣经），这个族系的阿拉伯人产生的伊斯兰教

第四章 祭祀

(古兰经)是这一族系宗教的一支。雅利安族系的印度人产生了婆罗门教（吠陀），后来又产生佛教；这个族系的波斯人的琐罗亚斯德教即拜火教是这一族系宗教的一支。图兰族系的中国人产生了孔子的宗教和老子的宗教。①

麦克斯·缪勒的贡献除了通过对闪米特语系和雅利安语系的比较研究指出这两个语系有起源的共同性之外，另一过人之处是他把华语作为最古老的图兰语，把中国宗教作为与前面两大宗教并立的一个宗教中心。他说：

> 除了雅利安与闪米特族系以外，只有一个国家能说它有一个甚或两个有经典的宗教，那就是中国。中国产生了两个宗教，各以一部圣典为基础，——即孔夫子的宗教和老子的宗教，前者的圣典是"四书""五经"，后者的是《道德经》。②

不仅如此，他还试图对古代三大宗教信仰的核心特征作出概括，关于闪米特族的宗教信仰：

> 闪米特人在语言、文学和文化上差别很大，甚至各个历史发展阶段的文化情况也不相同，所以几乎不可能把他们的宗教信仰总括出来，但是如果我大胆地对闪米特族的

---

① 麦克斯·缪勒：《宗教学导论》，陈观胜等译，上海人民出版社，1989，页40。
② 同上书，页41。

宗教信仰一言以蔽之，我敢说他们的宗教主要是崇拜"历史中的上帝"。他们的上帝影响个人、种族和民族命运，而不掌握自然力。①

对雅利安族的古代宗教信仰，他认为：

> 雅利安族的古代宗教信仰由于其富于冒险精神的后代传到世界各地，无论是在印度的山谷之中或是在德意志的森林里，人们从神的名字，这些原本是自然力的双数名，能看出雅利安族的古代宗教。虽然一般认为，这种宗教不是自然崇拜，但是，如果可以一言以蔽之，我敢说它是对"自然之神"的崇拜，这个神不是以人的心灵为其屏幕，而是以绚丽多彩的大自然为其面纱。②

他还说明，古闪米特族的众神经过合并而演化为一神崇拜，雅利安神殿的众神则表示它是一种多神崇拜。

相比之下，囿于资料和研究，缪勒对中国古代宗教信仰的认识就含糊得多了。他只是指出，古代中国的民间信仰，是信仰独特的神灵，信仰最突出的自然力。这些神灵包括天神、太阳神、月神、星辰神、地神、山神、河神等，还有鬼魂信仰。③他认为，"这些神并肩而立，互不干涉，也没有什么较高的原则

---

① 麦克斯·缪勒：《宗教学导论》，页66。
② 同上。
③ 同上书，页86。

第四章 祭祀

使之相连",这种说法似乎是把中国古代宗教信仰理解为一种所谓"单一神教"的信仰。他又说"这种对人的灵魂和对自然神的双重崇拜就构成了中国古代盛行的宗教"①。他还指出,在这些神灵信仰中,天神是最高的神,而小神有的受到崇拜,有的使人畏惧而在被除仪式中被驱赶。②

麦克斯·缪勒对中国古代宗教的上述看法比较合乎春秋以前的古代信仰及后来民间的信仰,而并不合于他所说的以孔老为代表的中国圣典宗教。

在《宗教学导论》(1870)一百年之后,另一位德国神学家孔汉思(Hans Kung)也显示出在比较宗教领域中的智慧与洞见。他继承了麦克斯·缪勒以来比较宗教学的传统,提出了世界宗教三大河系(river system)的说法,他提出:"在近东,从游牧部落的原始宗教里渐渐发展形成了第一大宗教河系,它源出闪米特人,以先知预言为其特点。"③ "再往东走是和闪米特—先知型宗教迥然不同但又同样错综复杂的第二大宗教河系,它源出印度民族,以神秘主义为其特点"。"远东的第三大宗教河系应和上述两大宗教分清,这个宗教河系源出中国,其中心形象既不是先知,也不是神秘主义者,而是圣贤,这是一个哲人宗教。"④ "先知宗教"(闪米特犹太)、"神秘宗教"(雅利安印度)和"哲人宗教"(中国)的提法极具意蕴,孔汉思的三大

---

① 麦克斯·缪勒:《宗教学导论》,页65。
② 同上书,页92。
③ 秦家懿、孔汉思:《中国宗教与基督教》,吴华译,三联书店,1990,页2。
④ 同上书,页3。

河系说与麦克斯·缪勒的三大宗教说的最大不同,是孔氏对中国宗教的界定,显然,缪勒的说法适于前儒教或前轴心时代的宗教信仰和民间信仰,而孔汉思所面对的是被习称为"儒教"的传统,而不是前儒教的原始信仰或儒教时期的民间信仰。我必须承认,"哲人宗教"的提法对我有很大吸引力,只是,这种提法尚不能满足我们对前轴心时代宗教观念的研究,也无法说明这一圣哲宗教在中国上古文明中是如何产生和发展起来的。正如与孔汉思对谈的秦家懿所看到的,古代曾有很长时间以占卜、祭祀为中心,她特别提出原始文化中的巫术宗教(Shamanism)和民间通灵活动所表现的被艾略特(Elliott)称为"神灵宗教"(Shenism)的问题。① 这样,我们必须面对这个问题,即如果上述的看法都可以接受,就必须解释,在上古中国文明的发展中,单一神教是如何演变为圣哲宗教的?

如前所说,麦克斯·缪勒认为古代闪米特信仰是一神教,古代雅利安信仰是多神教,这涉及他关于神灵观念发展的三个阶段的理论。在比《宗教学导论》晚二十八年出版的《宗教的起源与发展》(1878)中他主张,有三种神灵观念发展的形态,第一是单一神教,信仰许多独立的神,众神之间不相从属,众神来自不同的领域,具有不同的属性,在各自领域都是至高无上的。第二是多神教,信仰许多神灵,但与单一神教不同,所有单一神被结合为一个有机整体,出现一位至高无上的神,其他所有神都从属于它,而至上神以外的众神之间是平等的。第

---

① 秦家懿、孔汉思:《中国宗教与基督教》,页13。

第四章 祭祀

三是唯一神教,即否定所有其他神,只追求一位至高无上的更真更善的神。① 他还认为,宗教观念就是依照单一神教——多神教——唯一神教的次序发展的。这种宗教发展观是否能普遍成立是显然有疑问的,如有学者指出犹太民族是一开始就信仰唯一神教的。

殷墟卜辞的研究表明,殷商时代至少其晚期的宗教信仰,以帝与帝廷为代表,已不是单一神教,而是多神教信仰,而且这种多神教的信仰在本质上,是接近于雅利安人的自然神祇信仰"自然中的上帝",即殷人信仰的神主要反映了他们对自然力的依赖。

但是,周人的宗教信仰显然有些变化,虽然有学者认为周人的天是人格神而殷人的帝未人格化②,但周人信仰的最高代表是"天",甚至是"天命",在天命的意义上更表现出宇宙秩序和宇宙命运的色彩。以文王为代表的祖先神的地位有所上升,而"帝廷"的观念似乎逐渐在减弱。而且在周书中,以及周人改过的夏商书中,反复出现的主题是把"天"更多地理解为历史和民族命运的主宰,更接近于闪米特人信仰特质——"历史中的上帝"。固然,殷商时的自然神信仰仍有不少保留下来,而且可以相信,原始的巫术宗教在民间仍保持影响。但是,在最能代表文化发展的精英观念中已经发生了明显变化。在周代,对天地大神的祭祀通过礼制的等级规定而为统治集团所垄断,

---

① 麦克斯·缪勒:《宗教的起源与发展》,金泽译,上海人民出版社,1989,第六章。
② 如秦家懿,见《中国宗教与基督教》,页22。

这有意无意地导致民间合法的祖先祭祀的盛行。从而使得祖先祭祀成了最普遍的宗教性行为。虽然一般民众的祖先亡灵在神祇系列中地位不高，但西周金文中体现出，贵族和上层统治者也仍然认为祖先是保佑他们福祉的主要神灵力量。这种发展在宗法制度下导致了祖先祭祀的社会功能化。另一方面，由"自然中的上帝"向"历史中的上帝"的转化和发展，并不像其他世界宗教如犹太教那样采取趋于唯一神信仰的形式，而是在这个关节点上，它借助"天命"的观念，透过自然法则和历史命运的观念意识，向着后来的"圣哲宗教"慢慢地前进着。

九 文化演进与文化精神

现在，让我们换一个角度，不从宗教学，而从文化学上再来审视这一观念演化的过程。

德国哲学家恩斯特·卡西尔常把原始宗教纳入他所谓"神话思维"来考察。他反对列维-布留尔把神话思维看成"前逻辑的思维"（prelogical thought）或原逻辑的思维、把原始人的智力归结为神秘互渗的看法。他指出："认为原始人的智力必然是原逻辑的或神秘的，这似乎是与我们人类学和人种学的证据相矛盾的。我们可以看到，原始生活和原始文化的许多方面，都表现出我们自己的文化生活所熟知的各种特点，……即使在原始生活中我们也总是看到，在神圣的领域以外还有着尘世的非宗教的领域，存在着一套由各种习惯的或法定的规则构成的世

第四章 祭祀

俗传统，它们规定着社会生活得以进行的方式。"① 卡西尔认为列维-布留尔等忽视了神话经验的基本情况：

> 神话的真正基质不是思维的基质而是情感的基质。神话和原始宗教决不是完全无条理性的，它们的条理性更多地依赖于情感的统一性而不是依赖于逻辑的法则。②

为了说明作为原始思想基础的情感的统一性，卡西尔提出了"生命一体化"的观念（solidarity of life）③。在他看来。原始人并不缺少把各种经验事物加以区分的能力，但在原始人看来，那些相互区别的各种事物被连接为一种生命体，在这种生命一体化的联系中，事物的经验区别不再重要。这种一体化的信仰用另一种表述方式，就是"整体的交感"（sympathy of the whole）。不仅巫术是这种思维的表现，灵魂轮回的观念也是这种思维的表现，因为生命的一体性和不间断，不仅适用于空间（同时性秩序），也适用于时间（连续性秩序）。同时性的各种事物之间，过去、现在和将来的存在之间都不是孤立的，而是紧密地联系着的。④

卡西尔把荷马笔下的奥林匹斯诸神称为人格神，而称在此以前的神祇信仰为功能神，他说：

---

① 卡西尔：《人论》，甘阳译，上海译文出版社，1985，页 102—103。
② 同上书，页 104。
③ 同上书，页 105。
④ 同上书，页 107、122。

早在人格化的诸神出现以前，我们就已经看见过那些一直被称为功能性的诸神。它们还不是希腊宗教中那些人格化神，即荷马的奥林匹斯山上的诸神。另一方面，它们不再具有原始神话概念的那种含糊性，它们是具体的存在物，但是这种具体性表现在它们的行为上，而不是表现在它们的人格化的外表或存在上。因此它们没有专名——例如宙斯、赫拉、阿波罗，只能表征它们的特殊功能或活动的形容词名称。①

卡西尔似乎把这种功能神的阶段看成从神话和巫术交感向宗教思想进一步发展的第一阶段，在功能神信仰中，个性、个体性虽然还未真正发展，但开始离开原始的模糊性。卡西尔的"功能神"似乎与缪勒的"单一神"相对应。②

从这里卡西尔笔锋一转，把罗马精神与希腊精神加以对比，他认为，罗马宗教可以帮助我们理解功能性神祇的真正品性。在那里，一类神播种，另一类神监视耙掘和施肥，农民的每一种活动都有一类功能性神祇指引和保护着。然后他说：

在这种宗教体系中我们可以看到罗马精神的全部典型特征。这是一种富有巨大凝聚力的、有节制的、务实的、生气勃勃的精神。对一个罗马人来说，生命意味着积极的生活，而且他有特别的才能来组织这种积极的生活，管理

---

① 卡西尔：《人论》，页124。
② 有关职能神的信仰，可参看《宗教学通论》，页134—135。

第四章 祭祀

并协调它的一切成果。对这种倾向的宗教表达可以在罗马的功能性神祇中找到，这些神祇必须完成确定的实际任务。①

这个说法多么像中国人啊。事实上，在各个方面，周代的中国与古代罗马的确有很多相似之处。然而：

> 在希腊宗教中，从一开始起占压倒优势的似乎是完全不同的思想和情感倾向。……在荷马史诗影响下所有这些希腊宗教的古代特征（指祖先崇拜——引者注）开始消失了，它们被神话和宗教思想的一个新趋向遮蔽了。希腊艺术为一个新的神祇概念铺平了道路。正如希罗多德所说，荷马和赫西俄德"给希腊诸神命名并且描绘出了它们的模样"。而在希腊诗歌中开始的这项工作在希腊雕塑中得到了完成。②

他认为，在希腊宗教的这个阶段，生命一体化的感情让位于一种新的自然的亲族关系，不再有一种血缘关系把人与动物或植物联结起来，人在他的人格化的诸神中开始以一种新的眼光看待他自己的人格。③ 在这种进展中可以看到人类心智的一种新的能动性的觉醒，这是希腊人自我实现的重要一步，如穆雷

---

① 卡西尔：《人论》，页124—125。
② 同上书，页125—126。
③ 同上书，页117。

所说：

> 世界在那时被想象成既不是完全没有外部的支配，又不是单单只服从于体现在牛鬼蛇神中的超自然力量的淫威，而是被看成是受一个有组织的团体所管辖的，这个团体是由一些有人格有理性的统治者、贤明而慷慨的长者组成的，它在精神上和形态上都像人一样，只是大得无可比拟罢了。①

卡西尔断言，"行动的务实的罗马精神所拒绝接受的东西正是沉思的艺术的希腊精神所完成的东西"，"荷马的神祇所代表的不是道德的理想，而是非常典型的精神理想"，荷马笔下的"凡人与诸神都不是道德理想的化身，而是特殊的精神能力和倾向的体现"。②

卡西尔在他有关"神话与宗教"的论述中是否严格地注意到各个不同时期不同地域文明发展在阶段上的差异性，似乎是有疑问的。不过这暂且不论。卡西尔所说的罗马的务实精神和希腊的精神理想不仅揭示了前轴心时代罗马和希腊宗教精神的差异，也昭示了两种文化精神（ethos）的不同。

更早地，尼采（Nietzsche）的《悲剧的诞生》开门见山地凸显出日神阿波罗（Apollo）和酒神狄奥尼索斯（Dionysus）的二元紧张。日神既是追求美丽外观的冲动，同时他的形象中

---

① 卡西尔：《人论》，页117。
② 皆参见同上书，页126。

第四章 祭祀

又不可缺少地包含着"适度—克制"和"平静安宁"。① 酒神的本质表现为充满的狂喜、激情的高涨。日神的庄严姿态抵抗着汹涌澎湃的酒神冲动。虽然尼采认为二者借德尔斐神的作用化抵抗为和解,但这种二元性的对立太像理性与感性的永恒紧张了。②

不管尼采本人对日神、酒神作何理解,文化人类学在处理不同族群的文化气质时毫不犹豫地引申了这一对范畴。露丝·本尼迪克特这位极为杰出的人类学家,在描述新墨西哥的普韦布洛人时指出:

> 普韦布洛人是一个讲究礼仪的部族。但这还不是那种把他们和北美及墨西哥其他部族分开来的基本风尚。……普韦布洛和北美其他文化之间的基本差别实是尼采在他的古希腊悲剧研究中所说的那种差别。③

她对尼采的"日神—酒神"二元性对立的理解是:"酒神是通过'生存的一般界限的湮灭'来追求这样的价值的,他寻求在他最有价值的一刻得以摆脱五官强加给自己的界限,突入另一种经验秩序",而阿波罗日神对此毫不相信,"他只知道一种法则,即希腊人所说的'度',他总持一种中庸之道,不偏不倚,循规

---

① 尼采:《悲剧的诞生》,周国平译,三联书店,1986,页4—5。
② 类似的分析亦见于斯宾格勒,他区分了两大人生观的完形,一是古典世界的阿波罗式,一是现代世界浮士德式。
③ 本尼迪克特:《文化模式》,王炜等译,三联书店,1988,页80。

蹈矩，墨守成规，从不动那种冲出樊篱的邪念"①。她说："西南部的普韦布洛人就是那些阿波罗式的人，……循规蹈矩、中庸之道等对于任何阿波罗式的人物来说都应具有的特点，也都包含在祖尼人的一般传统之中了。"②而其他北美的印第安人"都是些热情激荡的酒神狄奥尼索斯式的人物，他们崇尚一切极端的体验，崇尚一切人类可以据以突破日常感性规则的手段"③。

本尼迪克特当然知道，尼采所说的日神与酒神的对立并非可以完全对应于普韦布洛人与周围部族之间的差异，她说明，她只是借用希腊文化的一些术语来描述西南部印第安人的文化完形，④以凸显出普韦布洛文化与其他美洲印第安文化间的不同特点。

引用从尼采到本尼迪克特的"日神—酒神"分析，当然是为了借以帮助说明殷周文化变异的特点。正如玛格丽特·米德强调的，本尼迪克特决不企图将人类各种文化都类型化地纳入阿波罗型和狄奥尼索斯型，⑤就本尼迪克特的文化人类学立场来说，她所说的文化模式（Pattens）不能以类型（Type）一词代替。因为对她来说，模式有很强的经验特色和相对性。同时她认为，每一文化的性格即是该文化的主旋律，使此一文化具

---

① 本尼迪克特：《文化模式》，页80。
② 同上书，页81。
③ 同上。
④ 同上书，页80。
⑤ 庄锡昌、孙志民：《文化人类学的理论框架》，浙江人民出版社，1988，页85。

第四章 祭祀

有一定模式的也是这一主旋律，亦即这一民族的文化精神（ethos）。① 她在1928年发表的论文《西南部各种文化的心理学形态》开始采用ethos这一词，用以显示文化的民族精神和主导方向。

但我们确实觉得，日神—酒神的二元性对把握商周文化的差异有相当大的启发和便利。日神阿波罗型的威严、温和、抑制情感、适度、典型的形式主义，和罗马宗教的节制、务实显然接近于周人的文化精神。而殷人的宗教崇拜，以酒器充斥的祭祀活动更近于酒神精神。② 殷人具有更多的宗教狂热，周人具有更多的是历史理性。李泽厚也认为，"即使不说'礼乐'传统是日神型，但至少它不是酒神型的，它是一种非酒神型的原始文化"③。只是，中国古代真正的礼乐文化应从西周开始，而这个时期已经从原始文化中经历了漫长的成长。

在这个意义上，在本书所规定的用法上，日神精神乃是代表一种理性的精神，这种理性不一定体现为纯粹唯智主义所了解的理性化或形式合理性意义上的理性化，它一方面表现为人本精神的崛起，另一方面表现为伦理意识对原始巫术文化的扬弃。而酒神精神，在本书的意义上，则是指源于巫术宗教的非理性的迷思和崇拜。可以说，周代的文化，下至春秋战国，都可以看到一条明显的线索，即人本理性与巫祝文化的斗争。周文化的历史就是在礼乐文化中不断扬弃乃至压挤巫祝文化的历

---

① 庄锡昌、孙志民：《文化人类学的理论框架》，页87。
② 李亚农说殷代铜器十之七八是酒器，见《李亚农史论集》，页460。
③ 李泽厚：《华夏美学》，香港三联书店，1988，页20。

史，是在大传统中不断剔除巫祝文化的原始性而保留其神圣性的历史。

当然，像"酒神"这种意象毕竟源于希腊，如何体现从良渚文化、大汶口文化乃至楚文化的神巫精神，也许应当找到根于中国固有文化的意象来加以表达。另外，《礼记·表记》的三代文化论正是古圣先贤对三代"文化模式"的最好表达，只是，我们将在后面再来讨论它。还应指出，真正意义上的"精神气质"（ethos）必须从价值、道德来讲，只从宗教性上讲日神、酒神的精神，还不足以说明晚近文化人类学家如克利福德·吉尔兹（Clifford Geertz）所理解的"ethos"。①

十　从自然宗教到伦理宗教

殷周之际的宗教变革更需要从另一个重要角度来了解，这就是"伦理宗教"的角度。

人类社会的宗教发展表明，摆脱小的村落和部落的原始宗教，适应大的社群和族群的真正宗教的出现，必然是宗教思维与伦理原则的结合。伦理性原则是检视宗教之所以为宗教或宗教之发展水平的自然标尺。荷兰学者提埃利曾提出有关宗教进化的分类体系，认为宗教的进化基本上是从自然宗教发展为伦理宗教的过程，② 这一看法事实上具有相当重要的普遍意义。

---

① Clifford Geertz, *The Interpretation of Culture*, Basic Books, Ins, 1973, pp. 126-128.
② 参看吕大吉主编：《宗教学通论》，页 79—80。

第四章　祭祀

在希腊文化的历史上,在前苏格拉底时代,旧的诸神——荷马和赫西俄德的诸神开始遭受激烈批评,而走向消亡。一种新的宗教理想产生了,埃斯库罗斯和欧里庇德斯、色诺芬尼、赫拉克利特、阿那克萨哥拉,他们创造了新的智慧和道德标准,根据这种标准来衡量,荷马诸神丧失了它们的权威。色诺芬尼说:"荷马和赫西俄德把人间一切羞耻和不光彩的行为都给了神祇:盗窃、通奸、欺诈。"① 荷马神祇的身上没有道德理想。

然而,卡西尔指出:

> 在那些大的一神宗教中我们遇见的是样子完全不同的神。这些宗教是道德力量的产物,它们全神贯注于一点上——善与恶的问题。在琐罗亚斯德教中,只有一个最高的存在者胡拉玛达——"智慧之神"。在他之外,离开了他,没有他,也就无物存在。他是至高无上的、最完善的存在,是绝对的统治者。在这里我们看不到任何具有个性的东西,看不到作为各种自然力量或精神品质之代表的众多之神。原始神话遭遇到了一种新的力量,一种纯粹伦理力量的攻击并且被战胜。在最初的神和超自然现象的概念中,人们是全然不知道这样一种力量的。②

从一开始起,琐罗亚斯德教就是与这种神话的中立性根本对立的。或者说,是和表现希腊多神教之特征的那种

---

① 引自卡西尔:《人论》,页126。
② 同上书,页128。

审美的中立性根本对立的。这种宗教不是神话想象或审美想象的产物,而是伟大的个人道德意志的表现,甚至连自然也呈现出新的面貌,因为人们专门从伦理生活的镜子中来观察它了。①

在琐罗亚斯德教中我们也看到同样的概念,但是在这里它指向了一个全新的方向:伦理的意义取代和接替了巫术的意义,人的全部生活成了为正义而进行的不间断斗争。"善的思想、善的词语、善的行为"这个三位一体在这种斗争中起着最主要的作用,人们不再靠巫术的力量而是靠正义的力量去寻求或接近上帝。②

不仅拜火教是如此,在卡西尔看来,犹太教也是如此,他指出,在犹太教中并未全盘消灭最初的基本的神话思维特征,以色列的先知的功绩不是消除神话思维,他所提供的真正的新的东西不是先知预言的宗教性,"而是它的内在倾向,它的伦理意义"。"一切较成熟的宗教必须完成的最大奇迹之一,就是要从最原始的概念和最粗俗的迷信之粗糙素材中提取它们的新品质,提取出它们对生活的伦理解释和宗教解释。"③

从这样的立场来看,人类的宗教—伦理文化的发展,就是以各种方式通过伦理意识的奋斗摆脱禁忌体系体现的巫术的消极压抑和强制,走向自由的理想的行程。尽管需要漫长艰巨的

---

① 卡西尔:《人论》,页128。
② 同上书,页129。
③ 同上书,页133。

第四章 祭祀

努力，成熟的宗教必须克服原始的禁忌主义体系。卡西尔正确地指出，禁忌主义体系所注重的是"行为"，而不是行为的"动机"。"禁忌体系强加给人无数的责任和义务，但是所有这些责任都有一个共同的特点，它们完全是消极的，它们不包括任何积极的理想。某些事情必须回避，某些行为必须回避——我们在这里发现的是各种禁令，而不是道德和宗教的要求。因为支配着禁忌体系的正是恐惧，而恐惧唯一知道的只是如何去禁止，而不是去指导，它警告要提防危险，但它不可能在人身上激起新的积极的即道德的能量。"①

仅仅有"礼"的约束，并不能产生积极的自由和理想，只有当文化的注意力转向行为的"动机"，并发展出"德性"的观念，文化才获得了进一步发展的积极动力，才能借助伦理的意义而不是神秘方术去接近上帝。仍然是卡西尔指出的，人类的伟大导师发现，祭忌体系是不能取消的，但在祭忌体系之外他们发现了新的冲动，这种冲动在自己身上发现了一种肯定的力量，一种不是消极的禁止，而是激励和追求的力量。由此人们才有可能由被动的服从转向积极的追求。他说：

> 一切较成熟的伦理宗教——以色列先知们的宗教、琐罗亚斯德教、基督教——都给自己提出了一个共同的任务，它们解除了禁忌体系不堪承受的重负，但另一方面，它们发现了宗教义务的一个更为深刻的含义：这些义务不是作

---

① 卡西尔：《人论》，页138。

为约束或强制,而是新的积极的自由理想的表现。①

在殷商对神鬼的恐惧崇拜,与周人对天的尊崇敬畏之间,有着很大的道德差别。前者仍是自然宗教的体现,后者包含着社会进步与道德秩序的原则。需要指出的是,周人文化的这种特质和发展,虽然与"伦理宗教"的阶段相当,但周代的礼乐文化走的并非唯一神教的路子,它的独特的礼乐文化与德性追求,开启着通往圣哲宗教的东亚道路——德礼文化。

商人已具有人格神的观念,如祖先神,这种观念要比接触、类比的观念复杂得多,故商代文化已不是巫文化或萨满文化,而是保留着萨满色彩的自然宗教。但这虽然是一种宗教形态,却没有任何道德理想出现,看不到伦理价值,看不到理性智慧,一句话,看不到"价值理性"。而真正的宗教决不能止于消极的禁忌,而是积极的价值和理想。只是,当中国"真正的宗教"开始出现或成熟时,它自己又已经不是"真正"的"宗教"了。我们将在下面两章再来讨论这一问题。

晚近人类学家和历史学家在处理较高级的文化体系(而不是小规模的原始文化群落)时倾向于把文化总体分为两个部分,20世纪50年代雷德斐尔德的"大传统"与"小传统"之说流行一时,而70年代以后,西方学界亦多用"精英文化"与"通俗文化"取代雷氏之说。大传统或精英文化指社会上层知识阶层的文化,小传统或通俗文化指未受正式教育的一般民众的文

---

① 卡西尔:《人论》,页139。

第四章 祭祀

化。研究中国文化的历史学家和人类学家认为，这种二分法还是为中国文化研究提供了一个有益的概念框架。①

本书的基本立场是着眼于精神文化，其中又以伦理—宗教观念的演进为中心，因此决定了本书注重研究中国文化大传统的演生历程。而两种传统或两种文化的区分，决定了本书研究对对象素材的选择。从宗教思想史研究的方面来看，早期巫术文化阶段是大小传统尚未分化的阶段，与之相应的是生活群体狭小、族群政治功能未曾分化的社会发展阶段。虽然这一时期也有祭祀现象存在，但巫术居于主导地位。随社会分化的进一步发展，文化的主导形态变为祭祀文化，祭祀行为早在大小传统未分时即已存在，但正是社会分化的发展使得祭司阶层逐渐脱离出来，配合政治君主制的形成，发展出祭祀礼乐和多神教的观念。又由殷周之际从祭祀文化发展为礼乐文化，才确定形成了中国文化的许多基本质素。可以说，每一成熟的文明都是在多神信仰向伦理宗教转变的过程中形成其后来仍保持的基因和特色。

在中国文化的这个发展中，巫术在第一次分化（祭祀文化取代了巫术文化的主导地位）仍保留在俗民文化中而成为小传统，并在以后几千年中通过各种方技术数凝结为小传统的一套体系。祭祀在第二次分化（礼乐文化取代了祭祀文化的主导地位）演为国家宗教活动的形式和最普遍的祖先祭祀，但已不能代表大传统的精英文化。从礼乐文化到诸子思想，知识分子的

---

① 参看余英时：《汉代循吏与文化传播》，《中国思想传统的现代诠释》，台北联经出版社，页167—171。

精神活动借助文字表达的权力形成对后世有强大范导作用的大传统。

马克思从另一个方向早就提示过大传统的重要性。他指出，意识形态的生产者主要是统治阶级："统治阶级的思想在每一时代都是占统治地位的思想；这就是说，一个阶级是社会上占统治地位的物质力量，同时也是社会上占统治地位的精神力量。支配着物质生产资料的阶级，同时也支配着精神生产的资料。因此，那些没有生产资料的人的思想，一般地是受统治阶级支配的。"[①] 只是，我们应当对占统治地位的文化作进一步的分疏，要把知识分子超越性的精神活动和政治统治集团的文化活动区别开来，在文化发展史的每一阶段上，真正具有代表意义的是知识分子的观念活动，而政治统治集团的文化活动往往不能代表时代的文化发展，这从汉代朝廷的神灵祭祀和巫蛊活动可见一斑。

本书的最终着眼点是春秋末期孔子思想与儒学的产生，而春秋时期的诸子思想所代表的正是这一时期的大传统[②]，这个大传统的来源是本书着力处理的主题。因此本书所希望了解的，是中国原始文化如何在新石器时代晚期和进入文明门槛的时候分化为两个传统，又如何最终产生出宗教—伦理体系为主要形态的精神文化大传统。从注重这个过程出发，在一个时期中，那些在这个过程中逐渐降落或保留为小传统而不再能代表大传

[①] 马克思、恩格斯：《德意志意识形态》，《马克思恩格斯选集》第一卷，页52。

[②] 余英时：《中国思想传统的现代诠释》，页178。

第四章 祭祀

统的东西就在该时期被置于注意之外。但是,一种文化现象在后来发展中降入或保存为小传统而不再代表大传统,并不等于说它在历史上在早期文化发展中一直如此,它在早期文化发展中可能曾占据主导地位,足以代表该时期文化的高级形态,如巫术在新石器后期是文明的主要形态,又如祭祀,在殷商文明中无疑代表较高的发展水平。对这些文化现象必须在其作为主导形态的时代对之加以研究。所以我们在夏以前最重视巫觋文化,在殷商时代最重视祭祀文化。但在西周天命思想和德性观念产生之后,不仅占卜、巫术不能代表文化体系的水平,就是神灵的祭祀也已不能代表文化特别是信仰、思想的最高发展水平。秦汉以后,巫术和占卜、祭祀在社会文化中虽然仍存在,在不同的层面发挥其功能,从某些方面的研究来看,甚至还很重要。但狭义的文化史,主要是思想史,更加注重的是足以代表该时期文化发展水平的观念和意识形式,这也是何以在本书的后半部分我们就不再关注巫觋、占卜和神灵祭祀的基本原因。

最后,有几个问题提出来以存疑,第一,不管是因是果,君主对天的祭祀的独占,是否可以认为表示"天"是国家或族群的神,与个人无关。第二,宗教文化的理性化不是直线进步的,在许多文明中出现过这样的现象,即理性化的宗教阶段之后,又由某些因素导致了巫术的重占上风。如古埃及在中王国之后宗教的伦理意义遭到毁灭,迷信和巫术占据了优势。[1] 又

---

[1] 爱德华・伯恩斯、菲利普・拉尔夫:《世界文明史》第一卷,罗经国等译,商务印书馆,1987,页44。

如巴比伦时巫术和占卜之受重视比苏美尔时更加盛行。① 古代波斯的琐罗亚斯德教在兴盛之后原始迷信和巫术的因素有所发展。② 在中国上古历史上如从仰韶时代到龙山时代是否有过这样的变化,还值得进一步研究。

---

① **爱德华·伯恩斯、菲利普·拉尔夫**:《世界文明史》第一卷,页 77。
② 同上书,页 94。

第五章　天命

> 民之所欲，天必从之。
> ——《尚书·泰誓》

> 皇天无亲，惟德是辅。
> ——《尚书·蔡仲之命》

郭沫若曾在《先秦天道观之进展》一文中认为，"天"字虽然在殷商时代早已有之，"但卜辞称至上神为帝，或上帝，却决不称之为天"①。顾理雅（H. G. Greel）虽然认定甲骨文中并无天字，但也认为以天为神的观念肇自周初。② 陈梦家说："西周时代开始有了'天'的观念，代替了殷人的上帝，但上帝与

---

① 《郭沫若全集》历史编第一卷，人民出版社，1982，页321。
② 转引自傅佩荣《儒道天论发微》，学生书局，1988，页10。

帝在西周金文和周书、周诗中仍然出现。"① 又说："殷代的帝是上帝，和上下的'上'不同。卜辞的'天'没有作'上天'之义的。'天'之观念是周人提出来的。郭沫若《先秦天道观之进展》曾据此点，认为今文尚书中商书之《微子》、《西伯戡黎》、《高宗肜日》、《盘庚》和《汤誓》以及《礼记》中《大学》《缁衣》所引太甲、《孟子》里《万章》篇所引之伊训、《墨子》之《兼爱》篇所引之汤说都有'天'字，都不能信为殷人的原作。他后来对此说虽加以修改，但我们认为还是正确的。"② 日本学者白川静则认为天与帝在商代为同义字。③ 何炳棣、董作宾先后肯定，甲骨文作为特殊的占卜文字，统一规定了诸神的名号，故甲骨文中未见以天为上帝的观念，并不能表示商人没有这一观念。④

近年晁福林提出，卜辞中的帝能令风令雨令雷等，但这些全是帝的主动行为，并非人们祈请的结果；人们可以通过占卜知道某个时间上帝是否令风令雨，但却不能对帝施加影响使其改变；帝对天象的支配有自己的规律，不以人的意志为转移；从这个意义上说，令风令雨的帝实质上是自然之天。与历来把上帝看作殷人的至上神的说法不同，他提出帝并非诸神之长，只是诸神之一，祖先神比帝的地位更高，认为以前所说的先祖宾于帝将人的请求转告上帝的说法纯属子虚。⑤ 帝是否为至上

---

① 陈梦家：《殷墟卜辞综述》，中华书局，1992，页562。
② 同上书，页581。
③ 白川静：《金文的世界》，平凡社，1971，页40—43。
④ 转引及参看傅佩荣《儒道天论发微》，页12。
⑤ 晁福林：《论殷代神权》，《中国社会科学》，1990年第1期。

第五章 天命

神不在本节讨论，晁氏以帝为自然之天，此说可以很好地解释帝在商殷何以不享祭，但他未指明作为自然之天的帝是否为自然神。如果帝仍然是神格的存在，就难以说帝是自然之天。正如社、河、岳不是自然物，而是自然神一样。帝对人事、人王的影响也无法用自然之天来解释。

正如傅佩荣所指出的，已有资料和讨论尚不足以使我们能对"帝""天"观念的起源作出确定无疑的论断。本着"说有易而说无难"的立场，我们认为甲骨卜辞即使未发现"天"字或未发现以"天"为上帝的用法，至少在逻辑上，并不能终极地证明商人没有"天"的观念或以"天"为至上神的观念。这使我们不得不把眼光重新放到文献上来。

一 商书中的天帝观

由于本章是接承上章讨论殷周思想变化的主题，所以我们不必追溯更远，让我们先来看看《尚书》中的商书，自然我们先须了解今文的部分：

> 有夏多罪，天命殛之。
> 夏氏有罪，予畏上帝，不敢不正。
> 尔尚辅予一人，致天之罚。（皆《尚书·汤誓》）

《墨子·兼爱》引《禹誓》"非惟小子，敢行称乱，蠢兹有苗，用天之罚"，上引《汤誓》的说法与禹伐有苗的口气相同；又与周人伐殷时的说法和口气如出一辙，如《多士》"非我小国敢弋殷命，惟天不畀"。今本《汤誓》首段与《墨子》所引《禹誓》之语相近，《孟子》中引《汤誓》语见于今本《汤誓》，但《墨子》中所引《汤誓》文则不见于今本《汤誓》。这都说明，《汤誓》在东周时可能几经改削，但也不会是全无根据。

《盘庚》中说：

> 先王有服，恪谨天命。
> 罔知天之断命。
> 天其永我命于兹新邑。

范文澜曾说"《盘庚》三篇是无可怀疑的商朝遗文"[①]。这里的天命应与周书中的天命不同，表示上天授赐人世王朝的政治权利和政治寿命。

《西伯戡黎》中记载：

> 西伯既戡黎，祖伊恐，奔告于王曰："天子，天即讫我殷命，格人元龟，罔敢知吉，非先王不相我后人，惟王淫戏用自绝，故天弃我，不有康食，不虞天性，不迪率典。今我民罔不欲丧，曰：'天曷不降威'。大命不挚，今王其如台？"
>
> 王曰："呜呼！我生不有命于天？"

[①] 范文澜：《中国通史简编》修订本，中华书局，1972，页114。

第五章 天命

这里所说的"命"不能仅仅作"令"来解释，应当是指运命、权命。

《微子》中也有天的观念出现：

> 天毒降灾荒殷邦，方兴沈酗于酒。
> 今殷民乃攘窃神祇之牺牷牲。

《西伯戡黎》与《微子》两篇，郭沫若以在卜辞纪年之内，未对整篇提出疑问。①

如果把古文《尚书》的内容也加以考察，就有更多的材料可以参考。先看夏书中的《甘誓》：

> 王曰：嗟！六事之人，予誓告汝：有扈氏威侮五行，怠弃三正，天用剿绝其命，今予惟恭行天之罚。

陈梦家认为《甘誓》为战国时晋人所作，恐非是。② 此篇虽经春秋战国时修改，亦未必是真夏书，但周代已有，故《墨子·明鬼下》得而引之。只是《墨子》称其篇名为"夏书禹誓"。《甘誓》中作为罪名用来指责有扈氏的"威侮五行"，很容易使人联想起周书中《泰誓》所说的"今商王受狎侮五常"，和周书

---

① 郭沫若：《郭沫若全集》历史编第一卷，页 323。
② 陈梦家说见其著《尚书通论》，中华书局，1985，页 185。刘起釪则认为《甘誓》为商文献。

中《洪范》"汩陈其五行"的说法。如果"威侮五行"就是"狎侮五常",那么《甘誓》中的五行是指五常而言。

又如《胤征》:

> 今予以尔有众奉将天罚。

这里的天罚观念与《汤誓》《甘誓》的天罚观念是一致的。

古文商书中《仲虺之诰》:

> 有夏昏德,民坠涂炭,天乃锡王勇智,表正万邦。缵禹旧服,兹帅厥典,奉若天命。夏王有罪,矫诬上天,以布命于下。帝用不臧,式商受命,用爽厥师。……钦崇天道,永保天命。

《汤诰》中也有天道、天命的说法,文中记述克夏之后,汤归亳告于诸侯:

> 惟皇上帝降衷于下民,若有恒性,克绥厥猷惟后。夏王灭德作威,以敷虐于尔万方百姓。尔万方百姓,罹其凶害,弗忍荼毒,并告无辜于上下神祇。天道福善祸淫,降灾于夏,以彰厥罪。
>
> 肆台小子,将天命明威,不敢赦。敢用玄牡,敢昭告于上天神后,请罪有夏。……上天孚佑下民,罪人黜伏。天命弗僭,贲若草木,兆民允植。

第五章 天命

> 各守尔典，以承天休。尔有善，朕弗敢蔽；罪当朕躬，弗敢自赦，惟简在上帝之心。

《汤诰》中既有上天，又有上帝，从文中所述来看，是异名同指。从天道、天命、天休的提法来看，天作为涵盖性最大的概念在逐步代替上帝的概念。

《伊训》传为伊尹训太甲之辞，其中说：

> 圣谟洋洋，嘉言孔彰。惟上帝不常，作善降之百祥，作不善降之百殃。尔惟德罔小，万邦惟庆；尔惟不德罔大，坠厥宗。

这里善祥恶殃的思想与《汤诰》福善祸淫的思想是一致的，其中上帝不常的说法与周人天命不常的说法一样，这都应该不是商初的思想。

《太甲》相传也是伊尹对于太甲的训辞：

> 先王顾諟天之明命，以承上下神祇。社稷宗庙，罔不祗肃。天监厥德，用集大命，抚绥万方。
> 皇天眷佑有商。
> 天作孽犹可违，自作孽，不可逭。
> 伊尹申诰于王曰："呜呼！惟天无亲，克敬惟亲。民罔常怀，怀于有仁。鬼神无常享，享于克诚。"

这是说，要得到上天的眷顾、鬼神的福佑、人民的拥护，关键在君王能否做到"敬""仁""诚"，这些应当是周人的思想。

《咸有一德》：

> 天难谌，命靡常。常厥德，保厥位。厥德匪常，九有以亡。夏王弗克庸德，慢神虐民，皇天弗保，监于四方。
>
> 匪天私我有商，惟天由于一德。非商求于下民，惟民归于一德。德惟一，动罔不吉。德二三，动罔不凶。惟吉凶不僭在人，惟天降灾祥在德。

《尚书》作为古代政治文献的典籍，与卜辞的一个最大区别，就是《尚书》所记述的商以前的天帝信仰，不是突出其作为自然的主宰，而突出的是作为人世历史及命运的主宰。今文《尚书》中商书各篇，除了"天"的出现以外，其余的思想基本合于卜辞所见。如"予畏上帝""恪谨天命""天毒降灾荒殷邦""天既讫我殷命""我生不有命在天"等，其中畏恐上帝和天降灾荒的说法与卜辞相同。卜辞中有"帝命"，[①] 所以"我殷命""我有命"的说法可以说与帝命的说法是相通的，只是把帝换成了天。事实上，周人与殷人的不同，并不在于是否有天命或类似的观念，而在于周人对天命的整个理解与殷人不同。[②]

---

① 陈梦家说："商人称'帝命'，无作天命者，天命乃周人的说法。"见《尚书通论》，页 207。

② 陈梦家在《古文字中的商周祭祀》文中说，商人的帝是生活生产的主宰，周人的天为政治的主宰，文载《燕京学报》第十九期，1936，页 149。

第五章 天命

从宗教信仰的角度来看，天作为最高主宰的意义在殷代是否出现，并不是一个关键的问题，重要的是殷人有没有对至上神的信仰，以及对至上神的权威、功能如何理解。至于这一最高实体称为上帝或皇天并无本质的区别。当然，在追溯最高主宰的神格化来源上，帝与天不同，但在逻辑上和历史上天的概念并不必然晚出，在许多原始文化中，都用"天"字来表指至上神。[1] 从一般的天神信仰来看，今文《尚书》商书中的"天"与"上帝"都只是一种作为自然与人世的主宰的神格观念，这种纯粹的主宰神格观念，未曾涉及德、民、人等，应属早期。

古文《尚书》的材料可以看作是西晋掇拾汉遗古文《尚书》散篇的佚文[2]，其中思想多属春秋以前，如《孟子·公孙丑上》引"太甲曰：天作孽犹可违，自作孽不可活"，与今传古文《尚书》相同（《礼记·缁衣》亦引此语，略有异字），说明今传古文《尚书》的思想并非汉晋人所杜撰。但是若因此贸然以为古文夏商书皆全然可信，则肯定有问题。今文之夏书亦末皆可信，又何况已被清儒置于另册的古文。古文商书虽未必出于汉晋的杜撰，但却一定不是殷商时代的原始典册，基本上是周人传述并加以修改而形成的。

古文《尚书》中商书所载，与今文相比，其重要的不同处在于：一、古文商书中有行天罚、崇天道、保天命的说法。二、古文商书中出现了上帝不常、天命靡常的观念。三、最重要的

---

[1] 参看麦克斯·缪勒：《宗教学导论》，陈观胜等译，上海人民出版社，1989，页92、133、189。

[2] 此说取自钱宗武《今古文尚书全译前言》，贵州人民出版社，1991，页7。

是,在古文商书中出现了"天道福善祸淫"的思想及"作善降之百祥,作不善降之百殃"的思想,明确赋予了天和天道以道德意义。四、古文《尚书》中已出现了对个人德性的重视,"惟天降灾祥在德","惟天无亲,克敬惟亲","天作孽犹可违,自作孽不可活",把天对人世的影响与个人的道德努力联系起来。五、古文《尚书》发展了重民思想,抨击夏王"敷虐于尔万方百姓",提出"上天孚佑下民"。

对照今文周书和铭文材料可知,天道的说法为晚出,不应是商人的思想。天命无常是周人的典型观念,保天命也是在天命靡常的观念基础上提出来的,都体现了周人天命观的特色。天的道德化明显是周人的思想,与卜辞所反映的商人信仰完全不同。古文《太甲》"惟天无亲,克敬惟亲,民罔常怀,怀于有仁"显然是与周书《蔡仲之命》"皇天无亲,惟德是辅,民心无常,惟惠为怀"相同的思想。至于保民的观念,更是西周政治文化的一个主题。由以上这几点来看,古文《尚书》中的商书,虽然并非汉晋人所杜撰,但其中重要思想多属周代。这些思想我们在以下讨论周人的天命观时将看得更加清楚。

因此,殷商和西周世界观的重要区别,不在于商人是否以"天"为至上神,因为如果"天"只是有人格的"皇天震怒"的天,那么在信仰实质上,与"帝"的观念并无区别。事实上,在许多文献中二者是等同的,或可以互换的,很难明确分别。商周世界观的根本区别,是商人对"帝"或"天"的信仰中并无伦理的内容,总体上还不能达到伦理宗教的水平。而周人的理解中,"天"与"天命"已经有了确定的道德内涵,这种道德

第五章 天命

内涵是以"敬德"和"保民"为主要特征的。天的神性的渐趋淡化和"人"与"民"相对于"神"的地位的上升,是周代思想发展的方向。用宗教学的语言来说,商人的世界观是"自然宗教"的信仰,周代的天命观则已经具有"伦理宗教"的品格。正如卡西尔所说,在荷马神祇之后出现的一神教,道德力量突出起来,神把注意力全部关注于善和恶的问题上。[1] 人们开始从伦理的角度来理解自然和神。所以正如犹太教诞生时所提供的新东西不是宗教性的,而是伦理意义一样,周人所提出的新的东西并不是一种新的宗教性,而是它所了解的天的道德意义。中国文化的发展在西周完成了卡西尔所说的成熟宗教必须完成的最大奇迹,[2] 而完成了这一奇迹的代表人物就是周公旦。

二 周公早期的天命观

中国文化的早期发展,直至殷末的自然宗教阶段,它还未形成自己的特色,即那些后来在体系上和性格上与西亚、南亚文明相区别的文化特色。换言之,我们在后来的发展中所看到的所谓"中国文化"的基因在殷末还未真正形成。我们今天所说的"中国文化"的基因和特点有许多都是在西周开始形成的。以下我们将着力审视中国文化在这个关节点上的变化。

与商书的情况不同,周书的文献比较可靠,我们先就周书中的材料来研究西周的天命思想。

---

[1] 卡西尔:《人论》,甘阳译,上海人民出版社,1986,页128。
[2] 同上书,页133。

（一）殷周之际

《牧誓》由近年出土的铜器铭文所证实，确实是西周初年的文献，[①] 其中说：

> 今商王受，惟妇言是用，昏弃厥肆祀弗答，昏弃厥遗王父母弟不迪。……今予发惟恭行天之罚。

"恭行天之罚"与古文《甘誓》"今予恭行天之罚"完全相同，与《胤征》"奉将天罚"也一致，表明后二者可能是在西周初年定本的作品。[②]

在《洪范》中说"在昔鲧堙洪水，汩陈其五行，帝乃震怒，不畀洪范九畴"，这个叙述中的帝明显地是降福降灾的人格大神。而《牧誓》的说法与《洪范》所略不同的是，人世的祸福不是由上天直接决定和由天神执行，而是通过一定的人来行使其决定。"恭行天罚"就是由人来执行天对某些人的惩罚。这种说法虽然是武王为自己的革命行为找寻根据，但也表示出，人的行为和作用开始介入历史过程。后世"替天行道"的观念或

[①] 1976年陕西临潼出土《利簋》，铭文有"征商，佳甲子朝岁，鼎克……"，与《牧誓》所说相合，参临潼文化馆《陕西临潼发现武王》，载《文物》，1977年第8期。

[②] 王国维《古史新证》认为《甘誓》至少为周初人所作，参蒋善国《尚书综述》，上海古籍出版社，1988，页200。刘起釪认为《洪范》的原件是商代的，《甘誓》在《洪范》之前。见其文《尚书的甘誓洪范两篇中的五行》，《中国文哲研究通讯》第三卷三期，1993，页12。

第五章 天命

"天假人行其道"的观念在商周之际即已萌发。

在《牧誓》中,虽没有提出后来西周政治文化的核心观念"敬德",但武王列举的商王罪恶如"惟妇言是用""昏弃肆祀""昏弃遗王父母弟""暴虐百姓"等等,可以看作从反面表现出了重视善德的意识,因为天之罚是与商王的这些德行的罪恶联系起来的。当周人确立了自己的统治之后,就不能再仅仅用指责殷人的暴行来为小邦周伐殷克殷来辩护,而必然发展为正面的强调"敬德"以保持统治。

(二)三监时期

当然,周初仍继承了殷人不少信仰和观念,周原甲骨的发现证明周人对殷人的祖先也行祭祀,说明周人在伐殷之前在宗教观念上受惠于殷人不少。《金縢》中的祝告之词这样说:

> ……乃命于帝廷,敷佑四方,用能定尔子孙于下地。四方之民,罔不祗畏。呜呼!无坠天之降宝命,我先王亦永有依归。今我即命于元龟,尔之许我,我其以璧与珪归俟尔命;尔不许我,我乃屏璧与珪。

帝廷的观念殷人已有,用龟占了解上天之命更是殷人的宗教习惯。《金縢》中祝词的说法,与商人无异。

周公在早期也仍然受此种旧的宗教观念所影响,见于《大诰》:

> 天降割于我家。
>
> 矧曰其有能格知天命。
>
> 予不敢闭于天降威。用宁王遗我大宝龟，绍天明，即命曰：有大艰于西土，西土人亦不静……

降割即降害，周公在重大问题决策时仍须用大宝龟进行占卜，以了解天命和天意。在《大诰》中还说：

> 予惟小子，不敢替上帝命。天休于宁王，兴我小邦周，宁王惟卜用，克绥受兹命。今天其相民，矧亦惟卜用。呜呼！天明畏，弼我丕丕基！

大意是说，上帝的命令不可违背，从前文王通过占卜接受了上帝授付的大命，如今还应顺从占卜，敬畏上帝的意见。从这些地方可以看出，在周初，即使像周公这样英明的人也还受到传统宗教观念的束缚与影响，认为上帝是具有人格的最高的主宰，人应通过占卜了解上帝的意志和命令，并敬畏服从上帝的命令。在他们的语言中，上帝与天的位格看不出有什么分别。在这样一种信仰中的"天命"不过是至上神的意志和命令，是至上神人格化的必然结论，尚未体现出任何积极的意义。

郭沫若曾认为，周人讲天有两种讲法，一种是对己（即对周人），一种是对人（即对殷人）。他认为，西周的统治者自己怀疑天命，对周人讲天不可信；而对被统治者大力宣传天命，

第五章　天命

对殷人讲天命在身。① 这种说法未必确实，周公的诰训，其侧重或有对人对己的不同，但周初统治者对天帝是有真实信仰的。所以傅斯年反对郭说，认为"周公对自己、对亡国虽词有轻重，乃义无二说"②。郭沫若还认为，卜辞中不称至上神为天，把至上神称作天的用法应发生在殷周之际，故周初的周书，以及周初的彝铭如《大丰簋》《大盂鼎》中，以天称帝的用法已屡屡出现。③ 他由此而认为，"关于天的思想周人也是因袭了殷人的"④。因为如果不是殷人已经信仰天，周公就无法用天来加强自己的权威并威吓殷人。

在《大诰》最后说：

> 爽邦由哲，亦惟十人迪知上帝命越天棐忱，尔时罔敢易法，矧今天降戾于周邦？惟大艰人诞邻胥伐于厥室，尔亦不知天命不易？予永念曰：天惟丧殷，若穑夫，予曷敢不终朕亩？

这里的天命不是指上天授付君王的权命，而是指上天的命令。

---

① 《郭沫若全集》历史编第一卷，页334。
② 傅斯年：《性命古训辨证》中卷，第二章《中国现代学术经典傅斯年卷》，86页。
③ 《郭沫若全集》历史编第一卷，页324。
④ 同上书，页332。

三 摄政时期周公的思想

武王死后,成王幼,周公摄政。武王的弟弟管叔、蔡叔、霍叔本来受命监视居商故土的商人,却在周公摄政后勾结武庚叛乱,反对周公。为此,周公率兵进行了武力平叛。周公在杀武庚禄父、管叔,放蔡叔之后,以武庚的殷遗民封武王少弟康叔为卫君,居于河,淇间故商墟。① 周公作《康诰》,告诫康叔如何治理卫国。

《康诰》是摄政后周公发布的最重要的文献,显示出周公思想的积极发展。周公在这篇诰辞中提出了"明德慎罚,不敢侮鳏寡"。他说文王具有了"克明德慎罚"的功德,这些功德"闻于上帝,帝休,天乃大命文王已殪戎殷,诞受厥命越厥邦民"。他把文王的明德慎罚与受天大命联系了起来。

《康诰》又说:"用康保民,弘于天,若德裕有身,不废在王命。"告诫康叔"敬哉!天畏棐忱,民情大可见",这就进一步把德政归结为用康保民,也就是使人民安定康宁;并指出可畏的天意往往是通过人民的愿望表现出来的,必须特别恭谨从事。还说"若保赤子,惟民其康",主张君主要像保护孩子一样保护臣民,统治才能安定巩固。在周公看来,保民是明德的重要表现。

《康诰》中提出了"惟命不于常",这是周公一反传统天命

---

① 参看《史记·卫世家》。

第五章 天命

观而提出的重要思想,它的意思是说上天的意志和命令是会改变的,上天不会把人世间的权命无条件地永远赋予一姓王朝。这一思想强烈体现出周人在克殷之初的忧患意识,这种忧患意识对周公而言,不是文化的,而是政治的,是小邦周战胜大邦殷以后面对混乱局面的政治焦虑。"唯命不于常"又是周公理性主义天命观的重要体现,是周人世界观变化的特异处之一。

与"明德"相辅相成的《康诰》,非常强调"慎罚"的思想,这是西周政治文化的另一主题。《康诰》中论"敬明乃罚"的部分甚至超过了"克明德"的分量。这种慎罚的思想可归为几个方面:第一,判决的过程要慎之又慎,考量所有案件要多日再作断定。第二,"不可杀"与"不可不杀"的界限不在于罪行的大小,也不仅在于是否故意犯罪,而在于是否悔过认错的态度。如果能有悔改的态度,"乃有大罪""时乃不可杀"。第三,要贯彻"行天之罚"的观念,用刑法治理臣民,要使他们意识到一切惩罚刑杀都是上帝的意旨,对刑罚的实行心悦诚服。[①]《康诰》还特别列举了几种不赦之罪:一是"寇攘奸宄,杀越人于货"的盗贼;二是"不孝不友"的人;三是"不率大戛"不守大法的诸侯国官员;四是诸侯违背王命,肆虐作威。对以上这些人要"非德用",不能用德,必须加以刑罚。如果仔细阅读以上这些提法,可以感觉到对悔改态度的强调和对犯罪事实和量刑的慎重,都与周人对德政的重视有关,并不是孤立和偶然的。另一方面,四种不赦之罪虽然是着眼政治秩序的维

[①] 这里取王世舜《尚书译注》的解释。

持,但其中几条也可看出具有普遍意义的规范和戒律,如寇盗、不孝不友等,显然可以看作是伦理诫训采取了法律形式的强表现。

《康诰》的最后,周公反复强调"敬哉""勿替敬",要康叔"丕则敏德""顾乃德""乃以民宁""用康乂民",都体现了周初统治者谨慎恐惧的心态。

在周公对康叔的另一诰词《酒诰》中,把《康诰》的主题作了进一步的阐述。"祀兹酒,惟天降命,肇我民,惟元祀。天降威,我民用大乱丧德,亦罔非酒惟行。越小大邦用丧,亦罔非酒惟辜。"周公指出,酒的原始用途是奉于祭祀,只有祭祀时才能饮酒,而殷人饮酒乱德,导致灭亡。所以要坚决实行戒酒措施。《酒诰》中的"天降威""惟天降命""天降丧于殷"的说法,也表现出周人在一方面仍继承了殷商有关上帝降祸的信仰观念。

但另一方面,如同《康诰》提出了对天命的新的理解一样,《酒诰》也把天命和天意与人的德行联系起来,其中说:"弗惟德馨香祀,登闻于天,诞惟民怨,庶群自酒,腥闻在上。故天降丧于殷,罔爱于殷,惟逸。天非虐,惟民自速辜。""天非虐,惟民自速辜",这里的民是指殷人,这个命题是说,并不是上天暴虐,完全是因为殷人自己的乱德招致了罪祸。因此历史的事件、变化,不应该全部归因于上帝,而应该重视人的自己的行为。很明显,这种说法预设了上天的意志与人世行为的道德性质相关。也就是说,在这种说法中,上天的意志不再是喜怒无常的情绪,而是具有一定原则的道德意志。

第五章 天命

在《酒诰》的后部有这样一段:

> 王曰:"封!予不惟若兹多诰。古人有言曰:'人无于水监,当于民监。'今惟殷坠厥命,我其可不大监,抚于时。"

这无异于说,一个政治的领导者,不要以水为镜,而应当以民为镜。主张周人必须以殷人的失败为借鉴。周公的这种强烈的历史感和现实感,与卜辞所见的殷人对上帝的盲目信仰,极为不同。而且可以说,在周初以及周以前,中国古代王朝政治传统中已经出现了重民或民本思想的萌芽。与商朝取代夏朝不同的是,周公对殷商的政治失败与天命的关联给予了极大的关注。与以前的王朝更替不同,周公决不简单地接受或心安理得地享受更替的事实,而是把历史现象上升到宗教和哲学的高度,自觉追索天命与历史人事的究竟关联。在他看来,殷王"身厥命",即认为自己身负天命而任意非为,结果是"坠殷命",即招致大命的丧失和王朝的败亡。这个事例强烈刺激了周公的政治忧患意识并导致了他的宗教观念的改变,他不再像殷人那样把天命不自觉地理解为永恒的赐予,而是认识到,人不能把世事的一切都归于天命的必然性,历史不是完全由天(上帝)决定的,人的行为的主动性实际参与着历史过程,人应从自己的行为中寻绎历史变动的因果性。新的王朝的统治者必须"迪畏天显小民,经德秉哲"才能受命保命。周公的这些思想既是对殷商神授王权①思想的历史性的修正，也标志着宗教思想的一场改革。

《梓材》在传统上也被认为是周公对康叔的诰词，但宋以后学者多有怀疑。的确，如果说《康诰》的"慎罚"思想多集中在以刑法治民的话，《梓材》着重"宥"的宽恕政策似乎有别而发。《梓材》的核心和落点在"明德"和"保民"，强调"勤用明德""肆王惟德用"，突出德政对于维持政治统治的重要性。文中告诫"惟子子孙孙永保民"，"保"字历来有解释为"治"的，也有解释为"保有"的，看来还是应指"保之使安"为是。

四　还政以后的周公思想

如果说戒康叔的三诰代表了周公摄政时期的思想，还政成王之后，周公仍然活跃在西周的政治舞台并发挥着重要作用，他的思想的进一步发展体现在还政后的诰文中。

周公还政之年，成王决定营建洛邑，在营建过程中周公曾前往视察并发表政见，反映在《召诰》和《洛诰》中。《召诰》旧说皆以为是召公所作，故题《召诰》，但我们的看法认为"呜呼"以下应为周公的话，与周书中前后周公所作的诰词内容完全一致。事实上司马迁亦以《召诰》为周公作。②

---

① 神授王权的理论是指君主的权力是上帝为人民的利益而赐授的，人民不得违抗王命。见《布莱克维尔政治学百科全书》，中国政法大学出版社，1992，页207。

② 《史记·周本纪第四》。

第五章　天命

《召诰》说:"呜呼!皇天上帝改厥元子,兹大国殷之命。惟王受命,无疆惟休,亦无疆惟恤。呜呼,曷其奈何弗敬?"这是说皇天上帝收回了给殷国的权命,改让周王作其长子;周王得到了治理天下的大命,幸福和忧患与之俱来。君权神授的观念自古有之,周人亦不例外,他们需要用君权神授的观念证明自己统治的正当性,他们也不会摆脱这种君权神授的观念,所以他们仍然相信这种观念,而不是只用来欺吓被统治者。但是,一个完整的君权神授的理论必须能够解释君权何以转移,就是说,不仅要解释天命为何从殷转移到周,也必须能解释如何防止天命未来由姬周转移向他姓。《召诰》指出:

> 夫知保抱携持厥妇子,以哀吁天,徂厥亡,出执。呜呼!天亦哀于四方民,其眷命用懋。王其疾敬德!

百姓携抱妻儿哀告上天,上帝哀怜百姓,所以把治理人世的大命转移给周人。这表明,天意决定于民情,民情决定于王之敬德与否。在这种解释中,即天意—民情—政德的结构联系中,天意被理解为、被赋予了无可怀疑的伦理性格。这种理论强调统治者要以"德"为国家政治—行政运作的核心法则,并在具体形态上表现为一系列的善民措施。由此可见,天命的伦理性格是在大的王朝变动的历史经验中得以获得的,并非信仰独立发展所造成的,而历史之所以能对信仰发挥此种作用,必须通过人的理性的自觉,周公的历史理性和他的政治影响在这个过程中起了决定性的作用。

《召诰》正是从这种历史经验出发，它先回顾了夏命移商的历史，指出"相古先民有夏，天迪从子保，面稽天若，令时既坠殷命"。又考察了殷命移周的过程，"今相有殷，天迪格保，面稽天若，今时既坠厥命"。这都说明，上天赐予一姓一王的大命决非无条件地长久的，那么，这种条件是什么呢？文中说：

> 我不可不监于有夏，亦不可不监于有殷，我不敢知曰，有夏服天命，惟有历年；我不敢知曰，不其延。惟不敬厥德，乃早坠厥命。我不敢知曰，有殷受天命，惟有历年；我不敢知曰，不其延。惟不敬厥德，乃早坠厥命。

这是说，我不知道夏接受天命应历多久，但可以肯定夏因不敬重德行而早早地失去大命。殷人与夏人相同，也是因为不能敬德，导致早早失去了上天授予的权命。在《召诰》的这个说法中，"服命"与"敬德"被紧密地联系了起来。

《召诰》最后审视周朝：

> 今天其命哲，命吉凶，命历年，知今我初服，宅新邑，肆惟王其疾敬德，王其德之用，祈天永命。其惟王勿以小民淫用非彝，亦敢殄戮用乂民，若有功。其惟王位在德元，小民乃惟刑用于天下，越王显。上下勤恤，其曰我受天命，丕若有夏历年，式勿替有殷历年。欲王以小民受天永命。

就是说，周王朝要祈天永命，保持王朝长治久安，最重要的是

第五章 天命

要"敬德",要道民以德,不要道民惟刑。只有这样,周人才能说,我们接受的天命不会像殷代一样,而能传之久远。

洛邑建成之后,周公与成王就有关治洛的问题进行商讨,商讨的谈话记载在《洛诰》。其中可见成王已经知晓了不少治国的道理,他说"敬天之休",即敬重上天赐予的福祥,又说"以予小子扬文武烈,奉答天命",表示继承文王、武王的事业,以奉答上天的安排。① 这里的"天命"就不是权命,而是天的决定和安排。

《君奭》一篇,为周公对召公的答词,《史记》以为作于周公摄政之时,而《书序》以为在还政成王之后,今从《书序》说,其中的思想可以说与《召诰》中的思想相呼应,而有所拓展:

> 周公若曰:"君奭,弗吊,天降丧于殷,殷既坠厥命,我有周既受,我不敢知曰厥基永孚于休。若天棐忱,我亦不敢知曰其终出于不祥。呜呼!君已曰时我,我亦不敢宁于上帝命,弗永远念天威越我民;罔尤违,惟人。在我后嗣子孙,大弗克恭上下,遏佚前人光在家,不知天命不易,天难谌,乃其坠命,弗克经历。嗣前人,恭明德,在今。予小子旦非克有正,迪惟前人光施于我冲子。"又曰:"天不可信。我道惟宁王德延,天不庸释于文王受命。"

---

① 郭沫若等认为《洛诰》与《鲁诰》有错简和窜入,参看蒋善国《尚书综述》,页248。

周公在此篇中一如前引各篇诰文，充满了沉重的政治忧患，他指出，虽然上天降祸于殷，使殷人失去了大命，周王因此接受了大命，但是美好的事情能否保持下去，尚无保证。他表示"不敢宁于上帝命"，决不能以为周人得到了天命就万事大吉了。他提出既要懂得"天命不易"，即得到天命的困难；又要懂得"天命谌"，"天不可信"，即天命难信。如果不能"嗣前人恭明德"，继承文王武王施行明德，就可能失去天命。

郭沫若认为周人自己不相信天命，[①] 他所根据的应当就是"天不可信"这句话。但是"天匪谌"和"天不可信"这些话还不能望文生义地去理解，周公各诰证明，周公对"天"的宗教性信仰并没有消失，他所反对的是像纣王声称"我不有命在天"那样信天，他所强调的也是对天命永恒赐予的怀疑，他忧虑周朝的国运能否长久，警告统治者要谨慎于人事的努力，否则天命就有转移的危险。基于这样的立场，还政后周公作《立政》《无逸》，告诫成王要"敬事上帝"及"休兹知恤"（《立政》）。

《无逸》虽然不是主要讲敬德保民，但它的主题是勤于民事，这也是中国古代政治文化的重要内容，并且是后来儒家政治思想的来源之一。而这种对勤于民事的强调，也显示出周人从重天命向重民事思想转变的开始。《无逸》载：

> 周公曰：呜呼！君子所其无逸。先知稼穑之艰难，乃逸，则知小人之依。相小人，厥父母勤劳稼穑，厥子乃不

[①] 《郭沫若全集》历史编第一卷，页335。

第五章　天命

知稼穑之艰难乃逸。

早在《酒诰》中周公即已对康叔提出"不可自暇自逸"的告诫，《梓材》中所谓"勤用明德"的勤，也包含有不放逸的意思。整个周书中常见的"敬之哉"的警语更处处突出了周人谨慎从事的意识。《无逸》把这些思想进一步集中为勤政的思想，提出"严恭寅畏""不敢荒宁""克自抑畏"，指摘商王"不知稼穑之艰难，不闻小人之劳，惟耽乐之从"，这些都体现了周人政治意识的进步。《无逸》中还特别提出对"小人怨汝詈汝"，最好的回应是"皇自敬德"，不仅不应向人民发怒，而且应更加恭谨，努力察知政治的得失。

在本节的最后，我们来看《多士》《多方》两篇。周公在新都洛邑附近营建成周后，要将殷人迁徙到成周，为此向殷遗民发布诰令《多士》。周公在《多士》的通篇中明确用"天命"观念来对殷周的历史成败加以理论的总结。他说："尔殷遗多士，弗吊旻天，大降丧于殷。我有周佑命，将天明威，致王罚，敕殷命终于帝。……非我小国敢弋殷命，惟天不畀，允罔固乱弼我，我其敢求位？惟帝不畀。"说明商王不敬上天，上天降灾给殷国；周国奉行上天的威命，替天行罚。他回顾了"殷革夏命"的历史，"向于时夏，弗克庸帝，大淫泆有辞，惟时天罔念闻，厥惟废元命，降致罚；乃命尔先祖成汤革夏，俊民甸四方"。指出商代开始时"罔不明德恤祀，亦惟天丕建保乂有殷，殷王亦罔敢失帝，罔不配天其泽"，而到后来，则"罔顾于天显民祇，惟时上帝不保，降若兹大丧"。他指出，殷朝后期重蹈夏朝后期的覆辙,所以"今惟我周王丕灵承帝事,有命曰:'割殷,告敕于帝'","非我一人奉德不康宁,时惟天命,无违"。《多士》对历史的总结是"惟天不畀不明厥德",上天不会把大命给予不行德政的人。《多士》显示出,周公是一个重视历史理性和历史经验的人,他使用夏殷更替和殷周更替的经验两相对比,对殷遗民和周人自己都有很强的说服力。

《多方》的诰训对象是不服周革殷命的各国,既包括殷人,也包括淮夷、奄等四方不服者。周公曾两次践奄,平叛奄的叛乱。在《多士》中有"昔朕来自奄,予大降尔四国民命",但没有说明"昔"是第一或第二次践奄。《多方》则在开始说:"王来自奄,至于宗周。周公曰:'王若曰"猷!告尔四国多方惟尔殷侯尹民……"'"按奄的第一次叛乱是在周公摄政初参与武庚三监的叛乱,第二次是在成王亲政的次年。同时我们也知道营建成周也是在成王亲政之初。传统上把《多士》看作是成王亲政初建成成周时所作,把《多方》看作是成王亲政的第二年二次践奄后所作。不过,据《召诰》《洛诰》,洛邑及成周都是成王亲政后才开始相宅、卜地,则洛邑建成以及然后成周建成不可能在短期内完成。因此如果说《多方》作于成王亲政第二年的五月,则《多士》作为把殷人迁往成周过程中发布的诰文,就应当在《多方》之后,这样,《多士》所说的"昔来自奄大降尔四国民命"应当就是《多方》中所说"来自奄告尔四国多方"。

由于《多方》与《多士》时间很近,二者运用殷革夏命的历史论证的相似也就可以理解了。《多方》中周公说"有夏诞厥

第五章　天命

逸"，"乃大淫昏，不克终日劝于帝之迪"，"不克明保享于民，乃胥惟虐于民"，"天惟时求民主，乃大降显休命于成汤，刑殄有夏。"他指出上帝以成汤"代夏作民主"，以解救受苦的百姓，他追述了成汤到帝乙的功德，"罔不明德慎罚，亦克用劝，要囚殄戮多罪，亦克用劝"，认为他们都能阐明德教，慎用刑罚，鼓励民人的正当行为。可是后来殷王"大淫图天之命"，"乃惟尔商后王逸厥逸，图厥政不蠲烝，天惟降时丧"。殷人丧失了继续统治的合法性，上天就要降灾于殷人，收回人世的治理权。他向四方申明，周人就是奉承天命灭殷，"惟我周王灵承于旅，克堪用德，惟典神天，天惟式教我用休，简畀殷命，尹尔多方"。他以天命的化身严厉警告四国："乃有不用我降尔命，我乃其大罚殛之。非我有周秉德不康宁，乃惟尔自速辜！"

《多方》的另一特点是频繁地使用"天命"一辞，如说："尔曷不夹介乂我周王，享天之命？今尔尚宅尔宅，畋尔田，尔曷不惠王熙天之命？尔乃迪屡不静，尔心未爱，尔乃不大宅天命，尔乃屑播天命……"大意是说，你们何不助我周国共享天命，何不顺从周王发扬天命，你们心中不顺天命、不顾天命，所以要受到征伐。

周公的上述思想是西周初年观念变革的体现，代表了当时文化发展的最高水平。《史记》说：

初管、蔡畔国，周公讨之，三年而毕定，故初作《大诰》，次作《微子之命》，次《归禾》，次《嘉禾》，次《康诰》《酒诰》《梓材》，其事在周公之篇。周公行政七年，成

> 王长,周公反政成王,北面就群臣之位。成王在丰,使召公复营洛邑,如武王之意,周公复卜申视,卒营筑,居九鼎焉,曰:"此天下之中,四方入贡道里均。"作《召诰》《洛诰》。成王既迁殷遗民,周公以王命告,作《多士》《无佚》。召公为保,周公为师,东伐淮夷,践奄,迁其君薄姑。成王自奄归,在宗周,作《多方》。既绌殷命、袭淮夷,归在丰,作《周官》。(《史记·周本纪第四》)

据《史记·鲁周公世家》,周公在《周官》之后又作《立政》,以便百姓。根据以上所引《史记》之说,周公所作共十四篇,加上《金縢》,再考虑到《鲁周公世家》所说"十一年伐纣至牧野,周公佐武王,作《牧誓》"的说法,则今文周书的西周部分绝大部分皆出于周公,这充分表现出周公对中国文化的贡献。

周公是中国文明史上第一个克里斯玛式的人物,他的地位只有孔子可以相比。

五 《尚书》中的天民合一论

现在,我们来讨论一下古文《尚书》中的西周思想。前面已经指出,古文《尚书》的内容至少可视为《尚书》佚文的西晋辑本。虽然其中各个整篇未必传自古远,但其中的素材均渊源有自。在目前的情况下,我们须以今文和先秦文献征引过的《尚书》佚文为基础来运用古文《尚书》的素材。大体上说,我们把古文《尚书》视为春秋以前周代史官辑存的文献,即作为

第五章 天命

周人的思想材料来使用，即使不中，当亦不远。今古文的夏商书有关材料我们在前面已经讨论过，我们来集中讨论古文的周书部分。

《泰誓》是武王伐商大会诸侯时的誓词，现传三篇，今文惟有其上，古文则并有中下。兹将三篇一起讨论。《泰誓》宣布殷王的罪状可归为四个方面：第一不懂得天命无常，"乃曰吾有民有命"。第二"弗敬上天""弗事上帝神祇""荒怠弗敬"，不能敬事上天。第三"遗厥先宗庙弗祀""宗庙不享"，不崇祀祖先。第四"降灾下民""敢行暴虐""残害于尔万姓，焚炙忠良，刳剔孕妇""作威杀戮"。这四条归结起来，就是"谓己有命，谓敬不足行，谓祭无益，谓暴无伤"（中）。

《泰誓》中最突出的还是"保民"思想，这种保民思想甚至表现为一种哲学意义的宣称：

> 惟天地万物父母，惟人万物之灵，亶聪明，作元后，元后作民父母。（上）

天地是万物的父母，人是万物之灵，聪明者作君主，而君主要承担作百姓父母的责任。这实际是说，由于"人"为万物之灵，所以是天地中最珍贵的，这个"人"在社会关系的表现就是"民"，《泰誓》认为上天是保佑下民的，"天佑下民，作之君，作之师，惟其克相上帝，宠绥四方"[①]，上天立君立师都是为了

[①] 《孟子·梁惠王下》引："书曰'天降下民，作之君，作之师，惟曰其助上帝宠之四方'。"

佑护下民,所以君主应当像父母一样承担保护人民的责任,以实现上天的意志。如果君主虐待人民,那就违背天意,就必然引发"皇天震怒",导致"天命诛之"。《泰誓》进一步指出:

> 惟天惠民。(中)
> 天矜于民,民之所欲,天必从之。(上)
> 天视自我民视,天听自我民听。百姓有过,在予一人。(中)
> 古人有言曰:抚我则后,虐我则仇。(下)

这样一种思想的主旨是,天爱护人民,倾听人民的意愿,天以人民的意愿作为自己宰理人世的意志。这种"天民合一"的思想在世界文化史上是十分独特的,我们称之为"民意论"的天命观。天意在民,民意即天意,在这样一种类似泛神论结构的民意论中,殷商以前不可捉摸的皇天上帝的意志,被由人间社会投射去的人民意志所形塑,上天的意志不再是喜怒无常的,而被认为有了明确的伦理内涵,成了民意的终极支持者和最高代表。由于民众的意愿具有体现上天意志的强大道德基础和终极神学基础,所以在理论上民意比起皇天授命的君主更具有优先性,因为皇天授命君主的目的是代行天意来爱护保护人民。在这样一种思想和信念中,在上天面前,人民与君主不是平等的,人民对君主具有优先性和重要性。人民对君主并没有无条件服从和忍受压迫的义务,反而,以皇天作为终极支持者,人民有权利要求君主实行德政;如果君主不行德政而施暴虐,则

第五章 天命

人民视君主为寇仇是正当的，作为正义的代表上天就会降罚给君主或改变他对人间君主的任命。

传统天命观在西周的这种"民意论"的转向有不容轻视的重大意义与影响。民意论的思想显示，在西周的政治思想中，天意已经被民意化了，天命在信仰形态上仍具有神学特征，但在内容上则出现了政治民本主义，使得西周政治更加远离神权政治。因此，在这种理论中民意在价值上更具重要性。天命的神学形式也仍是重要的，它所提供的权威性是公元前一千年那个时代民意本身所无法提供的。它在王朝转移过程中作为合法性转移的根据之一，仍有不可替代的作用。当然，民意论的天命观在西周是对统治阶级讲的，并不意味着它为民众现实提供了抗拒君主暴政的合法信仰和道德力量，但周人所发明的这种民意论，使得殷商那种自居君权神授的无所规范的君主政治，开始有了一套明确的规范原则。虽然这些规范在法律上无约束力，但当其成为政治文化的传统时，便可以成为道德上的约束力量。事实上，西周以后，这种民意论确实真正地成为中国古代政治文化的传统，并为后来儒家的政治思想所继承。无论是王者的反思还是民众的反抗，也都与这一传统紧密联系。从思想的其他方面来说，政治思想的这种变化，导致了宗教观念与伦理观念的相应变化，因为，在这种民意论的天命论里，"天"在价值上与后来明确发展的"义理之天"是一致的，而"人"与"民"的地位的提高必然逐渐带来"天"的神格的淡化。事实上，西周宗教观念和伦理观念的演进正是主要通过政治文化和政治思想的方式得以实现的。

微子为殷纣王的庶兄,《微子之命》是成王分封微子之辞,册命微子为宋国国君,统领殷人,其中说:

> 惟稽古,崇德象贤,统承先王,修其礼物,作宾于王家,与国咸休,永世无穷。呜呼!乃祖成汤,克齐、圣、广、渊,皇天眷佑,诞受厥命。抚民以宽,除其邪虐,功加于时,德垂后裔。尔惟践修厥猷,旧有令闻,恪慎克孝,肃恭神人。

崇德、宽民、克孝、敬神这四条纲领,和齐、圣、广、渊四种德行,可以说都很符合周公的政治思想。

蔡叔死后,其子蔡仲贤明敬德,成王封蔡仲为蔡国国君,《蔡仲之命》即册命蔡仲之文,其中说:

> 王若曰:"小子胡,惟尔率德改行,克慎厥猷,肆予命尔侯于东土。往即乃封,敬哉!尔尚盖前人之愆,惟忠惟孝,尔乃迈迹自身,克勤无怠,以垂宪乃后。率乃祖文王之彝训,无若尔考之违王命。"
> 皇天无亲,惟德是辅。民心无常,惟惠之怀。为善不同,同归于治;为恶不同,同归于乱。尔其戒哉!

《蔡仲之命》提出的克勤克慎、惟忠惟孝的思想无疑也是儒家思想的原始成分。蔡传以此篇在《洛诰》之前,此篇的"王若曰"虽然可能是成王,但也可能是周公以成王的名义发布的,事实

第五章　天命

上周公自己发布的命诰之辞也往往用"王若曰"为开始。从这篇《蔡仲之命》成熟的思想和表述来看，应当不是初亲政的成王所能达到的思想，而应当反映了周公本人的思想。"皇天无亲，惟德是辅"更把周人的新的天命观概括得清楚明白。从这里也可以看出，古文《汤诰》中天道无亲的思想应是与皇天无亲的思想一致并进一步发展了的产物，体现了周人的思想发展。

《周官》的贡献是最早提出"以公灭私，民允其怀"，指出公共事务的行为原则是以公灭私，在公共事务中出以公心，才能得到百姓的拥护。《周官》又提出"作德，心逸日休，作伪，心劳日拙"深刻指出人的行为的道德性质对人的内心生活的影响，行德就内心安逸，行不德内心就不安宁，表明这一时期人对道德生活已经有较高的要求和较深的体验。最后，《周官》提出"居宠思危，罔不惟畏"，"制治于未乱，保邦于未危"，认为在安定的时候尤须保持危机意识和忧患意识。[①] 这些思想和意识都参与了中国文化精神气质的构成。

与本节重点讨论了的民意论有关，我们要对《尚书》中的保民思想作进一步的讨论。

《皋陶谟》中提出"在安民""安民则惠"，这是比较朴素的安民思想。《盘庚上》"施实德于民"，《盘庚中》"古我前后，罔不惟民之承"，也都是很平实的重视民生的思想。《康诰》"用保乂民""用康保民""若保赤子，惟民其康乂"，有了明确的保民

[①] 《周官》据《史记》亦周公作，但今文无，古文有。

思想。《高宗肜日》"王司敬民"及《梓材》"子子孙孙永保民"，这样的话，在周书中屡见不鲜。夏商周每一代新的统治者无不指责前朝虐民害民，以"民弃不保"（《大禹谟》）为革命的正当理由，而告诫子孙"民可近，不可下"（《五子之歌》）。即使他们所谓"予视天下愚夫愚妇一能胜予"（同前）可能有虚伪性，但他们坦然承认"予临兆民，懔乎若朽索之驭六马"（同前）的统治心情应是真实的。《太甲》说"无轻民事"，认为"后非民罔使，民非后罔事"把统治者和人民看成相互依存的，他们用"天佑下民""天矜于民""惟天惠民"（《泰誓》）作为根本的信念，告诫"天子作民父母"（《洪范》），才能做好天下之王，从而在政治上，主张要"抚民以宽"（《微子之命》）。所有这些，共同构成了西周政治文化的传统，并随着这些文献的经典化，而变为有约束力的价值话语，成为后来者面对的原则和传统。从儒家思想的来源来说，这些思想全都构成了儒家学派在春秋末期出现的思想文化资源，甚至于它们就是儒家作为学派产生之前的儒家思想。

在研究西周保民思想时，有一点值得特别注意，即《尚书》中对保护老弱孤幼的重视与强调：

> 汝无侮老成人，无弱孤有幼。（《盘庚上》）
> 克明德慎罚，不敢侮鳏寡。（《康诰》）
> 能保惠于庶民，不敢侮鳏寡。（《无逸》）
> 怀保小民，惠鲜鳏寡。（同上）
> 鳏寡哀哉。（《大诰》）

第五章 天命

> 无胥虐,至于敬寡。(《梓材》)
> 皇帝清问下民,鳏寡有辞于苗。(《吕刑》)①

这种对孤寡老人和失怙幼孤的特殊关注,是中国文化早期人道主义的滥觞。《尚书大传》:

> 老而无妻谓之鳏,老而无夫谓之寡,幼而无父谓之孤,老而无子谓之独,行而无资谓之乏,居而无食谓之困,此皆天下之至悲哀而无告者,故圣人在上,君子在位,能者任职,必先施此,使无失职。②

从世界文明史来看,类似思想在各个文明的早期都曾普遍出现,古代埃及的政治哲学著作《一个能言农民的恳求》约作于公元前2050年,提出君主必须施行仁政、主持正义,"极力主张君主要亲孤儿、惜寡妇、幼弃子"③。更早的苏美尔宗教的女神南沙被认为能"使孤儿安乐,使孀妇不再出现,给暴虐的人设立一所消灭之处"④。公元前8世纪到前7世纪,希伯来宗教进入了先知改革阶段,先知的伦理号召体现在《以赛亚书》,是要人们"寻求公平,解救受欺压的,给孤儿申冤,为寡妇辩屈"⑤。

---

① 《墨子·尚贤中》引"先王之书吕刑道之曰……",语略不同。
② 引自孙星衍《尚书今古文注疏》下册,中华书局,1988,页386。
③ 爱德华·伯恩斯、菲利普·拉尔夫:《世界文明史》第一卷,商务印书馆,1990,页50。
④ 同上书,页74。
⑤ 同上书,页109。

由此可见，保护老幼孤寡是大多数前轴心时代文明的共同主题，是各个文明价值理性的源头。就中国文化来说，这种早期人道主义的朴素萌芽是儒家仁学的滥觞，这由孟子思想可以看得很清楚。

六　西周思想的意义

总结以上所说，周公思想中以下几个命题最具有代表性：

> 惟命不于常。(《康诰》)
> 天畏棐忱，民情大可见。(同上)
> 天非虐，惟民自速辜。(《酒诰》)
> 无于水监，当于民监。(同上)
> 明德慎罚。(《多方》)
> 勤用明德。(《梓材》)
> 惟不敬德，乃早坠厥命。(《召诰》)
> 不敢荒宁。(《无逸》)
> 监于有夏，监于有殷。(《召诰》)

周书中与以上周公思想有关或相近的命题，可见于以下：

> 惟人万物之灵。
> 民之所欲，天必从之。
> 天视自我民视，天听自我民听。(以上《泰誓》)

第五章　天命

崇德象贤。(《微子之命》)

皇天无亲,惟德是辅。

克慎克勤。(以上《蔡仲之命》)

以公灭私。

居宠思危。(以上《周官》)

周书的许多思想见于先秦诸子书,如《孟子·万章上》引:"太誓曰:天视自我民视,天听自我民听。"此语见于今传《泰誓中》。又如《左传》襄公十一年:"书曰:居安思危。"当即《周官》篇的"居宠思危"。襄公三十一年鲁穆叔曰:"太誓云:民之所欲,天必从之。"昭公元年郑子羽亦引太誓此语,此语见于今传《泰誓上》。僖公五年虞宫之奇曰:"故周书曰:皇天无亲,惟德是辅。"此语见于《蔡仲之命》。

有些话在先秦书中被反复征引,如《泰誓》"民之所欲,天必从之",不仅两见于《左传》,亦两见于《国语》(周语、郑语),表明民意论的天命观即天民合一论在周代已相当流行。

为清楚起见,我们再把整个夏商书中的有关思想也罗列如下:

克明俊德。(《尧典》)

天聪明自我民聪明,天明畏自我民明畏。(《皋陶谟》)

民惟邦本。(《五子之歌》)

天道福善祸淫。(《汤诰》)

惟上帝不常,作善降之百祥,作不善降之百殃。(《伊

训》）

  天作孽尤可违，自作孽不可逭。(《太甲中》)
  惟天无亲，克敬惟亲。民罔常怀，怀于有仁。(《太甲下》)
  天难谌，命靡常。常厥德，保厥位。(《咸有一德》)

其中"天聪明自我民聪明"二句，应脱胎于周书《泰誓》"天视自我民视，天听自我民听"，故《诗笺》疏以为泰誓文。[①] "天作孽尤可违"二句，《孟子》《礼记》皆引作太甲云，说明并非秦汉以后伪造，但其天命可违及对天不敬的说法似与西周思想不合，可能是由《酒诰》"天非虐，惟民自速辜"变化而来。所以，夏商书中许多有关"天—民"关系的论述其实是西周思想的表现，应是西周史官将古旧文献与当时思想加以糅合而成。至于《汤诰》《伊训》中的天道福善祸淫思想在今文周书中虽未见，但西周已有天命惟德的思想，天命的转移本来必然以善恶为根据，所以也应是从西周思想发展出来的。

  虽然如此，有理由认为，敬德和保民的思想在西周以前已有萌芽，从周公引用的古人言来看，有些观念甚至来源古远，在这个意义上，可以说周公是上古思想的第一次集大成者。

  综上所述，以周公为卓越代表的西周思想，以宗教观念和政治思想为主要内容，取得了殷商所不能比的积极进展，这些进展就宗教观念的角度来说，可以概括为：第一，天命无常；

---

① 参看陈梦家：《尚书通论》，页15。

第五章 天命

第二，天命惟德；第三，天意在民。

如何从宗教学、哲学以及思想史的角度来看西周时代的"天命"观的变化，是理解早期中国文化演生历史的一个重要问题。

事实上，在自然宗教之后的成熟宗教阶段，神所具有的根本神性不外是人自身特性的异化。① 但这已不是简单地把人的自然属性（包括心理形式——喜怒哀乐，和形体形式——人格人身）赋予神，最主要的是将人的价值理想、社会的伦理原则交给神作为神的意志与法则。从而，在轴心时代以后，哲学家或神学家都坚持认为，神的存在的必要性只在于他关心、干预人世生活；如果神与人世无关，对人的希望无所了解、无所干预，这样的上帝、神就如同不存在。

傅斯年曾认为，命字始作于西周中叶，盛用于西周晚期，又认为命与令仅为一字之异形，故天命之命与王命之命在意义上没有分别。② 事实上，由以上可见，天命的命字有几种不同的用法，或指天的命令，或指天授予王朝的权命，或指上天的意志。"天命"的观念，在把"天"理解为皇天上帝，把"命"理解为上天的意志命令的意义上，是一个相当于宗教学上所谓神灵意志（神意）的观念。至于此种天命（神意）的作用和权能的大小范围则在各个宗教体系中有所不同。

西周的这种天命论强调的不是后来作为必然性的"命"的观念，在西周的天命观中，并不认为宇宙是一连串因果链条拘

---

① 参看吕大吉主编：《宗教学通论》，中国社会科学出版社，1989，页169。
② 傅斯年：《性命古训辨证》上卷释字。

定的严整秩序，并不认为一切事物在冥冥之中已预先确定了所有安排和结局，并不认为宇宙秩序展示了一种铁的必然性和命运。而在命定论的宇宙观中，上帝除了作为初始因、第一推动者、宇宙必然性链条的制定者，对此后宇宙的发展不必再付出关怀和责任。与之不同，西周的天命观也肯定天命神意的主宰作用，但这种主宰作用不是体现为宇宙和人类安排了一个必然性的链条，而是根据事物的发展和人类的状况随时加以控制、干预和调整。所以前一种命定论多是自然宗教面对自然现象时的态度，后者则是伦理宗教面对社会历史、人类命运所产生的一种理解、要求、思想，并把这种要求诉诸天命论的形式。

关于宗教史上的天命论已有学者作过研究。基督宗教信仰上帝的全智、全能、全善，故其天命（神意）信仰中神具有道德、智慧、权能三种要素。在多神教向一神教的发展中，不仅天命权能的范围由有限向无限扩展，各种宗教体系中天命观念中所包含的理智因素与伦理因素也各不相同，从而，使得宗教史上出现了各种不同的天命观形式。[①] 有论著指出：

> 对于这种神灵的内心世界、神灵的道德属性和理智特征，有些宗教神学家是用富于情欲和意志的色彩塑造和描绘出来的，而有些宗教神学家则使用富于智慧和理智的笔调去精心雕琢。这样一来，就使不同宗教的不同天命观，在内容上和性质上有不同的形态和色调：或者发自于神灵

---

① 吕大吉:《宗教学通论》，页171、172、174。

第五章 天命

的恣情任意，表现为注重情欲的天命观；或者出自于神灵的伦理和理性的思考，使其天命具有某些伦理性和理智性的特征。前一种天命常常是反复多变、不可捉摸，神灵喜怒无常，天命亦不可测。后一种天命则往往表现为有常的天道和整然有序的世界结构。在前一种天命观中，既然天命取决于神灵的好恶与喜怒，故人们可以用献祭、仪式的宗教信仰行为去影响神的情绪，投其所好、博其所爱。……但在后一种天命观中，由于天命有常，表现于一定的规律和整然有序的世界结构之中，所以天命是定然如此的，不可改变的。……从前一种宗教天命观念到后一种宗教天命观念有一个漫长的发展过程。①

需要指出的是，西周的天命观是"有常"与"无常"的统一，"无常"是指天所命赐给某一王朝的人间统治权不是永恒的，是可以改变的；"有常"是指天意天命不是喜怒无常，而有确定的伦理性格。很明显，这里的天命都是一种"历史中的上帝"（缪勒）的意志体现，而不是指自然的秩序与法则。从此，天不再是喜怒无常的暴君，而是善恶有则的裁判。另外，天命观的从无常到有常的发展，可以适用于描述殷周天命观念的变化，但就殷周天命观念转变的原因和性质来说，并不是观念面对自然过程取得的知性进步，而是社会历史变化影响下造成的观念变化和升华出来的价值理想。

---

① 吕大吉：《宗教学通论》，页175。

余敦康在讨论殷周之际思想变革时指出，殷代的天神信仰虽然已附上一定的社会属性，但仍然带有原始的自然崇拜的特点，主要地还是反映自然界不可制服的神秘力量。这个天神如同一个没有理性的暴君，威权很大，而喜怒无常，人们只能诚惶诚恐地屈从它，"这个天神对殷人来说，作为一种盲目支配的力量，与包括殷王在内的所有的人相对立，这种情形表明了殷人的天神观念不能很好地起到维护统治的作用，并没有发展成为殷代奴隶制上层建筑的有机组成部分"①。这些看法都是很有见地的。不过，如果仅从维护政治统治和上层建筑的合法性来看这一问题，似乎还是有限制的。从宗教史或文化史的角度来看，殷之思想发展为周人的思想，不仅在于周人更聪明地知道怎样运用、构造一种上层建筑以维护周王朝的政治统治，而更在于自然宗教必然要向更高的宗教阶段发展，从一个情欲之天到道德之天的转变，有着文明社会自身发展的必然逻辑，社会价值建立的要求通过人的理性建构自然地反映为宗教观念的改变。从而，它的意义不仅是一种政治有机体的结构进步，更是文明、文化本身的进步。

西周时代的天命论，总体上说，仍然是一种神意论，而不是后来发展的自然命定论或宇宙命运论，仍然披着皇天上帝的神性外衣，但也不可否认，其中已缓慢地向一种秩序和命运的思想发展。秩序的观念逐步凝结为"天道"的观念，而命运的观念则仍旧依存于"天命"观念之下来发展。从以上的分析可

---

① 余敦康：《殷周之际宗教思想的变革》，《中国哲学史研究》，1981 年第 1 期。

第五章 天命

见,殷代是否以天为至上神,是否有天命的观念,从宗教思想史的角度来看,并不是最重要的,因为,即使殷商时已有天命的神意论观念,它也仍然可以是与周人的天命观念有着重大区别,如前所说,同样使用天命的概念,并不能抹杀其运用和内涵的不同,宗教史证明各种天命观之间有很大的差别。

不过,从另一方面来看,比起殷人,周人显然更多用"天"来指称至上神。这种不同的原因如何,暂且不论,就其结果来说,周人的这种"天"的观念,与人文主义思潮在春秋时期的兴起以及此后儒道两家注重自然之天与义理之天的发展之间,存在着某种联系,换言之,西周时期思想转向中"天"的普适化,在客观上为此后儒家人文主义和道家自然主义的勃兴准备了基础,提供了原始发展的契机。

王国维早在《殷周制度论》中曾以真正的历史眼光指出"中国政治与文化之变革,莫剧于殷周之际"[1]。这种变化,从民族和文化的背景来看,是因为"自五帝以来,政治文物所自出之都邑,皆在东方,惟周独崛起西土";从制度变化的内容来说,"周人之制度大异于商者,一曰立子立嫡之制,由是而生宗法及丧服之制,并由是而有封建子弟之制、君天子臣诸侯之制;二曰庙数之制;三曰同姓不婚之制"[2]。王氏并非认为殷周之间全无连续,而是说殷周之际的变化要超过以往如夏商之际的变化。在他看来,周代的这些制度的变化并非偶然或无目的的,而是有一定的宗旨:

---

[1] 王国维:《观堂集林》卷第十。
[2] 同上。

> 其旨则在纳上下于道德，而合天子诸侯卿大夫士庶民以成一道德之团体。周公制作之本意，实在于此。①

这就是说，周公制礼作乐等全部制度建设，其最终目的是要落实为以一套道德原则组织成一道德的团体。梁漱溟后来更以"周孔教化"为"以道德代替宗教"的文化，以历史上的中国社会为伦理本位的社会，②与王国维的看法很能结合。

可以这样说，西周前期（成王以前）是中国文化精神气质得以形塑的重要时期，而周公在早期中国文化发展的历史上扮演了一个决定性的克里斯玛角色。周公的历史重要性和贡献，不仅在于传统所谓"制礼作乐"。（事实上，周代的礼乐传延有自，并在一个很长时期才发展完备，并非周公一人之功。何况周公在周初危机四伏的复杂政治环境下，穷于应付各种政治变乱，岂能从容制作礼乐。）周公的贡献实在是在于他的思想，大半周书所反映的周公的思想极大影响了周人的天命信仰，使中国文化由自然宗教发展为具有伦理宗教水平的文化形态，价值理性在文化中开始确立根基。周公是一个真正的克里斯玛人物，是中国历史上第一个思想家，不仅经他之手而奠定了西周的制度，而且构造了西周的政治文化。我们知道，周公的个人魅力、他所开创的事业以及他的思想，极大地影响了数百年后的另一

---

① 王国维：《观堂集林》卷第十。另外，关于周公的事功与心迹，请参看杜正胜《尚书中的周公》，收入《周代城邦》，联经出版事业公司，1985。

② 梁漱溟：《中国文化要义》，里仁书局，1982，页103。

第五章 天命

个伟人——孔子,周公所遗留的政治、文化遗产是孔子和儒家思想的主要资源。孔子之后的1500年间,中国文化一直以"周孔"并称,既表明周公与孔子一脉相承的联系,又充分显示出周公享有的重要文化地位。

因此,由本章所述周公思想及西周宗教—政治文化的发展来看,我相信,一种相当明确的印象已经呈现出来,这就是,后来在儒家思想中所发展的那些内容,在周公及西周思想中早已开始生长,甚至可以说,西周思想已经为儒家思想提供了若干重要母题,造就了若干基础,提供了若干有规范力的导向。《尚书》被儒家删修而奉为经典,决不是偶然的,二者间有着内在的承继关联。而尤为重要的是,从公元前11世纪到公元前6世纪,周代的文化与周公的思想已经形塑了中国文化的精神气质。如果说西周的政治文化可以概括为"崇德贵民"(崇德即敬崇德行,贵民即重视人民的愿望),西周的宗教文化可以在类型上归结为天民合一的天命观,那么,后来在中国文化历程中体现出来的道德人文主义的精神气质可以说在此基础上正在逐步形成。

冯友兰回忆20世纪10年代中期在北京大学听中国哲学史课程的情形时说:"给我们讲中国哲学史的那位教授,从三皇五帝讲起,讲了半年,才讲到周公。我们问他,照这样的速度讲下去,什么时候可以讲完,他说:'无所谓讲完讲不完。若说讲完,一句话可以讲完;若说讲不完,那就永远讲不完。'"[①] 其

---

① 冯友兰:《三松堂自序》,三联书店,1984,页200。

实,从五帝到周公确实是中国文明发生、定型的重要时期,中国文化与文明的基因多在这段时期逐渐形成。只是,这段时期,乃是前哲学的时代,在哲学史的通史课程中自不必占很多时间。但从中国文化史或思想史的发生学研究来看,这一段的历史是有着无可争辩的重要性的。

在从殷商文化到周代文化的发展中,从思想上看,殷人的自然宗教信仰虽然通过祭祀制度仍容纳于周代文化中,但周人的总体信仰已超越自然宗教阶段,而进入一个新的阶段。这个新的阶段,与宗教学上所说的伦理宗教相当,即把伦理性格赋予"天"而成为"天意"或"天命"的确定内涵。同时,天与帝的不同在于,它既可以是超越的神格,又总是同时代表一种无所不在的自然存在和覆盖万物的宇宙秩序,随着神格信仰的淡化,天的理解就有可能向自然和秩序方面偏移。由于这样一种观念的出现,对于人类的社会性生活而言,人不再需要盲目地向上天顶礼膜拜或祭祀谄媚以求好运。既然天是有伦理理性的可知的存在,人所要作的,就是集中在自己的道德行为上,人必须自己为自己负责,自己负责自己行为的后果,也即自己负责自己的命运。而社会的统治者尤必须了解,天命即体现为民众的欲求。

"皇天无亲,惟德是辅","民之所欲,天必从之",可以说是西周政治文化向儒家思想衍展的基源性母题。虽然,后来在孔子和孟子的思想中,敬德比保民更为重要,而与周公以保民思想为核心有所不同,但是,这是由于周公是一个大政治家,他的思想都是以政治思想的形式提出来的,这也决定了早期中

第五章 天命

国文化价值理性建立的特殊方式,即价值理性是通过政治思想来建立的。这与基督教早期面向底层民众的言说形式自然不同。当然,西周文化给后来儒家所提供的资源不只是政治思想,我们在后面两章中可以对这个问题了解得更加全面。

周公"不敢宁于上帝命"的陈述,代表了作为统治主体的周人的集体意识,这与新教徒的个体心态相似,即由于不知道上帝是否可以保持其天命,故须努力明德保民、敬慎克勤,这似乎可以说也是基于宗教信仰而促进了社会政治的理性化。不过,儒家思想的来源是否只是自西周始呢?由于涉及到夏商二代文献的问题,一时难以断言。在今传的今古文《尚书》的夏商书中可以看到很多类似西周的思想,其中必有一些是经过周人改增而成的。但是其中是否也有一些传自古远的素材和思想,现在还难以准确区别和确定。即使我们现在可以发掘出土战国时代的《尚书》,并且其中包括所有今文和古文,我们也还不能断定其夏商书中哪些篇章经过或未经过六百年周人的改写。不过,如果周书的思想如传统所说,大部分是周公的思想,那么,应当肯定,这些思想不可能是在他一个人的头脑中突然产生出来的,其中的思想必然经历过一个发展的历史过程。事实上,在文献中是有一些端倪可寻的,如《史记·殷本纪》载:"汤曰:'予有言,人视水见形,视民知治不。'"这显然就是《酒诰》中周公所引用的古人之言的来源。[①]《酒诰》:"古人有言曰

[①] 吴锐已指出这一点,见其《中国文化思想发生论》(1994年博士论文打印稿),页80。

'人无于水监，而当于民监'。"就是说，以民为鉴的思想在汤的时代已经提出。又如《泰誓》："古人有言：'抚我则后，虐我则仇。'"《泰誓》在殷周之际，所以这里引用的古人言必然是殷商或更早，《逸周书》芮良夫篇"德则民载，否则民仇"，显然与之相同，后来孟子及荀子论君民关系都一直继承了这个思想。这表明，政治文化中的民本主义传统，在中国历史上具有极为古远的根源。这种民本主义与道义原则的结合，构成了中国儒家文化的一个突出特色。

虽然，我们在上面说，即使现在挖出战国时代的包括今古文都在内的《尚书》，也无法确定其中的夏商书是否曾经周人增改。但是，那将可以证实被疑古思潮大加贬抑的《尚书》部分在孔子生活的春秋末期以前确实存在。当然，即使现在尚未挖出《尚书》，从春秋时代人们对《尚书》的引述，我们也能肯定孔子时代《尚书》已流行并有很大影响。而对孔子来说，夏商周书都是传统，都是孔子借以走向新的发展的宝贵资源，在这个意义上，它们都无疑地构成了儒家思想的来源。

七 《洪范》与西周政治文化

这一节专门讨论《洪范》对西周政治文化的影响。《洪范》据书序是武王时所作，近代学者提出不少疑问，但现在已有不少学者相信《洪范》确是周初的作品。[1] 由于篇中说明"九畴"

---

[1] 参看金景芳《古史论集》，页176—180；李学勤也肯定"这证明《洪范》肯定是西周时期的文字"，见其著《李学勤集》，页370。

第五章　天命

传自夏禹，根据这一点，《洪范》中的思想应当是夏商两代特别是殷代的正统政治思想。至于从"初一曰五行"到"威用六极"六十五字是否本原于夏禹所述，则难断定。无论如何，在周人克殷以前，殷人的文化高于周人，这可以从《洪范》中武王对箕子的恭敬和箕子答述之系统明显看出来。而箕子的这一套思想断不可能只是纣王一朝所有的精英文化。正因为箕子掌握并代表着夏商以来正统的精英思想传统，武王才以来自偏远小邦的谦卑态度往从请教。在古代文化发展缓慢的时代，时间观念与现代知识爆炸中生活的人的观念完全不同，社会生活和人的观念在几百年中变化甚慢，传统是上古人们特别重视的经验结晶与宝贵资源。

洪范之名，依照旧释，洪即大，范即法，洪范即是大法。《洪范》开篇："惟十有三祀，王访于箕子。王乃言曰：'呜呼！箕子，惟天阴骘下民，相协厥居，我不知其彝伦攸叙。'箕子乃言曰：'我闻在昔，鲧堙洪水，汩陈其五行，帝乃震怒，不畀洪范九畴，彝伦攸斁。鲧则殛死，禹乃嗣兴，天乃锡禹洪范九畴，彝伦攸叙。'""彝伦"旧说指常理，这里即指社会政治秩序。武王在克殷之后面临的首要任务是建立稳定协和的政治秩序，他向箕子请教治理整顿的方略，箕子便把帝（天）赐大禹的九畴讲述出来："初一曰五行，次二曰敬用五事，次三曰农用八政，次四曰协用五纪，次五曰建用皇极，次六曰乂用三德，次七曰明用稽疑，次八曰念用庶征，次九曰向用五福，威用六极。"相传这六十五字就是大禹得到的天启《洛书》。中国上古的天启文献竟然全都集中于社会事务，这不能不说是华夏族特有的一种文化态度和文化精神。鲧的行为惹怒了帝,于是帝拒绝给予人间九项治国大法,造成了人间秩序的全面崩解。鲧死禹兴,天才重新赐下九项大法,社会由此井然有序。从这里可以看出,天和帝是一回事,而决定彝伦攸叙与否的"洪范九畴"乃是社会能否治理有序的根本原则。如果从文字上来看,这六十五字中,后八条中皆有"用",如敬用、农用、协用、建用、明用等,惟独"初一曰五行"中"用"字阙如,疑当作"初一曰顺用五行"。

箕子紧接着对九畴逐一进行了解释,但这些解释并不能都看作是箕子的个人诠释,因为五行、五事、八政、三德等显然包含着进一步的具体分解。而另一方面,箕子的解释中应当不止于传述殷人的观念,也应包含他提供给武王的政治咨询。在下面的叙述中我们将九畴分为两大类,在每一类中也将打破九畴的原有次序,按照逻辑的关系加以排列:

五行:一曰水,二曰火,三曰木,四曰金,五曰土。水曰润下,火曰炎上,木曰曲直,金曰从革,土爰稼穑。润下作咸,炎上作苦,曲直作酸,从革作辛,稼穑作甘。

这里显然有三层分别,五行是指五种作为实体的物质;润下炎上等是五种物质实体的属性与功能,作咸作苦等是由这些属性和功能派生出来的五味。五行被列在"初一",是指示生产和生活乃是社会协和的根本基础,社会的管理者需要按照事物的自然属性周到地进行安排。

第五章 天命

> 五纪:一曰岁,二曰月,三曰日,四曰星辰,五曰历数。

"协用五纪",这是指要确定良好的历法体系。从《尧典》和《夏小正》来看,确立历法体系,根据经验确定起与天时节令相对应的生产活动,使农民有则可依,是农业民族很早就特别加以重视的一项工作。这是君主作为社会公共职能代表的重要职责。

> 五福:一曰寿,二曰富,三曰康宁,四曰攸好德,五曰考终命。六极:一曰凶、短、折,二曰疾,三曰忧,四曰贫,五曰恶,六曰弱。

禹述九畴说"向用五福,威用六极",《汉书·谷永传》则引为"飨用五福,畏用六极",从箕子的解说来看,五福是五种幸福,六极是六种凶祸,所以应当是求五福,避六祸。值得注意的是,在五种幸福中把遵行美德也列为其中之一,这是最早对德福问题有所论述的材料。

> 八政:一曰食,二曰货,三曰祀,四曰司空,五曰司徒,六曰司寇,七曰宾,八曰师。

"农用八政"按旧释,农是努力,八政是指八种政务官员,可以说指出了八个方面的重要政务，抓住抓好这八个方面，就可以使社会系统有效、有序地组织起来。

> 稽疑：择建立卜筮人，乃命卜筮。曰雨，曰霁，曰蒙，曰驿，曰克，曰贞，曰悔，凡七。卜五，占用二，衍忒。立时人作卜筮，三人占，则从二人之言。
>
> 汝则有大疑，谋及乃心，谋及卿士，谋及庶人，谋及卜筮。汝则从，龟从，筮从，卿士从，庶民从，是之谓大同；身其康强，子孙其逢，吉。汝则从，龟从，筮从，卿士逆，庶民逆，吉。卿士从，龟从，筮从，汝则逆，庶民逆，吉。庶民从，龟从，筮从，汝则逆，卿士逆，吉。汝则从，龟从，筮逆，卿士逆，庶民逆，作内吉，作外凶。龟筮共违于人，用静吉，用作凶。

"明用稽疑"与决策有关，当面临重大决策而有疑不决时，要参照五方面的意见综合考虑，这就是君王、卿士、庶民、龟卜、蓍筮。"从"是指肯定和赞成，"逆"是指否定和反对，这五个方面中，龟和筮是决定性的。如果龟从、筮从，即使君王、卿士、庶民都反对，也是吉利的。如果君王、卿士、庶民都赞成，而龟和筮有一方"逆"，都不够吉利。龟筮二者都"逆"，就应取消拟议的计划。

以上这五个方面为第一类，主要就社会生活的自然方面和制度方面来说的。下面来看另一类：

第五章 天命

> 五事：一曰貌，二曰言，三曰视，四曰听，五曰思。貌曰恭，言曰从，视曰明，听曰聪，思曰睿。恭作肃，从作乂，明作晰，聪作谋，睿作圣。

所谓"敬用五事"，视听言思貌五事应是指君王的日常行为表现，恭从聪明睿是这些日常活动的规范，肃乂晰谋圣等是指君王的视听容貌按照这些规范所能达到的效果。这里显然是强调王者的五种修身规范，容貌要恭敬，言辞要正当，观察要清明，听闻要广远，思考要通达。①

> 庶征：曰雨，曰旸，曰燠，曰寒，曰风，曰时五者来备，各以其叙，庶草蕃庑。一极备，凶；一极无，凶。
>
> 曰休征：曰肃，时雨若；曰乂，时旸若，曰晰，时燠若；曰谋，时寒若；曰圣，时风若。
>
> 曰咎征：曰狂，恒雨若；曰僭，恒旸若；曰豫，恒燠若；曰急，恒寒若；曰蒙，恒风若。
>
> 曰王省惟岁，卿士惟月，师尹惟日。岁月日时无易，百谷用成，乂用民，俊民用章，家用平康。日月岁时既易，百谷用不成，乂用昏不明，俊民用微，家用不宁。庶民惟星，星有好风，星有好雨。日月之行，则有冬有夏。月之从星，则以风雨。

---

① 《诗经·小雅》节南山之什的《小旻》有"国虽靡止，或圣或否；民虽靡膴，或哲或谋，或肃或艾"，《小旻》可能受《洪范》的影响。

"念用庶征"这一畴中，庶征指自然气象，大略可分为五种征象，旸为晴，燠为暖，加上寒、雨、风共是五种。这些自然气象按照季节有次序地均匀排布，就能带来草木的繁盛和庄稼的丰收。"休征"和"咎征"分别以指好的气候气象和不好的气候气象。根据前面说过的五事可见，在这一畴中把君主的视听言动的状态和气候气象联系起来，君主的行为合于规范而善，气候气象就正常；君主的行为不合规范而不善，则气候气象就反常。这就把统治者的行为与天气进一步结合起来。天子的行为可影响一年，卿士可影响一月，吏胥可影响一日。这是一种天人感应的观念。原始文化中的交感主义，以巫术为代表，是天人相通、天人合一思想的初级表现。《洪范》的天人感应已经把伦理性规定为感应的主要联系方式，所以它不是原始的交感主义，而是高一级的伦理交感主义。

三德：一曰正直，二曰刚克，三曰柔克。平康正直，强弗友刚克，燮友柔克。沈潜刚克，高明柔克。惟辟祖福，惟辟作威，惟辟玉食。臣无有作福作威玉食。臣之有作福作威玉食，其害于而家，凶于而国。人用则颇僻，民用僭忒。

克，胜也。刚克即以刚取胜，柔克即以柔取胜。三种德行，一是正直平和，二是能刚，三是能柔。对强悍不友善者用"刚"来对待，对柔顺可亲近者用"柔"来对待，对一般的人用"正直"来对待。这样看来，三德是三种治理臣民的方式。善于运

第五章 天命

用这三种方式,也就是德行了。最后:

> 皇极:皇建其有极。敛时五福,用敷锡厥庶民。惟时厥庶民于汝极。锡汝保极:凡厥庶民,无有淫朋,人无有比德,惟皇作极。凡厥庶民,有猷有为有守,汝则念之。不协于极,不罹于咎,皇则受之。而康而色,曰:"予攸好德"。汝则锡之福。时人斯其惟皇之极。无虐茕独而畏高明,人之有能有为,使羞其行,而邦其昌。凡厥正人,既富方谷,汝弗能使有好于而家,时人斯其辜。于其无好德,汝虽锡之福,其作汝用咎。无偏无陂,遵王之义;无有作好,遵王之道;无有作恶,遵王之路;无偏无党,王道荡荡;无党无偏,王道平平;无反无侧,王道正直。会其有极,归其有极。曰:皇极之敷言,是彝是训,于帝其训。凡厥庶民,极之敷言,是训是行,以近天子之光。曰:天子作民父母,以为天下王。

皇极即根本法则,指政治管理的基本原则,其中包括两方面:一个方面是统治者应遵从的原则,一个方面是被统治者应当遵从的规范。统治者应当造福人民(福即五种幸福),慎赏慎罚,任能使贤。被统治者应竭诚服务天子,不结伙为非作恶。臣官要遵行王道王法,正直无偏。《洪范》"建用皇极"的这一部分,是全篇中真正具有规范意义的内容。

由以上看来,《洪范》的九项大法,从社会学的角度说,五行、五纪、五福、八政、稽疑这五项是关于制度体系的,而五事、庶征、三德、皇极这四项则是有关规范系统的。在《洪范》的规范系统中，民本主义的色彩很淡，而皇权主义的色彩较浓，如三德部分要君主严防臣下作威作福，皇极部分规定给臣民的规范也相当严厉，强调要会其有极、归其有极，把所有规则都统一到王者之道上来。

无疑，《洪范》并没有否定天、帝所代表的神权观念。由"天阴骘下民""帝乃震怒""天乃锡禹洪范九畴"的说法来看，天帝是有人格有情感的主宰者，它佑万民，定大法，授君权，这是至上神信仰与文明国家意识结合的结果。

但是，如果对照殷商卜辞所载和后世所述，殷的国家事务中，祭祀神灵的活动本应是首要的"国之大事"，而在《洪范》的箕子所述中，却未见祭祀的突出地位。九畴讲了物质生活的安排、星历岁纪的制订、人生的幸福与凶灾、主要政务及其职官体系、重大问题决策系统和君主的修身要求及为政方法、臣民的行为规范、天象与人事的感应。"祀"虽在八政中列为第三，很不起眼。稽疑的安排作为第七畴，但占卜似乎是在"汝则有大疑"时所用。这些都是值得注意的。这似乎可以解释为箕子吸取了殷的经验教训，在为武王提供的政治设计中已对殷商浓厚鬼神色彩的政治文化有所修正。不过《洪范》没有明确提出保民、明德的观念，也没有天命不常的忧患，说明它的确与周公以后的西周思想有距离。

尽管《洪范》与周公思想不完全相同，但九畴中把物质生活置于首位，在八政中把食与货列于首；强调社会能否有序运

第五章 天命

行主要依赖于制度的合理安排,和君臣民共同遵行王道大法。这些在周初仍有意义。君主的权力固然根源于天,但其能否保持王位,社会能否得到治理,端赖能否贯彻九项人间事务的大法,神事在这里并没有重要的地位。《洪范》所强调的这样一种取向,作为由箕子传述的夏商政治遗产,对周人是有影响的。《左传》中有三次引述《洪范》,文公三年(前622):"商书曰:沈潜刚克,高明柔克。"成公六年(前585):"商书曰:三人占,从二人。"襄公三年(前570):"商书曰:无偏无党,王道荡荡。"这证明在孔子以前,《洪范》已经相当流行而且具有被引证的权威性。春秋时代人称《洪范》为商书,显然是因为出于箕子所述的缘故。

在西周时代,虽然天帝被认为是人间王朝统治的终极合法性的决定者,但周代的政治文化不重视神灵崇拜,巫觋在政治结构中几乎没有什么地位,虽然周代鬼神祭祀具有更加完备的系统,但在政治实践上不具有中心的地位。政治实践领域的中心注意力转向了人事的安排和努力,特别是制度系统和规范系统。尊天的信仰仍在,但神灵活动渐渐退出政治领域,成为整个社会文化的终极性根源而已。从宗教上看,殷代虽然已经有了人格化的至上神,但神与人并未定约,这种纯粹的宇宙信仰并未产生出一套宰制人间的法则,从而,这种信仰对社会组织的影响,只能停留在形式上的合法性、理论上的合法性上面,而无法展开为一种社会伦理或政治法则。这使得,中国文明在实际上,政治法则是由历史经验的不断试错而积累形成,社会伦理由共同体的需要而渐渐产生,造成了西周政治文化中"神"

与"人"离异的结构特征:"神"越来越成为形式上的合法性基础,而"人"越来越成为实质性的合法性根据。在"王"与"民"间的关系上也是如此。

在这种政治文化中,神人离异的关系并未失掉二者之间的某种平衡。如果破除这种平衡,一种途径是用神吃掉人,如中世纪西方文化那样。另一种途径是以人打倒神,如近代到现代不断发展的世俗化文化那样。在历史发展的早期,人的宗教信仰尽管可有不同程度、不同形式,但不可能提供近代世俗国家的世界观基础。而中国文明实际所走的是第三条道路,这就是既不彻底消解神圣性,又不过分向世俗性发展,或者反过来说,既保留神圣性,又发展世俗性。保留神圣性是为了使价值仍能有超越的权威,发展世俗性则表明它早已经在相当程度上理性化了。这样一条道路从西周已经开始。周以后历代王朝莫不敬天法地,自称天子,岁时祭祀,以至于形成了一套庄严宏伟的祭祀礼仪体系,这是保守神圣性的重要方式。虽然它也有政治的功能,但从文化整合的全体来看,其意义更应从文化上来加以了解。而政治文化和政治实践基本上与神圣性无关,而是另一套,正如加尔文教徒认定救赎与否取决于事业的成功与否一样,天命眷顾与取决定于善恶、取决于敬德保民的实效,崇德与民本的精神气质正是这样转化出来,并成为后来儒家思想的根源,中国文化的人文精神和历史理性也由此成长起来。

八 《诗经》中的西周天命观

与前面所讨论的《尚书》的思想相配合,这一节来附带讨

第五章　天命

论《诗经》中所反映的周人的天命观念。

（一）《诗经》中的天与上帝

《诗经》中反映的周人对"天"和"上帝"的信仰，主要见于雅、颂。这些诗表明，西周人确实保留着对天、帝的信仰，认为天、帝是宇宙的主宰。《周颂》中周王祭祀上帝和后稷的乐歌唱到：

> 思文后稷，克配彼天。立我烝民，莫匪尔极。贻我来牟。帝命率育，无此疆尔界，陈常于时夏。（《周颂·清庙·思文》）

"克配彼天"是说后稷有文德而能配享上天。"帝命率育"是指上帝命令周王养育世人。周王祭祀武王与成康的乐歌唱道：

> 执竞武王，无竞维烈，丕显成康，上帝是皇。（同上《执竞》）

这是说，上帝嘉许武王和成王、康王。《臣工》中唱道：

> 明昭上帝，迄用康年。（《周颂·臣工》）

祝颂上帝赐予丰年。这些都是周人特别是贵族文化中保存"帝"的信仰的例子。

商人本来以"帝"为至上神,故《商颂》中很突出"帝"的主宰作用,如:

> 天命玄鸟,降而生商。宅殷土茫茫。古帝命武汤,正域彼四方。(《商颂·玄鸟》)
> 有娀方将,帝立子生商。(《商颂·长发之一》)
> 帝命不违,至于汤齐。汤降不迟,圣敬日跻。昭假迟迟,上帝是祗,帝命式于九围。(《商颂·长发之三》)

传说有娀氏之女简狄吞燕卵而孕,生契,是为商之始祖,燕色黑,所以说"天命玄鸟,降而生商"。"帝立子生商"是说契实际上是上帝的儿子。"帝命不违,至于汤齐",是说上帝赐授的大命永在不离,至汤的时候成就了王业,汤敬事上帝,祷祈不断,帝命汤统治九州。[①]《商颂》在周代的影响对周人保留天帝的信仰有一定作用。

《大雅》叙述周人历史和赞颂周王的诗歌频繁地出现上帝主宰的思想:

> 皇矣上帝,临下有赫。监观四方,求民之莫。(《大雅·文王·皇矣一》)
> 上帝耆之,增其式廓,乃眷西顾,此维与宅。(同上)
> 帝迁明德,串夷载路,天立厥配,受命既固。(同上,

[①] 《诗经》的解释多取自高亨先生《诗经今注》,以下不复一一注明。

第五章 天命

《皇矣二》)

  帝作邦作对,自大伯王季。(同上,《皇矣三》)

  帝其度心,貊其德音。其德克明,克明克类,……比于文王,其德靡悔,既受帝祉,施于子孙。(同上,《皇矣四》)

  帝谓文王,无然畔援。(同上,《皇矣五》)

  帝谓文王,予怀明德。(同上,《皇矣七》)

  不识不知,顺帝之则。(同上)

《皇矣》中的上帝伟大而威严,居高临下,监视人间。上帝憎恨殷王的暴虐,把它的眷顾转向西方的周邦。保佑太王,使之得以配天享命。上帝为周朝开拓疆土,自太伯、王季开始。王季能明德,得到上帝的福佑。上帝要文王力求发展,赞许文王有美德,能遵循上帝的法则。这一切说明,"皇矣上帝"已经是体察民情、除虐崇德的全善主宰了。

周之先王在《大雅》中都已经是神了:

  文王在上,於昭于天,周虽旧邦,其命维新。有周不显,帝命不时,文王陟降,在帝左右。(《大雅·文王》)

大意说文王在天上明察下方,上帝把大命授给周人。文王之神升降于天地之间,在上帝的左右辅佐上帝。诗歌表明,文王不是帝,但可在帝之左右,可以看出周人的意识中还保留着殷人祖先神宾于帝廷的观念的影响。

正如《周书》中所看到的,周人也多用"上天""昊天""天"来称谓上天的主宰:

> 明明上天,照临下土。(《小雅·谷风·小明》)
> 悠悠昊天,曰父母且。(《小雅·节南山·巧言》)
> 昊天孔昭,我生靡乐。(《大雅·荡·抑之十一》)
> 取譬不远,昊天不忒。(同上,《抑之十二》)

昊天大神像万物的父母,照临下方,皇天昭明,赏罚不差。又如:

> 假乐君子,显显令德,宜民宜人,受禄于天。保右命之,自天申之。(《大雅·生民·假乐》)

假借为嘉,嘉乐君子指周王,诗颂扬周王有美德,上天保佑其福禄,所以《小雅·鹿鸣》中也说"天保定尔""受天百禄"(《天保》)。由于上天是决定人世福禄的主宰,所以人应畏天敬身,畏天是对上天常怀有敬畏之心,敬身是慎行修身,因此说:

> 凡百君子,各敬尔身,胡不相畏,不畏于天?(《小雅·节南山·雨无正》)
> 各敬尔仪,天命不又。(同上,《小宛》)

周王对上帝很敬畏,在诗中写道:

第五章　天命

> 维此文王,小心翼翼,昭事上帝,聿怀多福。(《大雅·文王·大明》)
>
> 上帝临汝,无贰尔心。(同上)
>
> 我其夙夜,畏天之威,于时保之。(《周颂·清庙·我将》)

"天命不又"即天命不再,警告人们若不修身,就得不到天命的保佑。

(二)《诗经》中的"天命"及"天命靡常"的观念

"天命"的观念在周诗中也有较多表现,如:

> 有命自天,命此文王,于周于京。(《大雅·文王·大明》)

这是说文王接受了上天的大命。

> 天命匪解。(《周颂·闵予小子·桓》)
>
> 维天之命,於穆不已。(《周颂·清庙·维天之命》)
>
> 穆穆文王,於缉熙敬止,假哉天命,……上帝既命,侯于周服。(《大雅·文王之四》)
>
> 命之不易,无遏尔躬,宣昭义问,有虞殷自天。上天之载,无声无臭。(同上,《文王之七》)

这些都是说,天命不息,上天使周文王得到天命,令商臣服于周。警诫天命不易得到,不要让天命断送在自己身上。

周书中殷鉴的思想也明确体现于周诗中:

> 无念尔祖,聿修厥德,永言配命,自求多福,殷之未丧师,克配上帝。宜鉴于殷,骏命不易。(《大雅·文王之六》)

诗中告诫周统治者要以殷末灭亡为镜子,要懂得天命得到的不易,要修德以配天命。

商颂中也屡次出现天命一辞,如"天命多辟""天命降监""命于下国,封建厥福"(均《商颂·殷武》),这既可能是在传续过程中受到周人的影响所致,也可能是商人已经使用了"天命"一辞,如前所说,即使商人已用"天命"一辞,其天命观仍与周人不同。如殷人没有天命无常的观念。而正像周书一样,周诗中则屡次出现关于天命无常的观念,如:

> 天命靡常。(《大雅·文王》)
> 天难忱斯,不易惟王。(同上,《大明》)
> 民莫不逸,我独不敢休,天命不彻,我不敢效我友自逸。(《小雅·节南山·十月之交》)

高亨注"忱,犹常也",释"天难忱斯"为"天命难以有常"。

"彻",高注释为道、轨辙,以"天命不彻"亦指天命无常。①由于天命靡常,所以王者不敢自逸,这些思想,与周书中"惟命不于常""无逸"的思想完全一致。

我们知道,由于把天命是否眷顾与人自身的德行努力联系了起来,人将更多地注意于人自己的努力,而不是神的意志。在这些思想的支配下,人将逐渐摆脱事事祝神祈福的盲目性依赖,而更多致力于改善自身的努力状况,在人自己的身上寻找福祸的原因,《诗经》中说:"下民之孽,匪降自天,噂沓背憎,职竟由人。"(《小雅·节南山·十月之交》)显示出周人开始在人的社会行为中,而不是在天命中,去寻找社会灾难的直接原因。这句诗与《酒诰》的"天非虐,惟民自速辜"和《太甲》的"自作孽,不可活"的思想也是一致的。

(三)《诗经》中的天降丧乱思想

与《尚书》中思想的最大不同处,是《诗经》中包含了许多被有些学者称之为"怨天"的思想。这些诗句多产生在西周末年,如《大雅》的《桑柔》,据《左传》等记载,是厉王时芮良夫所作,其中说:

> 天不我将。
> 天降丧乱,灭我立王。(《大雅·荡·桑柔》)

---

① 高亨:《诗经今注》,上海古籍出版社,1980,页284。

将,即助,谓天不助我。"天降丧乱"的说法是西周后期诗中所常见的,反映了人们对当时社会动乱的不满。又如《大雅》的《瞻仰》,诗中讥讽幽王乱政亡国,哀叹民生的不幸:

> 瞻仰昊天,则不我惠,孔填不宁,降此大厉。邦靡有定,士民其瘵。(《大雅·荡·瞻仰》)

这是说天降大灾,社会动乱,民生疾苦。诗人似乎在埋怨上天,但又说"乱匪降自天,生自妇人",照这个说法,灾乱产生的直接原因还是幽王对褒姒的宠幸。

按殷商的上帝本是降福降祸的主宰,并非只降福祉。即使是《尚书》,也是把福祸与王者和政治的德行联系起来,人君败德乱政时天仍会降祸人间。如"小人在位,民弃不保,天降之咎"(《大禹谟》),"降灾于夏,以彰厥罪"(《汤诰》),"皇天降灾"(《伊训》),"作不善降之百殃"(同上),"惟天降灾祥在德"(《咸有一德》),"天毒降灾荒殷邦"(《微子》),"天降割于我家"(《大诰》),至于"天降丧于殷"的说法就更多见了,如《酒诰》《多士》《君奭》等。所以周诗中的这些说法不能孤立来看,应与《尚书》结合起来了解。事实上,在铭文中也可看到周人对上天降丧的敬畏,如:

> 旻天疾威(毛公鼎)
> 畏天畏(大盂鼎)
> 天疾畏降丧(师訇毁)

第五章　天命

用天降亦丧于四祸（成鼎）

《诗经》中上天降灾的诗句可举以下几首为例：

> 旻天疾威，敷于下土。（《小雅·节南山·小旻》）
>
> 浩浩昊天，不骏其德，降丧饥馑，斩伐四国。旻天疾威，弗虑弗图，舍彼有罪，既伏其辜。（同上，《雨无正》）

《小旻》《雨无正》未知何时所作，诗序谓刺幽王，《毛诗正义》认为皆是刺厉王诗。[①] 诗中说上天降下大灾，遍及人间。"不骏其德"，高亨说指天而言，怨天无美德。但高说却认为"弗虑弗图"是指君王，其解释前后有矛盾。[②] 《毛诗正义》则云"骏，长也"，以"不骏其德"为指"王不能继长昊天之德"，以"昊天疾威"是指昊天疾王以威恐天下。[③] 这样看来，整篇诗是说统治者不能明法，不分是非，所以皇天降下大祸，饥馑遍于四方。

类似哀告亦见于《大雅》：

> 天降丧乱，饥馑荐臻，靡神不举，靡爱斯牲，圭璧既卒，宁莫我听。（《大雅·荡·云汉》）

---

① 《毛诗正义》卷十二，《十三经注疏》，中华书局，1979，页447。
② 高亨：《诗经今注》，页286。
③ 《毛诗正义》卷十二，《十三经注疏》，页447。

诗中说，上天降下丧乱，饥荒接连而来，一切神灵都祭祀过了，也从未吝惜牺牲。祭祀天地的圭璧已然用尽，神灵仍不倾听人们的请求。诗中又说：

> 上下奠瘗，靡神不宗，后稷不克，上帝不临。
> 群公先正，则不我助，父母先祖，胡宁忍予。
> 祈年孔夙，方社不莫，昊天上帝，则不我虞，敬恭明神，宜无悔怒。

诗中说道，虽然天地神灵无不祭祀，但后稷和上帝还是不来享用祭献，前代的先公和死去的父母，也还是这么忍心；四方土神都已祈祷过，上天仍然不肯来帮助。旧说此诗为周宣王时因连年大旱而作，以祈请雨水，高亨径以为宣王自作。① 诗中的基调是哀告上天诸神，说明遍祭群神，仍无灵验，表示虽然祭物已经匮乏，但敬恭神明，无怨无悔。诗的祈雨性质，决定了诗中不可能表达怨怒上天的意思。

类似的诗还有，如：

> 旻天疾威，天笃降丧，瘨我饥馑，民卒流亡。（《大雅·荡·召旻》）
> 天降罪罟。（同上）

---

① 《毛诗正义》卷十八，《十三经注疏》，页561。高亨：《诗经今注》，页445。

第五章　天命

《召旻》一篇旧说凡伯刺幽王所作,感叹天灾严重,人祸不断。

据高亨先生的看法,在《大雅》中有几首看似批评上帝的诗,实际上是借喻以讽刺周王的诗,如《板》:

上帝板板,下民卒瘅。(《大雅·生民·板之一》)
天之方虐,无然谑谑。(同上,《板之四》)
天之方懠,无为夸毗。(同上,《板之五》)

旧说此篇也是凡伯刺厉王,板板,即乖戾,不正常;虐指降灾;懠是愤怒。高亨说"上帝喻指周王"。①《毛诗正义》释此数句皆指"天之王者"而言,则亦以为喻指周王。② 如此,则这些诗并非对天的怀疑和不满,从《板》的最后所说来看,这种解释有一定道理:

敬天之怒,无敢戏豫,敬天之渝,无敢驰驱。(同上,《板之八》)

表示对上天的降怒降祸恭敬听命,不敢忽慢。

《大雅》荡之什的《荡》篇共七章,旧说是厉王时召穆公伤周室大坏而作,其一曰:

荡荡上帝,下民之辟。疾威上帝,其命多辟。天生烝

---

① 高亨:《诗经今注》,页426。
② 《毛诗正义》卷十七,《十三经注疏》,页548。

民，其命匪谌，靡不有初，鲜克有终。(《大雅·荡之一》)

旧注"上帝，以托君王也"，"荡荡，法度废坏之貌"。高注"荡荡，任意恣肆、不守法则的样子；上帝，影射周王"。又说"匪，通非；谌，犹常也"。① 根据这种解释，诗句是影射周王的暴虐。《荡》的其余七章都是以文王的口气指责殷纣之政，高说当即据此。诗中的"天生烝民，其命匪谌"与《尚书·君奭》的"天难谌"似相近。

《小雅》鱼藻之什的《菀柳》也有类似的诗句：

上帝甚蹈，无自昵焉。(之一)
上帝甚蹈，无自瘵焉。(之二)

诗中说上帝荒唐，人切勿自招灾祸。旧说此诗亦为刺幽王，据高亨的题解，此诗是周王大臣不满周王而抒发其牢骚，则这里的"上帝"应指周王。

值得注意的是，在十五国风中，除秦风的《黄鸟》外，一般没有论天的内容。涉及天的内容，如以上所述，都见于大小雅。而二雅是西周王畿的诗，为西周官吏所作，代表西周上层阶级的文化，不可能对天命观有根本的怀疑。有怀疑色彩的诗句，是个别的，可能是下层官吏所作。《诗经》与《尚书》的不同在于，前者即使是二雅，也不能说都是精英文化的代表，更

―――――――

① 高亨：《诗经今注》，页431。

第五章 天命

不用说国风的民俗性质了,而后者则是西周精英文化的思想体现。

总的看来,《诗经》中的这一部分主要反映了在自然原因导致的灾害时期人们的焦虑心情,如宣王时的大旱带来的饥馑年代,或政治昏败的动乱时期人们的不满,如幽王败德的时代。我们还不能说,在这些诗中已经有了明确的怀疑、抱怨、愤恨皇天上帝的思想。即使有一些可以称作是抱怨的诗句,也更多的是代表一种民众情绪的发泄。这对信仰不成熟的阶层来说,是并不奇怪的。

不过,这些诗一定意义上揭示出作为西周统治阶级思想的天命观的内在矛盾。《尚书》中的天降丧乱的说法多是对夏商末期乱政时代的历史回顾,并与王朝更替大命转移的历史解释有关,即前面所说,若一个王朝昏德虐民,则天降丧乱,并把大命转移给他姓,以建立新的王朝。如果按照这种理论的严格逻辑,天命的转移是以民意为基础,是出于保民佑民的动机,则降下的丧乱应当完全由这一君主和他的王朝来承担,而不应当由百姓来承担这些苦难。可是,事实上大量的苦难是由人民来承受的。同时,《诗经》中所诉说的难以忍受的丧乱,多是指非王朝更替时期人民所遭受的现实处境。自然灾害固然是"天降"的灾祸,但如在宣王时期,并非政治昏乱的年代,这时自然灾害的流行,也会在信仰上造成困惑。因为人们无法知道上天所要责惩的是什么,人们会把天当作喜怒无常的主宰来抱怨,使天的道德化形象受到损害。所有这些,都是因为西周主导信仰的神是统治阶级的神,它的道德化程度不能不受到限制。

民意论的天命观,把"天"道德化、民意化,在文化观念上有积极的进步意义。但"天"作为宗教意义的神,仍不能避免在实践和经验生活中经受验证。如果在政治未曾昏乱而人民需要丰宁之时,大旱不止,人们就不仅会对祭祀不应的上帝发出抱怨,也会对号称福善祸淫、从民所欲的天命产生怀疑。而你不可能告诉民众说天只是历史中的上帝,不是自然中的上帝,对此不负责任。在历史上,我们可以看到许多民众对神的抱怨乃至诅咒,但这只是他们信仰行为的一面,一般这些抱怨不会导致对神灵信仰的放弃,人民不会拒绝宗教的安慰功能。而周诗的那些陈言,显示出中华民族特别是中原文化的"实用理性"的一面,即很注重从生活经验中去看理论,同时又以比较理性的态度去对待。但无论如何,民意论的天命观本来是周代统治者用以解释周革殷命的理论和告诫自己敬事民事的学说,但它并不能消解神灵信仰在实践中所要经受的考验。现在,周人的天命论也面临了这种考验。

九　西周后期的前儒家

《国语》记载了不少西周后期的思想。李学勤先生曾著《祭公谋父及其德论》,证实早期儒家在《礼记·缁衣》中所引述的《叶公之顾命》即是《逸周书》所收的《祭公》篇。他指出:"研究思想不能不提出人物,过去西周二百余年的人物,讨论较多的只有周公、召公等。祭公谋父的政治思想,上承周公,下

第五章 天命

启儒家的端绪,与金文亦可印证,值得注意。"[1]

祭公谋父昭王时入朝,卒于穆王在位之时。在《国语》的《周语上》记载:

> 穆王将征犬戎,祭公谋父谏曰:"不可。先王耀德不观兵。夫兵戢而时动,动则威,观则玩,玩则无震。是故周文公之颂曰:'载戢干戈,载橐弓矢。我求懿德,肆于时夏,允王保之。'先王之于民也,懋正其德而厚其性,阜其财求而利其器用,明利害之乡,以文修之,使务利而避害,怀德而畏威,故能保世以滋大。"

祭公所说,虽然是就对外关系而言,其中体现的重德的思想则是自周初以来一以贯之的。他指出,先王治民,把德教置于首位,并重视发展人民的物质生活;在对外关系上则"耀德不观兵",以德行标榜而不炫示兵武。祭公还指出:

> 昔我先王世后稷,以服事虞、夏。及夏之衰也,弃稷不务,我先王不窋用失其官,而自窜于戎、狄之间,不敢怠业,时序其德,纂修其绪,修其训典,朝夕恪勤,守以敦笃,奉以忠信,奕世载德,不忝前人。至于武王,昭前之光明而加之以慈和,事神保民,莫弗欣喜。

---

[1] 《李学勤集》,黑龙江教育出版社,1989,页186—192。

祭公所回顾的先周的政事传统显然就是周公反复强调的修德、保民、恪勤的治国原则。与周公的思想完全一致。

《国语》还记述了厉王时邵公的思想：

> 厉王虐，国人谤王，邵公告曰："民不堪命矣！"王怒，得卫巫，使监谤者，以告，则杀之。国人莫敢言，道路以目。王喜，告邵公曰："吾能弭谤矣，乃不敢言。"邵公曰："是障之也。防民之口，甚于防川。川壅而溃，伤人必多，民亦如之。是故为川者决之使导，为民者宣之使言。……民之有口，犹土之有山川也，财用于是乎出；犹其有原隰衍沃也，衣食于是乎生。口之宣言也，善败于是乎兴，行善而备败，其所以阜财用衣食者也。夫民虑之于心而宣之于口，成而行之，胡可壅也？若壅其口，其与能几何？"（《周语上》）

周厉王的暴虐引起国人的普遍不满，王派卫巫进行监视，发现有不满言论的人便杀掉，使得国人怨而不敢言。邵公对王提出了警告，他认为民众的言论可以是国家的财富，而禁止民众的言论自由就如同防堵江河，只能引起灾难性的后果。因此对民众的言论只能使之宣泄，而加以疏导。邵公的这些对待民众的态度不仅是西周文化的正常表达，而且与后来儒家的政治思想完全一致。

周宣王时，王立鲁武公的少子为太子，樊仲山父谏曰："不可立也。不顺必犯，犯王命必诛，故出令不可不顺也。令之不

第五章 天命

行,政之不立,行而不顺,民将弃上。夫下事上,少事长,所以为顺也。今天子立诸侯而建其少,是教逆也。""行而不顺,民将弃上"和《尚书》中对政治合法性的说法是一致的。

第六章　礼乐

> 殷因于夏礼，所损益可知也。
> 周因于殷礼，所损益可知也。
> ——孔子，见《论语》

一　释礼

礼字繁体字作禮，自古有之。王国维《释礼》一文说：

《说文》示部云："禮，履也，所以事神致福也，从示从豐。"又豐部："豐，行礼之器也，从豆，象形。"案殷墟卜辞有🌱字，其文曰……，则🌱即豐矣。……此诸字皆象二玉在器之形。古者行礼以玉，故说文曰"豐，行礼之器"，其说古矣。惟许君不知丰字即珏字，故但以从豆象形

第六章 礼乐

解之。实则豊从珏在凵中，从豆乃会意字，而非象形字也。盛玉以奉神人之器谓之𧰙若豊，推之而奉神人之酒醴亦谓之醴，又推之而奉神人之事通谓之礼，其初当皆用𧰙若豊二字，其分化为醴禮二字，益稍后矣。①

王氏此说，已为后来多数研究古礼的学者所信奉。此说认为，礼字最早指以器皿盛两串玉献祭神灵，后来也兼指以酒献祭神灵，又后来则以礼指一切祭祀神灵之事。由此可见，虽然王氏指摘《说文》释豊字为以豆字象形的说法，但许氏对礼字通义的解释"所以事神致福"，与王氏并无不合。事实上，无论甲骨文中的礼字字形如何解释，其引申之通义为事神之事，多无异议。我们知道，古人所说的事神之事主要就是祭祀神灵的行为。何炳棣先生近来的《原礼》一文也仍然肯定和承袭了王国维的这一看法。②

然而，虽然事神行为意义上的"礼"固可以追溯到三皇五帝甚至更早，凡有事神行为即可认为已经有"礼"，则考古发现所疑为神庙、祭坛者，都可以为原始宗教礼仪存在的表征。不过，周代所集大成而发展的"周礼"，"礼乐"显然早已超出宗教礼仪的范围。历史上所谓"周公制礼作乐"的礼乐，分明是指一套制度与文化的建构。若从后世《礼记》所说，"礼"根本是一个无所不包的文化体系。

由此可推知，"礼"在后来的发展，并非直接继承了祭祀仪

---

① 王国维：《观堂集林》（卷六）第一册，中华书局影印本，1991，页291。
② 何炳棣：《原礼》，载《二十一世纪》，1992年第2期。

式意义上的礼,更重要的是原始社会中祭祀乃是团体的活动,而团体的祭祀活动具有一定的团体秩序,包含着种种行为的规定。礼一方面继承了这种社群团体内部秩序规定的传统,一方面发展为各种具体的行为规范和各种人际关系的行为仪节。

本章所要处理的主题是周代礼乐文化在中国文化早期发展过程中的地位与意义。古代礼乐文化研究的主要文献是"三礼"即《仪礼》《周礼》《礼记》,而三礼之学素称难治。但对本章讨论西周礼乐文化的目的而言,重要的是区分周代古礼与战国时礼,即区分春秋以前的礼和战国时代儒者对礼的解释。胡培翚《仪礼正义》中说:

> 《礼记·明堂位》曰"周公摄政六年,制礼作乐",故崔氏灵恩、陆氏德明、孔氏颖达及贾氏皆云《仪礼》周公所作。……《周官》一书固为礼之纲领,至其仪法度数,则《仪礼》乃其本经,而《礼记》《郊特牲》《冠义》等篇乃其义疏耳。……据此诸说,三礼唯《仪礼》最古,亦唯《仪礼》最醇矣。《仪礼》有经、有记、有传,记传乃孔门七十子之徒所为,而经非周公莫能作。其间器物陈设之多、行礼节次之密、升降揖让裼袭之繁,读之无不条理秩然。①

这是明确肯定三礼中以《仪礼》为最古,而信为周公所作。当然,我们现在知道,作为大政治家的周公是否有可能在兵马倥

---

① 胡培翚:《仪礼正义》(卷一)第一册,商务印书馆万有文库本,页3。

第六章 礼乐

偬、政局不稳的周初制作那繁杂琐细的《仪礼》,是值得怀疑的,即使如郑樵所说书成于周公还政以后,这种怀疑也不能消除。也许对胡氏上述说法的正确理解是,三礼中《仪礼》最能代表西周社会的礼乐文化。

本章不可能,也不企图对三礼的总体、结构、细节作研究,只是希望从哲学和文化上来了解西周的礼乐文化。《周礼》一书,以三百职官组成的职官体系为主,广泛涉及国家政体、政权形式、等级关系、机构设置、官员职责以及中央和地方的关系。① 因此,《周礼》虽然也涉及社会文化的许多方面,但其主体可视为具有国家政典形式的制度体系的规定。而《仪礼》则以礼仪为主,与《周礼》不同。《仪礼》的规定就国家一级的礼仪来说,固亦可说是制度,但这只是属于礼宾的范围,不是政典和官制,不是关于国家政治统治与行政管理的"典章制度"或"官政之法"。《仪礼》更多的是属于"士"以上贵族社会的生活礼仪,规定着贵族生活与交往关系的形式,具有极发达、鲜明的形式表现和形式仪节。"礼尚往来"的古语正是指明已从祭祀仪式脱胎而发展为西周的"礼"(和礼乐文化)主要是交往关系的形式化规范体系。因此,本章所讨论的周礼或周代的礼乐文化就不包括《周礼》的内容,而主要以《仪礼》为基础。

周公"制礼作乐"的说法最早见于《礼记》的《明堂位》,

---

① 参看彭林:《周礼主体思想与成书年代研究》,中国社会科学出版社,1991。

亦见于汉儒的《书传》。[①] 若从《仪礼》或《周礼》成书的角度来看，此说之真实性自然可疑。但若说周公为周代的礼乐文化制定了大法和方向，应无问题。而周礼的细部发展必然是经史官及师儒在西周二三百年内逐渐积累而成，又经春秋二百多年始能以体系完备的著作形式出现。

二　三代礼制之损益

以礼乐为周文的代表可以说自春秋末期的孔子即已开始。但"礼"并非周人的独特创造，周礼有其古远的起源，这在古代不是秘密。孔子早就指出：

> 殷因于夏礼，所损益可知也。周因于殷礼，所损益可知也。(《论语·为政》，2·23)

孔子此说是回答子张的问题"十世可知也？"，故孔子在上引的两句话后还加了一句"其或继周者，虽百世可知也"。这说明，孔子明确肯定，夏商周三代的文化有一脉相承的联系；在历史的延续过程中，三代之礼虽有损有益，但都不是体系的、结构的变化。

孔子并未说明他的三代损益说的根据何在，《论语》有另一记载：

[①] 杨向奎先生对周公制礼作乐问题有许多研究，参看所著《宗周社会与礼乐文明》下卷第一、第二，人民出版社，1992。

第六章　礼乐

> 子曰：夏礼，吾能言之，杞不足徵也；殷礼，吾能言之，宋不足徵也。文献不足故也。足，则吾能徵之矣。（《论语·八佾》，3·9）

既然夏礼、殷礼孔子皆能言之，孔子又是殷人，他对于周之所损益于殷和殷之所损益于夏，自然就很明白。只是，他在这里没有说明，他是如何得以了解夏殷之礼而"能言之"的。照他所说，当时的杞宋都已文献不足，而且似乎当时的杞宋的社会，也已经无以表现夏殷之礼（礼崩乐坏？），那么他老先生自己的"能言之"从何而来呢？一种可能是孔子讲这个话时已在其晚年，而在其早年时学于传述，且杞宋可征，所以得而知之并能言之。另一种可能是，虽然杞宋已不可徵，但文献仍有可徵者。后一种可能在《礼记》中可得证明：

> 孔子曰：我欲观夏道，是故之杞，而不足徵也，吾得《夏时》焉。我欲观殷道，是故之宋，而不足徵也，吾得《坤乾》焉。《坤乾》之义、《夏时》之等，吾以是观之。（《礼记·礼运》）

《夏时》为四时之书，如《夏小正》一类，《坤乾》为易书，如《归藏》类。其实，《礼记》的话不见得完全反映了孔子对三代之礼的了解。孔子的博学即使在当时也为世所公认，他既然说夏殷之礼皆能言之，那么他对夏商之礼的了解就应当是相当广泛的，而不会只是从《夏时》和《坤乾》得来的。

无论如何,"礼"之发生并非自周公始。孙诒让笃信周公作周礼,但也肯定周礼所来尚矣:

> 粤昔周公,缵文武之志,光辅成王,宅中作雒,爰述官政,以垂成宪,有周一代之典,炳然大备。然非徒周一代之典也,盖自黄帝、颛顼以来,纪于民事以命官,更历八代,斟酌损益,因袭积絫,以集于文武,其经世大法,咸粹于是。故虽古籍沦佚,百不存一,而其政典沿革,犹约略可考。如虞书羲和四子,为六官之权舆,甘誓六卿为夏法,曲礼六大五官,郑君以为殷制,咸与此经多相符会,是职名之本于古也。至其闳章缛典,并苞远古,则如五礼六乐三兆三易之属,咸肇端于五帝而放于二王。①

因此无论制度还是礼俗,周之"礼"皆非空穴来风。当然其所根源的原始社会礼俗,已颇难考,可以不论,但三代礼俗损益之大概,由《礼记》所述可以见之。

《礼记》对三代之礼的异同损益颇有记述,其《明堂位》篇记周公相成王朝诸侯于明堂及成王赐鲁以天子礼乐:

> 武王崩,成王幼弱,周公践天子之位,以治天下。六年,朝诸侯于明堂,制礼作乐,颁度量,而天下大服。其年,致政于成王,成王以周公为有勋劳于天下,是以封周

---

① 孙诒让:《周礼正义·序》第一册,中华书局,1987,页1。

第六章　礼乐

> 公于曲阜，地方七百里，革车千乘，命鲁公世世祀周公以天子礼乐。（《礼记集解》，页842）

然后记载了鲁君所接受的"天子礼乐"，所谓"天子礼乐"的主要内容是：

> 是以鲁君孟春乘大路，载弧韣，旂十有二旒，日月之章，祀帝于郊，配以后稷，天子之礼也。

大路是天子祭天的车，弧韣是用来张旗的竹竿。日月之章，据孙注是"大常之旗也"。① 接着说：

> 季夏六月，以禘礼祀周公于大庙，牲用白牡，尊用牺、象、山罍，郁尊用黄目，灌用玉瓒大圭，荐用玉豆、雕篹，爵用玉琖仍雕，加以璧散、璧角，俎用梡嶡。（《礼记集解》，页844）

禘是天子祭始祖的大祭，据周礼，各种不同等级的祭祀所使用的礼器有种种规定。尊、爵都是酒器，其他几种也多是容器，以盛祭品。周礼对这些礼器的形制包括外形、材质、加工方法等都有明确规定。周王特许鲁国国君祭祀周公可用天子之礼。

---

① 孙希旦：《礼记集解》，中华书局，1989，页839。

> 升歌《清庙》，下管《象》；朱干玉戚，冕而舞《大武》，皮弁素积，裼而舞《大夏》。《昧》，东夷之乐也；《任》，南蛮之乐也。纳夷蛮之乐于大庙，言广鲁于天下也。（《礼记集解》，页845）

这都是指祭祀歌舞所用的乐、诗、乐器、舞具等。如《清庙》是《周颂》的一首，朱干是一种盾，玉戚是一种斧，《大武》《大夏》都是乐名，皮弁则是天子朝服。接着又说：

> 是故夏礿、秋尝、冬烝，春社、秋省而遂大蜡，天子之祭也。
>
> 大庙，天子明堂。库门，天子皋门。雉门，天子应门。振木铎于朝，天子之政也。
>
> 山节、藻棁，复庙，重檐，刮楹，达乡，反坫，出尊，崇坫，康圭，疏屏，天子之庙饰也。（《礼记集解》，页846—847）

这些都是说鲁君可按天子之礼制行四时大祭，可以享用天子的门制和庙饰。

由以上成王所赐鲁君的"天子礼乐"可知，这一套所谓天子礼乐实即以太庙为中心的最高一级的祭祀礼仪体系，其中特别重要的是祭祀对象和祭祀用器、用牲、车旗、乐诗、舞曲、舞具、太庙及形制装饰等。

《明堂位》又由上述天子之礼乐，追溯了上古以来的礼制：

第六章 礼乐

鸾车,有虞氏之路也。钩车,夏后氏之路也。大路,殷路也。乘路,周路也。

有虞氏之旂,夏后氏之绥,殷之大白,周之大赤。

夏后氏骆马黑鬣,殷人白马黑首,周人黄马蕃鬣。

夏后氏牲尚黑,殷白牡,周骍刚。

泰,有虞氏之尊也。山罍,夏后氏之尊也。著,殷尊也。牺、象,周尊也。爵,夏后氏以琖,殷以斝,周以爵。

灌尊,夏后氏以鸡夷,殷以斝,周以黄目。其勺,夏后氏以龙勺,殷以疏勺,周以蒲勺。(《礼记集解》,页486—851)

这些是说虞、夏、商、周四代在祀天所用的车制、旗制方面各有不同;在祭祀乘马的颜色、祭祀用牲的颜色上各有不同;在祭器的材料、形制、种类等方面,也各有不同。《明堂位》又载:

夏后氏之鼓足,殷楹鼓,周县鼓。

夏后氏之龙簨虡,殷之崇牙,周之璧翣。

有虞氏之两敦,夏后氏之四琏,殷之六瑚,周之八簋。

俎,有虞氏以梡,夏后氏以嶡,殷以椇,周以房俎。

夏后氏以楬豆,殷玉豆,周献豆。

有虞氏服韨,夏后氏山,殷火,周龙章。

有虞氏祭首,夏后氏祭心,殷祭肝,周祭肺。

夏后氏尚明水,殷尚醴,周尚酒。

这些是说四代乐器的放置使用、礼器的装饰、祭祀的服饰以及祭品等也各有不同。《明堂位》也指出四代有所共同的地方，如"拊搏、玉磬、揩击，大琴、大瑟，中琴、小瑟，四代之乐器也"。四代有纯粹量的增益者，如"有虞氏官五十，夏后氏官百，殷二百，周三百"。

上古的这些礼制在周初尚可见，《左传》定公四年：

> 昔武王克商，成王定之，选建明德，以藩屏周。故周公相王室以尹天下，于周为睦。分鲁公以大路大旂，夏后氏之璜，封父之繁弱；殷民六族：条氏、徐氏、萧氏、索氏、长勺氏、尾勺氏，使帅其宗氏，辑其分族，将其类丑，以法则周公，用即命于周，是使之职事于鲁，以昭周公之明德；分之土田倍敦，祝宗卜史，备物典册，官司彝器。因商奄之民，命以《伯禽》，而封于少皞之墟。
>
> 分康叔以大路、少帛、綪茷、旃旌、大吕；殷民七族……，命以《康诰》，而封于殷墟，皆启以商政，疆以周索。
>
> 分唐叔以大路、密须之鼓、阙巩、沽洗，怀姓九宗，职官五正，命以《唐诰》，而封于夏墟，启以夏政，疆以戎索。

大路为殷路，夏璜即夏玉，其他器物虽未可详考，亦必是类似之物，皆属礼器。如玉帛是礼器，钟鼓亦是礼器，钟鼓玉帛之为礼仪活动的主要器物，孔子早已明言之。

第六章 礼乐

由以上可见,《明堂位》虽列举四代礼制的差异,但显示出四代礼制具有相同的结构,而这种结构传承至周末变。这种结构表现在对祭祀场所、祭祀对象以及祭祀器物所作的种种规定。其中祭祀器物的规定最为详细,包括乘车的形制、用旗、用马、用牲的颜色、祭器的种类、材质、制作工艺、祭祀乐舞的舞服、舞具、舞名、乐名、乐器,乃至祭献的物品、酒水、祭祀时穿用的服饰等,都有一定的规定,并形成四代不同的天子礼制。从《礼记》所说看来,四代天子礼制的不同,不是结构性的不同,而是在结构一致下的细节规定的不同,如祭祀必用旗、用马、乘车,但所乘何车,所用何旗,及马之颜色,四代规制不同。《礼记·乐记》说:"五帝殊时,不相沿乐;三王异世,不相沿礼。"应是指礼之具体规定的不同,而礼之结构和体系,则不能说四代不相因沿。

这一套礼制既是文化的,又是宗教的,也是政治的,《明堂位》最后总结说:"凡四代之服、器、官,鲁兼用之。是故鲁,王礼也,天下传之久矣,君臣未尝相弑也,礼乐、刑法、政俗未尝相变也。天下以为有道之国,是故天下资礼乐焉。"这表明,以上所述的这一套天子祭祀(特别是祭祖)的礼仪制度是一种象征意义的体系,具有强烈的社会整合功能和政治功能。

事实上,在《礼记》其他篇章所述及的四代或三代礼制的承袭与变异,也主要是在祭礼上,当然不限于天子的祭祀礼制。《礼记》的《檀弓》篇记述较多。《檀弓上》:

> 有虞氏瓦棺,夏后氏堲周,殷人棺椁,周人墙置翣。

> 周人以殷人之棺椁葬长殇，以夏后氏之堲周葬中殇、下殇，以有虞氏之瓦棺葬无服之殇。(《礼记集解》，页 172)

孙希旦《礼记集解》引孔氏注："古之葬者，厚衣之以薪，葬之中野。有虞氏造瓦棺，始不用薪。然虞氏瓦棺，则未有椁也。夏后瓦棺之外加堲周；殷则梓棺以替瓦棺，又以木为椁，以替堲周；周人更于椁傍置柳、置翣扇，是后王之制以渐加文也。"① 这是简述四代葬具由简入繁、由质而文的变化过程。以下又说：

> 夏后氏尚黑，大事敛用昏，戎事乘骊，牲用玄。殷人尚白，大事敛用日中，戎事乘翰，牲用白。周人尚赤，大事敛用日出，戎事乘騵，牲用骍。(《礼记集解》，页 173)

骊，黑马。翰，白马。騵，白腹红马。这是说三代丧礼的行丧时间、用牲等，各尚不同，而皆有讲究。文中又说：

> 夫子曰：赐！尔来何迟也？夏后氏殡于东阶之上，则犹在阼也。殷人殡于两楹之间，则与宾主夹之也。而丘也，殷人也。……(《礼记集解》，页 196)

东阶为主人之阶，西阶为宾客之阶，两楹间即户牖之间为堂上

---

① 孙希旦：《礼记集解》，中华书局，1989，页 172。

第六章　礼乐

尊位。旧说夏人以新死如生，故殡于东阶上。周人以人鬼不同，度死者宾于客位。殷人尊神，故宾死者于尊位。这都是说人死后，敛而未葬之时，死者的放置之处是有讲究的，讲究即是礼。

《檀弓下》亦载：

> 殷练而祔，周卒哭而祔。（《礼记集解》，页262）

殷礼练祭明日而祔，周礼卒哭明日而祔。练、卒哭、祔，皆是祭名，《礼记集解》："祔，卒哭明日祭之名。祔犹附也，就死者祖父之庙而祭死者，使其神附属于祖父也。"[1] 这是说殷周祭礼中"祔"的安排次序不同。又说：

> 殷朝而殡于祖，周朝而遂葬。（《礼记集解》，页264）

朝指下葬前以柩朝祖庙，象征出必告于亲。殷人宾于庙的时间长，周人则只是在临葬时朝庙。像上面所说的这类丧礼在《檀弓》中还有一些，如"掘中霤而浴"的"殷道"，"死谥"的"周道"等等。[2]

《礼记》的其他篇对三代之礼的同异损益也有所论述，《曾子问》：

> 子夏问曰："三年之丧卒哭，金革之事无辟也者，礼

---

[1] 孙希旦：《礼记集解》，中华书局，1989，页261。
[2] 见《檀弓》篇。

与？初有司与？"孔子曰："夏后氏三年之丧，既殡而致事，殷人既葬而致事。《记》曰'君子不夺人之亲，亦不可夺亲也'，此之谓乎！"（《礼记集解》，页549）

《集解》引孔氏注："皇氏云：'夏后氏尚质，孝子丧亲恍惚，君事不敢久留，故既殡致事。殷人渐文，思亲弥深，故既葬致事。周人极文，悲哀至甚，故卒哭致事。"① 这里是说三代礼制中，对人臣丧亲时所允许的离职时间有不同的规定。

《礼器》：

> 三代之礼一也，民共由之，或素或青，夏造殷因。夏立尸而卒祭，殷坐尸，周坐尸，诏侑武方，其礼亦然。其道一也。（《礼记集解》，页653）

服色素白青黑，而夏殷所尚不同。夏礼尸立，殷礼尸坐，孔氏注云："夏礼质，以尸是人，不可久坐神坐，故惟饮食暂坐，不饮食则立也。殷礼转文，言尸本象神，神宜安坐，不辨有事无事，皆坐也。"② 周则因袭于殷。坐立虽有不同，用尸之法则一。

《郊特牲》对三代用牲不同亦有特别诠释：

> 有虞氏之祭也，尚用气。血、腥、爓祭、用气也。殷

---

① 《礼记集解》，页549。
② 同上书，页653。

第六章 礼乐

人尚声,臭味未成,涤荡其声,乐三阕,然后出迎牲,声音之号,所以诏告于天地之间也。周人尚臭,灌用鬯臭,郁合鬯,臭阴达于渊泉,灌以圭璋,用玉气也,既灌然后迎牲,致阴气也。(《礼记集解》,页711—713)

孔氏注:"尚谓贵尚,祭祀之时,先荐之也。"[①] 夏祭先用血腥不熟之物祭,认为应以血气迎神;殷人未杀牲之前作乐,认为应先以乐声降神;周人则在迎牲之前以玉制器皿斟酒浇地,以臭气降神。《礼记》认为这是三代所尚不同的缘故。不过,《礼记》又把这解释为"殷人先求诸阳,周人先求诸阴",则是后儒的解释了。

《礼记》中有关三代的丧祭礼制还有一些材料,如《坊记》关于殷周为俎的"贵髀""贵肩"的说法,及殷周"吊于圹""吊于家"的不同等,就不一一列述了。值得重视的是四代禘郊祖宗的制度,据《祭法》:

> 有虞氏禘黄帝而郊喾,祖颛顼而宗尧。夏后氏亦禘黄帝而郊鲧,祖颛顼而宗禹。殷人禘喾而郊冥,祖契而宗汤。周人禘喾而郊稷,祖文王而宗武王。

《祭法》这一段又见于《国语》展禽之说。在《丧服小记》和《大传》都说:"礼,不王不禘,王者禘其祖之所自出,以其祖

---

① 《礼记集解》,页711。

配之。"近来有学者研究，认为西周诸侯和贵族也有对近祖的禘祭。① "禘"指祭始祖之所出，"郊"本指祭天，而祭天时配祭始祖，故这里的"郊"是指配祭始祖。"祖"是对创业传世者的祭祀，"宗"是对德高可尊者的祭祀。这四种祭都是宗庙的大祭。杨复将此四祭简明地概括为："禘者，禘其祖之所自出，而以其祖配之也。郊者，祀天，以祖配食也。祖者，祖有功。宗者，宗有德。"② 舜、禹都祖颛顼，而颛顼出于黄帝，所以虞、夏俱禘黄帝而祖颛顼。契、稷皆出于帝喾，而契为殷始祖，稷为周始祖，所以殷周俱禘喾，而殷周所郊则不同。照《国语》和《祭法》所说，四代之王都奉行禘、郊、祖、宗（《国语》还有报）为主干的祀典体制，这个体制基本上是氏族制的遗存。一个建国立朝的氏族，以在血缘上可追寻的第一代祖先为始祖，以开创本朝功业的祖先为近祖，这两位祖先是该氏族郊、祖的对象，也是他们的最重要的祖先。在始祖之前再推出一位有名的君主作为禘的对象，在开创本朝事业的祖先之后再确定一位有德的君王作为宗的对象。如周人郊稷而祖文王，禘喾而宗武王。这四位处于周代祖先祭祀的最重要的地位。在殷商以前，未必有这样四种确定而细密的分别，但始祖及本朝开业之祖的祭祀应已有之。

最后再举几条丧祭礼以外的材料。《郊特牲》：

> 委貌，周道也；章甫，殷道也；毋追，夏后氏之道也。

---

① 刘雨：《西周金文中的祭祖礼》，载《考古学报》，1989年第4期。
② 引自《礼记集解》，页1192。

第六章 礼乐

周弁，殷冔，夏收。三王共皮弁、素积。无大夫冠礼，而有其婚礼。古者五十而后爵，何大夫冠礼之有？诸侯之有冠礼，夏之未造也。（《礼记集解》，页 704—705）

上古冠礼，要加三次冠，委貌、章甫、毋追分别为周殷夏的玄冠名；皮弁、素积为周殷夏共用的再加之冠；弁、冔、收则分别为周殷夏所用的再加之冠。据此说，三代用冠虽有同异，但皆行冠礼，且加冠的次序基本相同。

《王制》载：

凡养老，有虞氏以燕礼，夏后氏以飨礼，殷人以食礼，周人修而兼用之。……有虞氏养国老于上庠，养庶老于下庠；夏后氏养国老于东胶，养庶老于西序；殷人养国老于右学，养庶老于左学；周人养国老于东胶，养庶老于虞庠，虞庠在国之西郊。

有虞氏皇而祭，深衣而养老；夏后氏收而祭，燕衣而养老；殷人冔而祭，缟衣而养老；周人冕而祭，玄衣而养老。（《礼记集解》，页 754—755）

燕礼、飨礼、食礼为不同的宴请方式，序、学都是国之大学。燕衣是燕居之衣，缟衣是朝服，玄衣是祭服。养老当然不是泛指一切老人，国老是高等贵族，庶老是低等贵族。

《明堂位》：

> 米廩,有虞氏之庠也。序,夏后氏之序也。瞽宗,殷学也。頖宫,周学也。

《乐记》:

> 《大章》,章之也。《咸池》,备矣。《韶》,继也。《夏》,大也。殷周之乐尽矣。

郑氏注以大章为尧乐名,咸池为黄帝乐而尧修之,韶,舜乐名;夏,禹乐名。

《礼记》各篇所载三代礼乐异同,应不是凭空杜撰,《乐记》载:

> 且女独未闻牧野之语乎?武王克殷反商,未及下车而封黄帝之后于蓟,封帝尧之后于祝,封帝舜之后于陈。下车而封夏后氏之后于杞,投殷之后于宋,封王子比干之墓,释箕子之囚,使之行商容而复其位。

孔氏注谓"容"为礼乐。武王克殷之后首先肯定原有各酋邦的利益格局,并使各族的文化得以保存。孔子明确说过夏礼殷礼皆能言之,这应受益于周初的文化政策。如果孔子对三代之礼尚能如数家珍,那么,《礼记》作为七十子后学的作品所述三代之礼,就应不是杜撰,至少是本于孔子所述而来的。

第六章　礼乐

三　礼的起源与结构

《仪礼》所载述的贵族生活节庆仪式的礼仪规定，远远超出了王国维所说"奉神人之事"的古礼范围，可以说全部属于人生旅程与人际交往的仪式和礼文。固然《仪礼》的体系并非道德伦理，其行为规范亦限于男性贵族生活中的庆典、节日所规定的仪式与行为，不过，由巫觋时代到祭祀时代的文化特性所决定，上古仪式之多，要大大超过今人的想象，以致在此基础上形成的周礼有经礼三百、曲礼三千的说法。邹昌林由《仪礼》《周礼》《礼记》而列出近九十项古代的典礼仪式，现引其前三类以见梗概：

（一）人生礼仪：祈子礼、胎教之礼、出生礼、命名礼、保傅礼、冠礼、笄礼、公冠礼、婚礼、仲春会男女礼、养老礼、丧礼、奔丧礼、祭礼、教世子礼、妇礼。

（二）生产礼仪：籍礼、射礼、蚕桑礼、养兽礼、渔礼、田猎之礼、献嘉种礼、御礼、货礼、饮食之礼。

（三）交接之礼：士相见礼、乡饮酒礼、燕礼、乡射礼、大射礼、聘礼、公食大夫礼、觐礼、投壶之礼、大盟礼、宗、遇、殷、见之礼、脤膰、贺庆之礼。①

从来源上看，所谓生产礼仪中有相当部分是由巫觋时代的生产巫术转化而来，人生礼仪中有相当部分是由原始社会的习

---

① 邹昌林：《中国古礼研究》，文津出版社，1992，页155。

俗发展而来。

关于礼的起源，正如其他一切事物或观念的起源一样，不可能仅仅依靠汉字的字源学考释来解决。如由甲骨文的"禮"字来看，礼字取义主要是祭祀礼仪，这只能说明该字形产生时代所主要依据的情形，这既不能排除在更古远时代"礼俗"的情形，也不一定可以涵盖文字产生时"礼"的所有方面。就后来周代发展了的古礼体系，以及人类学所了解的初民文化中的仪式、习俗来看，礼仪的原始发生应可上溯到更为古远，在那个时代，祭祀仪式可能尚未出现，或者祭祀仪式并不是整个仪式体系的主要内容，更没有产生文字。

杨宽早在其《冠礼新探》一文中指出：

"礼"的起源很早，远在原始氏族公社中，人们已经惯于把重要行动加上特殊的礼仪。原始人常以具有象征意义的物品，连同一系列的象征性动作，构成种种仪式，用来表达自己的感情和愿望。这些礼仪，不仅长期成为社会生活的传统习惯，而且常被用作维护社会秩序、巩固社会组织和加强部落之间联系的手段。进入阶级社会后，许多礼仪还被大家沿用着，其中部分礼仪往往被统治阶级所利用和改变，作为巩固统治阶级内部组织和统治人民的一种手段。我国西周以后贵族所推行的"周礼"，就是属于这样的性质。

西周时代贵族所推行的"周礼"，是有其悠久的历史根源的，许多具体的礼文、仪式都是从周族氏族制末期的礼

第六章 礼乐

仪变化出来的。[1]

杨氏还指出:"有关周礼的史料,留存到今天的很多,这些史料虽然多数出于春秋、战国时人的编定,没有把西周时代的'礼'原样保存下来,但是,由于'礼'的本身具有很顽固的保守性,所谓'礼也者,反本循古,不忘其初也'(《礼记·礼器》),我们不仅可以从中探索出部分西周的情况来,甚至还可由此摸索到一些氏族制末期的情况。"[2] 这都是说,今存的礼书固然编于春秋以后,但仍可据以了解西周的礼文化。他肯定地认为,西周的礼直接源于周族父系家长制的礼仪,而远承自氏族公社的礼仪。[3]

冠礼由远古社会的"成丁礼"而来,是礼有远古渊源的一个显例。人类学家在许多原始族群中都看到"成年礼"的普遍实行。氏族公社中的男女在进入青春期时必须举行成年礼,一般在一到几年的时间内,由首领安排经受一定形式的考验,在这个考验中经受毅力等的紧张锻炼,以获得部族成员的正式资格。从这个方面来看,古礼中的"冠礼"具有与成年礼相同的特征。当然,这决不是说《周礼》中对冠礼的记述在发展水平与实际功能上和原始社会的氏族成年礼一样,我们将在后面再加以说明。

如果说冠礼起源于氏族制的成年礼俗,飨礼则被认为不仅

---

① 杨宽:《古史新探》,页234。
② 同上书,页234。
③ 同上书,页246。

起源于习惯,而且源于氏族聚落的共食礼仪。氏族聚落会食时讲究尊老敬客的方式,乡饮酒礼由此而生。杨宽认为这种仪式在初期也是乡的一种咨询方式,具有议会的性质。① 除此之外,他也对大蒐礼、射礼、贽见礼等一一详加研究。由此,他对礼的起源形成了与王国维等不同的看法。他认为,礼起源于氏族制末期的一套传统习惯,这些习惯在氏族社会是氏族成员自觉遵守的规范。而到贵族阶级的产生和国家的出现后,贵族就利用其中某些习惯加以改变和发展,逐渐形成各种礼,以维护贵族阶级统治及整个宗法制度。杨宽还认为:

> 《礼记·礼运》说:"夫礼之初,始诸饮食。"大概古人首先在分配生活资料特别是饮食中讲究敬献的仪式。敬献用的高贵礼品是"醴",因而这种敬献仪式称为"礼"。后来就把所有各种尊敬神和人的仪式一概称为礼了。后来推而广之,把生产和生活中所有的传统习惯和需要遵守的规范一概称为礼。等到贵族利用其中某些仪式和习惯,加以改变和发展,作为维护贵族统治用的制度和手段,仍然叫做"礼"。②

"仪式"和"规范"本不同,虽然仪式自身的过程需要一些规范,但与一般所说的行为规范不同。故仅把"礼"视为仪式(ritual)不能全面反映礼乐文化。就礼的起源而言,上古社会

---

① 杨宽:《古史新探》,页190—193。
② 同上书,页308。

第六章 礼乐

的诸多仪式是礼的主要原始来源,古代社会生产力虽然低下,但生活仪式可以很多,这为文化人类学中所常见。

礼字之释,王国维以为由事神之器与事神之醴推之一切事神之事皆为礼。杨宽则以为由敬献乡老之醴而推之一切敬献仪式皆为礼。如果不就字源来说,而就礼制整体来说,杨宽则认为礼起源于氏族制习俗,他在《冠礼新探》一文中提到作为礼的来源的父系家长制,这显然是从周礼总体的男性中心色彩出发的。邹昌林则着力主张礼制起源于母系氏族社会,他认为祭礼中的用尸制度、祔葬制度是母系制度的遗存,[①] 认为夫妇互称对方父母为舅姑起源于母系社会的称谓制度,[②] 认为冠礼中有见母礼而没有见父礼,也说明冠礼最早起源于母系社会。他还认为,礼的"禘其祖之所自出"的"出"也是专指母系血缘。[③]

邹昌林甚至认为古礼中的生产礼仪起源更早,他由射礼所用的弓箭而认定射礼产生于以弓箭为主要武器的渔猎时代,认为狩猎礼、捕鱼礼、蚕桑礼、养兽礼都最早源于渔猎时代,籍田礼则起源于原始的开耕典礼。[④] 值得注意的是,他也认为,从狩猎之礼到蚕桑之礼又都是在原始时代为祭祀而设,或与祭祀有关。不过这样一来,就涉及在渔猎时代是否存在神灵信仰和神灵祭祀的宗教史问题,可能不如说与远古的生产巫术有关

[①] 邹昌林:《中国古礼研究》,页97、98。
[②] 同上书,页99。
[③] 同上书,页100、111。
[④] 同上书,页80—92。

更稳妥些。根据考古发现，旧石器时代以渔猎活动和采集活动为主。中石器时代距今一万年前，陕西的沙苑文化已发现制作弓箭用的石镞，弓箭是中石器时代最重要的发明。在徐水县发现的一万年前的文化遗存已有驯饲的动物。陶器的使用也可追溯到一万年前。磁山、裴李岗等早期农耕文化的年代在八千年前。显然，对于我们而言，把周代的礼乐文化追溯到一万年前，是太过久远了。事实上，邹氏的论断也多属"言之成理"的推断。

从文化人类学所了解的资料来看，仪式并不是从生产活动直接发源的，而是一定的宗教—文化观念的产物。最早在巫术文化中开始发展出许多仪式，然后在祭祀文化中仪式得到了相当完备的发展。就中国文化来说，"礼"在殷代无疑是由祭祀文化所推动而发展的。

现在，我们来看先秦时代礼学家对古礼起源的解说。《礼记》中对此有几种不相同的说法，第一种是礼始于饮食说，《礼运》：

> 夫礼之初，始诸饮食，其燔黍捭豚，汙尊而抔饮，蕢桴而土鼓，犹若可以致其敬于鬼神。及其死也，升屋而号，告曰"皋某复"，然后饭腥而苴孰，故天望而地藏也。体魄则降，知气在上，故死者北首，生者南乡，皆从其初。（《礼记集解》，页586）

"始诸饮食"究竟所指为何，学者看法不一。古人亦于此义不

第六章　礼乐

明,只说是烧石以熟肉,凿池以盛酒。孙希旦氏谓:"礼经纬万端,无乎不在,而饮食所以养生,人既生则有所以养之,故礼制始乎此焉。"① 这个说法也仍欠明白。邹昌林认为这是暗示礼起源于上古的分食礼,如后来祭礼的最后一个节目是把祭品平均分割给所有参加祭祀的人。他还认为,《祭统》中的"殷人贵髀周人贵肩"的说法正是前腿或后腿为贵,以便在分割时掌握公平。邹氏此说用以解《祭统》之"俎"颇有说服力,但《礼运》这一段却未必与俎相关。在《礼运》,"始诸饮食"明指上古烧石熟肉、凿池盛酒的操作活动即是礼的原始根源,因为,《礼记》所理解的"礼"是一个无所不包的文明体系,饮食器皿的发明及其形制,都属于"礼"。故陶器中各种烧食使用的鬲、鼎、罐、壶等的发明都属"礼"的范围。从这个角度看,前陶器时代的原始烧食方式和盛酒方式,只要是从动物性的自然饮食方式摆脱出来,而开始以工具利用自然力,它所利用的方式和结果就是文化,也就是"礼"的起源。《礼运》的这个说法意味着,"礼"就是"文化""文明",把原始的人造的器物文明作为礼的起源。

正因为礼本有"文明"即人所创造的"人化"器物的意义,所以《礼运》在上引的一段话后接着提出:

> 昔者先王未有宫室,冬则居营窟,夏则居橧巢。未有火化,食草木之实,鸟兽之肉,饮其血,茹其毛。未有麻

---

① 孙希旦:《礼记集解》,页586。

丝，衣其羽皮。(《礼记集解》，页587)

这里所描绘的是文明未产生的原始图景，《礼记》的作者是把这种原始图景作为礼的对立面来刻画的。然后接着说：

> 后圣有作，然后修火之利，范金，合土，以为台榭、宫室、牖户。以炮以燔，以亨以炙，以为醴酪。治其麻丝，以为布帛。以养生送死，以事鬼神上帝。(《礼记集解》，页588)

由此可见，《礼运》"礼始诸饮食"等的说法，一方面是把使人的物质生活超离自然状态的工艺技术进步看成礼的重要本质。另一方面是把这些工艺技术进步的成果用于敬事鬼神作为礼的重要本质。在这种表述中，工艺文明与宗教仪式二者构成了"礼"的主要内涵。

第二种说法，可见于《内则》：

> 礼始于谨夫妇，为宫室，辨内外。(《礼记集解》，页759)

这里强调男女有别为礼之始。《内则》所以强调这一点，是因为《内则》的主旨是"记男女居室事父母舅姑之法"，使"闺门之内，仪轨可则"，所以《内则》的说法并不是真正对礼的起源的追溯，而是基于论点的强调，也可以看作是对既成的周礼体系

第六章　礼乐

的逻辑起点的一种看法。

第三种说法则见于《昏义》：

> 夫礼，始于冠，本于昏，重于丧、祭，尊于朝、聘，和于乡、射，此礼之大体也。（《礼记集解》，页1418）

从最后一句"此礼之大体也"可知，这一段是总论礼的体系和各部分的特点，因此它所说的"始于冠"是指冠礼在这一体系中所处的地位，而不是论礼的起源。就礼在个人生活与社会生活的体现而言，二十而冠是个体人生的第一次大礼，故说"始于冠"。但冠礼并非个体生命旅程最根本的礼，照《昏义》所说，最根本的礼乃是昏礼，故说"本于昏"。而如果从礼数之隆重来说，则人之一生所行的丧祭礼最为重多，故说是"重于丧祭"。就礼的社会生活体现与功能来说，朝聘之礼主于尊，乡射之礼主于和。由此可知，在这里的始于冠的说法并非指礼制的历史发生的起源和次序。

除以上所说之外，《礼记》还有一些战国礼家对礼制体系所给出的逻辑性、理论性的解说。如"夫礼，必本于太一，分而为天地，转而为阴阳，变而为四时，列而为鬼神"（《礼运》）。又如"礼义之始，在于正容貌，齐颜色，顺辞令"（《冠义》）。前者追寻礼的宇宙论的根源，并将其作为礼的始基和根据，与当时的易学有一定的关系。后者从把礼作为行为规范体系出发，强调容貌辞令的规范和修饰是这一规范体系的基础，也是礼仪训练的初始入手之处。这些都不是真正论述礼的历史起源。值得一提的是，无论上引《昏义》的礼之大体说，还是《冠义》的始于容貌说，都强调礼的重点是生活的仪节规范，而不重视致鬼敬神之事。

由以上简单讨论可见，礼至少有几种意义，这就是工艺技术文明意义的礼，祭祀礼仪意义的礼，生活行为规范意义的礼，习俗庆典意义的礼。在此之外，还有制度意义的礼。事实上，古人把礼制追溯到原始时代最初的工艺技术发明，正是因为在古人所谓的"制度"中包含着器物的规定。这样看来，笼统地说礼的起源，是必然要遭遇到困难的。对于我们把着眼点放在周代礼乐文化上的角度而言，从关注社会仪式和规范系统及"文"化行为出发，讨论工艺技术文明意义上的礼的起源是太遥远而且不相关联，借用人类学、民族学材料推断氏族时代的部落礼仪，虽然具有参考的意义，毕竟也还是推测。因此从《礼运》所说和王国维的论断，周礼的一个主要的来源，应是虞夏殷代的祭祀文化及生活习俗，特别是殷代的礼俗。

《礼记》对三代或四代礼制的因袭损益的记述，除冠制而外，几乎都与祭祀有关，可以说就是祭祀文化的体现。现有甲骨文材料中除了昭穆制度、祭祖制度及由墓葬所见的葬制外，有关人际交往规范的礼仪资料尚付阙如。也就是说，《仪礼》中的大部分内容在殷商文化中还很难找到来源。虽然，殷商时期的诸国交往必然已经有了朝聘一类礼仪，但从《礼记》所述来看，殷礼是以宗教礼仪为主，故对比周礼我们可以说，周代礼乐文化中宗教礼仪所占的比重已减小，而人际礼仪的内容大量增加。在《礼记·礼运》中曾这样说：

第六章 礼乐

> 是故夫礼必本于天，殽于地，列于鬼神，达于丧、祭、射、御、冠、昏、朝、聘。故圣人以礼示之，故天下国家可得而正也。(《礼记集解》，页585)

本于天当指郊礼，殽于地当指社礼，列于鬼神当指五祀等，这些在殷礼中都已具备，而丧祭、冠昏、朝聘、射御之礼显然大大发达于殷。如果考虑到郊社五祀是君王的特权，那就更可以看出，在社会的层面上，丧祭、射御、冠昏更能代表周代礼乐体系的主体。所以，《昏义》所说的"夫礼，始于冠，本于昏，……此礼之大体也"充分表明，对一般贵族生活来说，冠昏丧祭乡射朝聘之礼才是"礼之大体"，也就是说，是礼的主体内容。这些礼文化虽是体现贵族生活方式的仪节，但作为一种上层文化的文化模式和大传统的体现，也必然对民间社会有所影响。①《昏义》的"大体"说显示，周礼与殷礼的一大不同就是，人礼重于鬼神之礼。

总的来说，古代所谓礼包含制度与礼仪两大部分，虽然国家的礼仪也可以看作是制度的一种，但礼仪更应当说是一种文化形式、文化体系。在礼中所包含的制度性内容中，根据《王制》，有职官(《周礼》)、班爵、授禄构成的官僚等级体系，有土地制度、关税制度、行政区划制度、刑律体系、朝觐制度、(国家)祭祀制度、自然保护制度、贵族丧祭制度、学校养老制度等，即传统所谓"典章制度"。

---

① 荀子曾说"形于俗"，《礼记·大传》说"百志成故礼俗刑"，即指出礼对民俗的影响。

《礼记·王制》在概括上述各种制度外，提到"六礼"：冠、昏、丧、祭、乡、相见。《周礼》则有"五礼"之说：即嘉、凶、吉、宾、军。《周礼·大宗伯》说："以吉礼祀邦国之鬼神示"，"以凶礼哀邦国之忧"，"以宾礼亲邦国"，"以军礼同邦国"，"以嘉礼亲万民"。在凶礼中又分为"以丧礼哀死亡，以荒礼哀凶札，以吊礼哀祸灾，以禬礼哀围败，以恤礼哀寇乱"。

事实上，五礼皆可以细分其所包含的内容：

（一）吉礼：祀昊天上帝日月星辰等；祭社稷五祀五岳山川；享先王。

（二）凶礼：丧礼；荒礼；吊礼；禬礼；恤礼。

（三）宾礼：四季朝聘；时聘。

（四）军礼：大师之礼；大均之礼；大田之礼，大役之礼；大封之礼。

（五）嘉礼：饮食之礼；冠昏之礼；宾射之礼；飨燕之礼；脤膰之礼；贺庆之礼。

根据《周礼》的说法，嘉礼的主要功能是"亲"，即交往联谊："以饮食之礼亲宗族兄弟，以昏冠之礼亲成男女，以宾射之礼亲故旧朋友，以飨燕之礼亲四方之宾客，以脤膰之礼亲兄弟之国，以贺庆之礼亲异姓之国。"[1]"五礼"显然是以国家为主体而行者，而《王制》的"六礼"之说则是专"言礼之在民者"。[2]

国家为主体的五礼中如吉礼、凶礼、宾礼、军礼，都不具

---

[1] 《周礼正义》，页1359—1365。
[2] 《礼记集解》，页397。

第六章 礼乐

有社会生活意义上的普遍性,因此,我们反复强调,我们在本章讨论的礼乐文化是着眼于"礼"作为一种有较大普遍性的社会生活的文化模式,而不关注那些脱离社会生活的国家礼仪制度。从这个角度来看,"六礼"对我们自然更加重要。事实上,周代"礼乐文化"的特色不在于周代是否有政治、职官、土地、经济等制度,而在于周代是以礼仪即一套象征意义的行为及程序结构来规范、调整个人与他人、宗族、群体的关系,并由此使得交往关系"文"化,使社会生活高度仪式化。由于我们把它作为一种文化体系而非政治或制度体系来研究,注重这一体系的构成方式及由各种细节组合而体现的整体面貌,着眼在礼乐文化所体现的文化模式与文化精神(ethos),所以我们对周代"礼"的研究就当然不在制度的一面,而在社会生活和文化行为的一面。

我们记得,《礼运》"夫礼必本于天,殽于地,列于鬼神,达于丧祭射御冠昏朝聘"的说法,和《昏义》"礼始于冠,本于昏,重于丧祭,尊于朝聘,和于乡射,此礼之大体也"的说法。《昏义》的说法表明周礼作为一种社会文化体系,其主体部分已不是殷商时代的沟通人神的祭祀礼仪,而是人际之间的交往礼仪。在这一点上,《王制》的六礼说与《礼运》《昏义》是相通的。《王制》说六礼"冠、昏、丧、祭、乡、相见",《礼运》说"达于丧、祭、射、御、冠、昏、朝、聘",御字为乡字之误,[①]朝聘与相见的功能相当。所以,基本礼仪用于诸侯以上则曰冠

---

① 参邹昌林:《中国古礼研究》,页151。

昏丧祭乡射朝聘；用于一般的士，则曰冠昏丧祭乡射相见，其基本礼项是一致的。这些基本礼项构成了礼之大体，其内容详见于《仪礼》一书。以下，我们就以个人、家庭、宗族为主体的社会生活礼仪为考察对象，通过《仪礼》，来显示周代礼俗文化与礼俗社会的面貌。

四 《仪礼》与周代礼俗

胡培翚曾指出："三礼唯《仪礼》最古，亦唯《仪礼》最醇矣。《仪礼》有经有记有传，记传乃孔门七十子之徒所为，而经非周公莫能作。其间器物陈设之多，行礼节次之密，升降揖让裼袭之繁，读之无不条理秩然。""今所存止十七篇，以为残阙不全，固有之矣，若以为出后人伪撰，则断乎其未有也。"[1] 杨向奎先生也说："中国古代所谓《礼》或《礼经》指今《仪礼》而言，而《周礼》为《周官》，《礼记》只是《礼经》的传。但谓《仪礼》为周公作，我们已经说过不可能，书虽不出于周公，其中的礼仪制度在西周以前至春秋曾经实行过。"[2]《仪礼》十七篇中有聘礼无朝礼，有食礼无飨礼，朝、飨礼当已佚失。但西周的冠昏丧祭乡相见之礼在《仪礼》中都保存着，通过这些礼仪我们可以了解西周礼仪文化的基本面貌。

---

[1] 胡培翚：《仪礼正义》卷一。
[2] 杨向奎：《宗周社会与礼乐文明》，页293。

第六章　礼乐

（一）冠礼

由《仪礼·士冠礼》及《礼记·冠义》可知，士以上的男性贵族子弟在成长到二十岁时，家庭要为之举行冠礼。其程序大致为：1. 筮日；2. 戒宾；3. 筮宾；4. 宿宾宿赞冠者；5. 为期；6. 冠日陈设；7. 主人以下即位；8. 迎宾及赞冠者入；9. 始加；10. 再加；11. 三加；12. 宾醴冠者；13. 冠者见于母；14. 宾字冠者；15. 冠者见兄弟；16. 赞者姑姊；17. 冠者见君及卿大夫乡大夫；18. 醴宾；19. 送宾归俎。

这是说，士阶层以上的贵族男子到二十岁时，要在宗庙中由父亲主持举行冠礼。冠礼的一般程序是：行礼前须选定日期和加冠的来宾，这叫作"筮日"和"筮宾"，表示敬慎而不马虎。"戒宾"是正式邀请，"宿宾"是在典礼前一日去促请宾客。嫡长子的冠礼必须在阼阶上举行，表示被冠者成人可以扮演主人的角色而代表家庭。仪式的过程，由来宾加冠三次，初加缁布冠，次加皮弁，三加爵弁；初加之前宾要发表祝辞。加冠后经过来宾的敬酒，然后见母亲；随后由来宾为被冠者取"字"；接着再去见兄弟姑姊。较高的贵族，还要执礼品去见国君、卿大夫。男孩未到成年时穿少年服装，冠礼后穿成年服装。冠礼前男孩只有父亲所取的名，冠礼后才有了字，字是贵族中对成年人的称呼。男子加冠后始可娶妻。[①] 全部程序中，主人和宾客应说的话都有一定的规定。

---

① 参看杨宽：《古史新探》，页 236。周何：《古礼今谈》，国文天地，1992，页 30。

(二）昏礼

昏礼依《仪礼》的规定亦有一套程序，主要包括：1. 纳采；2. 问名；3. 醴使者；4. 纳吉；5. 纳征；6. 请期；7. 将亲迎豫陈馔；8. 亲迎；9. 妇至成礼；10. 妇见舅姑；11. 赞者醴妇；12. 妇馈舅姑；13. 舅姑飨妇；14. 飨送者；15. 舅姑及妇庙见及飨妇飨送者之礼。

就是说，首先由男家请媒人向女家提亲、问女名，回来后要进行占卜，得到吉兆后复使人备礼通知女家（纳吉）。而后把聘礼送到女家（纳征），确定昏礼时间。昏礼当日男家到女家迎新妇，回到男家举行仪式。次日新妇拜见丈夫的父母。若丈夫父母已逝，则三月以后在家庙行释菜礼。在这一系列程序中，每一环节又都有详细的规定，如亲迎时男方穿什么衣服，坐什么车，至女家如何行礼，从哪一面台阶上下，都有规定。从纳采到父母送女，每一节目的"辞"都有规定，如"纳采之辞""问名之辞""醴宾之辞""纳吉之辞""纳征之辞""请期之辞""使者反命之辞"等等。

（三）相见

据《仪礼·士相见礼》，相见礼分为"士与士相见""士见大夫""士尝为大夫臣者见大夫""大夫相见""大夫士见于君""他邦之人见于君"等。兹举"士与士相见之礼"，以见一斑。见面前：

第六章 礼乐

  挚冬用雉,夏用脯,左头奉之,曰:"某也愿见,无由达,某左以命命某见。"主人对曰:"某子命某见,吾子有辱,请吾子之就家也,某将走见。"宾对曰:"某不足以辱命,请终赐见。"主人曰:"某不敢为仪,固请吾子之就家也,某将走见。"宾对曰:"某不敢为仪,固以请。"主人对曰:"某也固辞,不得命,将走见。闻吾子称挚,敢辞挚。"宾对曰:"某不以挚不敢见。"主人对曰:"某不足以习礼,敢固辞。"宾对曰:"某也不依于挚不敢见,固以请。"

可见,士与士相见,客方要手执礼物,通报请见;主方答以不敢,请对方回家,表示自己将前往拜访。这样反复两次,彼此客气一番。然后主方又说,听说您执礼而来,请务把礼物收起,客方回答说,若没有礼物就不敢相见了。两人又客气一番。这些对话都是客人在门外、主客未见面时,由"摈者"来回传达的。然后:

  主人对曰:"某也固辞不得命,敢不敬从。"出迎于门外,再拜,宾答再拜。主人揖,入门右;宾奉挚,入门左。主人再拜受,宾再拜送挚。出,主人请见,宾反,见。退,主人送于门外,再拜。

主人迎于门外,主客两相拜揖。进门后主人接受了客人的礼物,客人出去,主人再请客人进来。会见完毕时,客人告退,主人送出门外。

以上是士与士的一次相见礼,按古礼,礼尚往来,被访者应回访对方。《仪礼》又载:

> 主人复见之,以其挚,曰:"向者吾子辱,使某见,请还挚于将命者。"主人对曰:"某也既得见矣,敢辞。"宾对曰:"某也非敢求见,请还挚于将命者。"主人对曰:"某已既得见矣,敢固辞。"宾对曰:"某不敢以闻,固以请于将命者。"主人对曰:"某也固辞不得命,敢不从。"宾奉挚入,主人再拜受,宾再拜送挚。出,主人送于门外,再拜。

前次被访者此次以客人身份回访,两人像前次见面一样互相客气一番,遵行见面的种种礼仪。

(四) 乡饮酒礼

据《仪礼·乡饮》,乡饮酒礼可概述如下:

1. 谋宾、戒宾、速宾、迎宾

谋宾:由主人(乡大夫)就乡先生(庠中教师)商谋宾客名次,分为宾、介(陪客)、众宾三等。宾、介各一人;宾可多人,并选定其中三人为众宾之长。

戒宾:戒是告知的意思,由主人亲自通知宾客。

陈设:布置酒席的席次,陈列酒尊和洗(水盆)等。

速宾:由主人亲自催邀宾客,又作"宿宾"。

迎宾:主人带一"相"(或"傧相")在庠门外迎客,经过三揖三让,把宾客迎入庠中堂上。

2. 献宾之礼

主宾间"献""酢""酬":宾客迎入后,先由主人取酒爵到宾席前进献,叫作"献";次由宾取酒爵到主人席前还敬,叫作"酢"。再由主人把酒注觯,先自饮,而后劝宾随饮,这叫"酬"。这样的献、酢、酬一周,合为"一献"之礼。献酒时须有食物陈设,如脯醢(干肉片和肉酱)与折俎(盛有折断的牲体的俎)。

主与介间的"献""酢"。

主人"献"众宾。

3. 作乐

升歌:主人之吏一人举觯向宾敬酒后,乐工四人升堂,歌唱《小雅》的《鹿鸣》等,以瑟伴奏,歌罢,主人向乐工献酒。

笙奏:吹笙者入堂下,奏《小雅》的《南陔》等,奏罢,主人向吹笙者献酒。

间歌:堂上"升歌"与堂下"笙奏"交叉进行,歌、乐都选自《小雅》。

合乐:升歌与笙奏合乐,奏唱《周南》的诗歌。

正式礼乐到此完毕。

4. 旅酬

主人使"相"留宾,宾"酬"主人,主人"酬"介,介"酬"众宾。再由众宾按长幼互相"酬"。

5. 无算爵、无算肉:将原来陈设的折俎撤去,称为"撤俎"。宾主脱履而坐,进酒肉,醉而后止,故称无算爵;乐工奏唱不断,故曰无算乐。

6. 送宾及其他

宾出时奏《陔夏》,主人送于门外,明日客有前来拜谢之礼。以上六个程序中,以献宾之礼为最重要,中间还有许多细节规定。特别是乐工所唱的诗歌,都有其用意。据孔颖达说,乡饮酒礼主要在四种情况下举行,"一则三年宾贤能,二则乡大夫饮国中贤者,三则州长习射饮酒,四则党正腊祭饮酒"①。

顺便提一下飨礼,飨礼乃由乡饮酒礼发展而来,礼仪节次,大致相符。所不同者,飨礼要根据宾客尊卑的等分,采取不同的敬献。献、酢、酬三个步骤合为一献之礼,对尊者要行三献、五献,乃至九献。飨礼中献宾用的是"醴",与乡饮酒礼用"酒"不同。飨礼在"献"之前还有"灌"(又作"祼"),用一种香酒称为"郁鬯"的,使宾客闻到香味,但不饮用。升歌时,根据宾客等级不同而异,如诸侯招待使臣,唱《鹿鸣》《四牡》《皇皇者华》,与乡饮酒礼一样,诸侯相互招待,则须唱《文王》《大明》等。②

(五) 丧礼

丧礼是古礼中最繁密的礼节。据《仪礼·士丧礼》,士丧其父母,从始死到既殡,其主要程序包括:1. 始死复(登高招魂);2. 楔齿缀足奠帷堂;3. 使人赴君(告讣于君);4. 尸在室主人以下哭位;5. 君使人吊襚;6. 亲者庶兄弟朋友襚;7.

---

① 孔颖达:《礼记正义》,《十三经注疏》下册,中华书局,1980,页1682。
② 以上所述可参看杨宽《古史新探》,页296—303。

第六章 礼乐

为铭；8. 沐浴饭含之具陈于阶下；9. 袭事所用衣物陈于房中；10. 沐浴饭含之具陈于序下；11. 沐浴；12. 饭含；13. 袭；14. 设重；15. 陈小敛衣；16. 馔小敛奠；17. 陈小敛带；18. 陈床笫夷衾；19. 陈鼎食；20. 小敛迁尸等；21. 代哭；22. 小敛后致襚；23. 小敛之夜设燎；24. 陈大敛衣及殡具；25. 殡；26. 大敛奠；27. 大敛毕送宾送兄弟；28. 君临祝大敛之仪；29. 成服；30. 朝夕哭奠；31. 朔月奠及荐新；32. 筮宅兆；33. 视椁视器；34. 卜葬日；35. 请启期（以下既夕，略简）；36. 豫于祖庙陈馔；37. 启殡；38. 迁柩朝祖；39. 陈器与葬具；40. 葬日陈大遣奠；41. 读赗读遣；42. 柩车法行及君使赠之仪；43. 窆柩藏器葬事毕。

丧礼的程序仪节甚繁，上述每一节目中，行为的礼节、器物的使用等均有细致的规定。《礼记·丧大记》为简明起见，将全部仪式略分为五节，即始死、小敛、大敛、殡、葬。与上述《士丧礼》相对应：一始死：断气后用殓衾覆尸，用爵弁服招魂；制作铭旌而志死者姓名；以酒食设奠，用布帷堂。二小敛：即给死人穿衣服，先化妆，对尸体作一些处理，浴尸，然后穿衣蒙头，衣衾有规定，把尸移于堂中敛席之上，设奠。大敛：将棺木入于堂，将尸入敛于棺内，设奠。殡：大敛后至下葬这一段时间为"殡"，指停柩于家中堂上，早晚各祭奠一次，在殡的期间还要有朔月奠，有新鲜食物亦设奠荐新，死后三日亲属开始服丧服。葬：下葬前启殡，将柩抬入宗庙或家庙告别，在卜好的葬地下椁，最后下葬时将所有公私赠物一并随尸下葬。①在丧礼过程中周代多用"商祝""夏祝"，显示了丧礼三代相承之迹。

至于丧服制度和规定，已有很多研究，就不在此叙述了。

(六) 祭礼

埋葬亲人回家后要立即举行虞祭。《仪礼·士虞礼》郑玄注云："虞，犹安也。士既葬其父母，迎精而反，日中而祭之于殡宫以安之之礼。"是说埋葬后要把死者的精魂引回家中安顿，其安顿的仪式即是虞祭。《仪礼》记其主要程序包括：1. 陈虞祭牲酒器具；2. 主人及宾自门外入即位；3. 设馔飨神；4. 飨尸；5. 主人献尸并献祝；6. 主妇亚献；7. 宾长三献；8. 祝告利成尸出；9. 礼毕送宾。

虞祭还不算是祭礼，如果细分，始死至下葬期间的酒食之献为"奠"，虞祭之后的奉献称为"祭"。当然这里说的祭是指《仪礼》说的祭祀亲人和祖先的社会礼俗，不涉及对天神地示的祭祀，事实上，按照周礼的规定，天地诸神的祭祀乃是王侯统治者的特权，与一般人的礼俗生活无直接关联。

《仪礼·特牲馈食礼》正义引郑玄云："特牲馈食之礼，谓诸侯之士，以岁时祭其祖祢之礼。"其行礼程序包括：1. 筮日；2. 筮尸；3. 宿尸；4. 宿宾；5. 视濯视牲；6. 祭日陈设及位次；7. 阴厌；8. 尸入九饭；9. 主人初献；10. 主妇亚献；

---

① 参看常金仓：《周代礼俗研究》，文津出版社，1992，页46、47。周何：《古礼今谈》，页1511—1563。

第六章 礼乐

11. 宾三献；12. 献宾与兄弟；13. 长兄弟为加爵；14. 众宾长加爵；15. 嗣举奠献尸；16. 旅酬；17. 佐食献尸；18. 尸出归尸俎彻庶羞；19. 嗣子长兄弟；20. 改馔阳厌；21. 礼毕宾出。

在整个行礼过程中的每一程序里，主宾的冠带衣服，所立位置、进退揖让、语辞应答、行礼的程序次序、手足举措，及祭礼所用器物的种类、陈设位置等等有极为细致繁杂的规定，如前述士相见礼、乡饮酒礼所显示的，这里就不再赘述。

五 周礼与周代的文化模式

西周的礼乐文化是了解其文化模式的主要途径。

本尼迪克特曾指出，对青春期的关注在许多文化中都可以看到，在这些文化中都有对儿童成长为成人的资格认定仪式。[①] 在近代西方心理学也很强调性成熟时期的不安，认为这种不安往往表现为反叛的心理状态并带来家庭内部的冲突。本尼迪克特承认这种情况在美国十分普遍。

但是很显然的，在中国古代社会文化中习得规则的人身上很少会看到这种美国式的冲突。这显然与男女儿童从小养成的文化方式和特性有关。一般说来，中国文化中儿童到成年的十几年间已把与"性"有关的象征减至最低，极大控制了性本能的冲动。正如米德在萨摩亚群岛作过的研究，在那里的女孩子

---

① 露丝·本尼迪克特：《文化模式》，王炜等译，三联书店，1988，页27。

在幼儿时期生活在完全没有男孩子的同性伙伴中，女孩时照料婴儿，长大则学习较复杂的技能，性成熟前几年分担家务劳动。整个成长期枯燥冷清，性成熟根本没有带来什么变化，没有青春期冲突出现。① 这与《礼记·内则》所说的中国文化对女孩的训练很为接近。

然而本尼迪克特的另一说法是千真万确的，即所有授予成年资格的仪式意味着委以新的义务，而这种义务的性质则因文化不同而异，受着文化的制约。一个社会中成年人的崇高职责是从事战争，而另一文化中成年人的主要特权是假扮神来跳舞，他们的成年仪式必然有所不同。因此，正如本尼迪克特所说，"我们毋宁只需了解在不同的文化中人们把什么东西看成是成年的标志"②。从这个意义上来看，冠礼与生理意义上的性成熟可能并无直接关系，我们要注意的是作为成年礼冠礼赋予或认可了被冠者怎样的新的地位与义务。一个文化中赋予成年的标志和责任的那种东西反映了这一文化的模式。

"在北美中部，成年意味着从事战争"③，成年礼就要锻炼其意志，以赋予其斗士的资格。而"在澳大利亚，成年就意味着参加一种男性独有的祭礼"④，中国的士冠礼当然与二者都不同。如果说有相同之处的话，也只是男性成年更受注意的优势而已。

---

① 露丝·本尼迪克特：《文化模式》，王炜等译，三联书店，1988，页32。
② 同上书，页27。
③ 同上。
④ 同上书，页28。

第六章 礼乐

《礼记·冠义》阐发《士冠礼》的意义说：

> 故冠于阼，以著代也。

孙希旦说："阼阶乃主人之阶，冠于阼阶之上，明其将代父而为主也。"[①] 长子的冠礼须在阼阶上举行，阼阶是主人位，表示从此被冠者可以代父而为家之主。《冠义》又说："见于母，母拜之；见于兄弟，兄弟拜之；成人而与为礼也。玄冠、玄端，奠挚于君，遂以挚见乡大夫、乡先生，以成人见也。"由"著代"之说可知，母亲与兄弟先拜被冠者，都是因为被冠者获得了"著代"的地位，有"代父而为主"的资格。见于君、大夫、乡先生也是声明从此获得了"代父而为主"的资格，可以代表家族从事社区活动和国家活动。当然，在他的父亲健康活着的时候这种权力的继承不一定是完全的，但至少可以有资格部分地分享家族代表的义务与权利。这表明，冠礼作为成年礼，在西周文化中，成年意味着承担起"代父为主"的家庭责任。冠礼与其他民族成年礼仪的不同特色还在于，西周文化已经是较高水平的文明，贵族子弟尤其是长子的成年责任不是作与野兽拼搏的斗士，不需要经受各种在其他民族成年礼所看到的那种艰苦的磨炼。而冠礼仪式本身的复杂度数、繁琐曲折与周旋揖让，显示出发达的行为形式化的特色。

昏礼蕴涵的家族意义更为明显，《昏义》说："昏礼者，将

[①] 孙希旦：《礼记集解》，页1413。

合二姓之好，上以事宗庙，而下以继后世也。"继后世就是家族的繁衍。结婚的次日，"舅姑入室，妇以特豚馈，明妇顺也"，新妇向舅姑献食，表明孝顺。"厥明，舅姑共飨妇以一献之礼，奠酬，舅姑先降自西阶，妇降自阼阶，以著代也。"这是说又次日舅姑宴请新妇，结束后舅姑从西阶回去。孙氏云："西阶者客阶，阼阶者主人之阶。舅姑既飨妇，则授之以室事，故己降自客阶；使妇降自主阶，明使妇代己为主也。"妇的"著代"是主"室事"，即家内事务从此由新妇代为主了。当然，这是指长子之妇。《昏义》又说："成妇礼，明妇顺，又申之以著代，所以重责妇顺焉也。妇顺者，顺于舅姑，和于室人，而后当于夫，以成丝麻布帛之事，以审守委积，盖藏。"家务的责任和事务从此归于妇。

礼制中的丧服制度的功能也很明显，死者的亲属须穿着丧服以示哀悼，丧服有五等，即斩衰、齐衰、大功、小功、缌麻，称为五服。与死者亲属关系越近则丧服越重，丧服越重，衣服所用的质料越粗，斩衰的衣料最粗，缌麻最细。穿着丧服的时间亦根据亲属关系的远近而决定其长短，斩衰三年，齐衰一年，大功九月，小功五月，缌麻三月。这一套制度规定，一方面以区分亲属关系的远近，明确宗族内部关系的级差；一方面以加强宗族内部的联系强化宗族意识。

以上表明，《仪礼》的所有规范体系，在相当程度上，是一种宗法文化的体现，突出其家族主义的功能（虽然不仅有宗法意义，也有文化意义）。本尼迪克特说过，体现一种文化的价值取向的选择行为方式可特别见之于对待人的生、死、青春期、

第六章 礼乐

婚姻的方式，这些规矩和习俗与其他政治、社会交往的规矩习俗，通过形式化的方式演成风俗礼仪，从而结合成一个部落或部族的文化模式。[①] 虽然本尼迪克特处理的对象的文明发展水平与西周可能无法相比，这些文明实体或部族的空间边界也比华夏文明小得多，但从人类学的方法来看，由对待生死婚丧成年的方式来体现出一个文化的文化模式，是有代表性的。事实上，在中国古代荀子已明确说过："礼者，谨于治生死者也。生，人之始也；死，人之终也。终始俱善，人道毕矣，故君子敬始而慎终。"（《荀子·礼论》）

虽然我们已在几处引用过本尼迪克特对普韦布洛人文化模式的论述，这里仍然有必要引述她的描述。她对普韦布洛人的文化行为的描述可概括如下："祖尼人是一个讲究礼仪的部族，他们把庄重和不与人为害的价值看得高于所有别的德行，他们的兴趣集中在他们那种丰富而复杂的礼仪生活。"[②] 在他们那里，各种膜拜"都是有定式的、确定的具体仪式，而且须有祭司的操持并遵守历法"，"这要求滴水不漏地记住大量的礼仪形式"，"这还要求恰如其分的礼仪举止"，"而且这无尽无休的形式程序真是五花八门"。[③]

与西周文化相比，祖尼人的礼俗活动多以部族群体为主体，而不是个人或家庭、宗族的礼仪活动。而且祖尼人的群体仪式又差不多都与超自然的神灵有关，这也与西周以《仪礼》为体

---

① 本尼迪克特：《文化模式》，第一章及参看该书中译前言。
② 同上书，页61。
③ 同上书，页62。

现的社会礼仪不同。祖尼文化的信仰背景仍是万物有灵论，本尼迪克特指出，普韦布洛人是一个讲究礼仪的民族，但这还不是那种把他们和北美及墨西哥其他部族区分开来的基本风尚，墨西哥的阿兹台克文明或平原印第安人也和普韦布洛人一样很讲礼仪。① 那种真正可以把祖尼人与其他部族区别开的东西是远比仪式上的差异深刻得多的东西。她认为，"普韦布洛和北美其他文化之间的基本差别实是尼采在他的古希腊悲剧研究中所说的那种差别"②，即普韦布洛人是阿波罗式的人，总持一种中庸之道，不偏不倚，循规蹈矩，节制有度，反对迷狂、冲动和放纵。她甚至说道："普韦布洛人中没有萨满术士，只有祭司。"③ 她把祖尼文化的这种阿波罗式的选择看作是整合习俗、生活方式的文化完形、一种一以贯之的模式（Pattern）。

　　西周时代的礼乐文化从文化模式与文化完形的意义上来看如何分型，是一个饶有兴味的问题。无疑地，如果借用尼采或本尼迪克特的日神精神和酒神精神的说法，西周文化当然更近于日神阿波罗文化而殷人更近于酒神俄尼狄索斯文化。在西周文化中，人的地位与身份等级的规定、行为细节的规定、礼仪举止的规定，所有这些是一个人从孩提起开始学习，而养成为一种艺术。这种典型的封建时代的文化在那个时代是一种文明、一种文化上的进步。礼从文化上说也就是教养，在社会上说就是秩序。用日神阿波罗式的行为或心态来刻画西周文化，固然

---

① 本尼迪克特：《文化模式》，页79。
② 同上书，页79。
③ 同上书，页96。

第六章　礼乐

在文化人类学上可以与其他文化相比较，但日神与酒神的范式根源于希腊神话的西方模式，而在礼乐文化中熏陶养成的中国人的行为和心态，也应可以用中国自己的文化意象或概念来刻画。中国古代文化中人格神话不发达，难以提供给我们一些方便使用的神话意象。但中国文化中有四个古老的重要意象，这就是"阴""阳""刚""柔"，四者的交错搭配可进一步化出"阳刚""阳柔""阴刚""阴柔"，如果再考虑到阴阳的中间状态为"和"、刚柔的中间状态为"中"，则在中国古代文化中我们至少可以有十个范畴用于刻画文化的性格和文化的模式。西周的大传统乃至后来以儒家为代表的中国文化大传统，基本上是属于"阳"或"阳柔"型的文化。这从中国人的人格体现上也可看出。

最后，再来看《少仪》与《内则》，这两篇与《礼记》的其他篇的礼仪不同，接近于生活规范。它们虽载在《礼记》，而不在《仪礼》，但亦是与《仪礼》的西周贵族生活模式一脉相承。通过这两篇可以了解古代儿童如何习得所在文化。

《少仪》多为"少者事长者之事"，属于《内则》所说的十岁学幼仪，其中包括的内容细而杂。比如见到身份不同的人要使用不同的见面语，见到罕见的君子应说"某愿闻名于将命者"；见到常见的君子则说"某愿朝夕于将命者"：见到地位相同者说"某也愿见"。若遇到有丧事，则说"某愿比于将命者"；遇公卿之丧，则说"愿听役于司徒"，诸此等等。总之，在各种情况下所使用的见面辞都有不同的具体规定。同样，问话也要讲究一定的礼节，如问人道艺，说"子习于某乎"或"子善于某乎"。如果是士,别人问起子弟的长幼时,"长,则曰'能耕矣'。幼,则曰'能负薪''未能负薪'"。

又如"凡席于堂,则屦说于堂下;席于室,则屦说于户外。唯尊长者一人说屦于席侧"[①]。这是说燕见席于室,众人须将屦脱在门外,只有尊长可以把屦放在席侧。"凡祭,于室中、堂上无跣",祭祀时不能脱鞋。

《少仪》还有许多日常行为的规定,如用簸箕埽不洁物品,簸箕的舌面不可朝向尊者,应将舌面向自己。"尊长于己逾等,不敢问其年",遇到辈行高的尊长不可问他的年龄。"侍坐,弗使不执琴瑟,不画地,手无容,不翣也",侍尊长坐,手不可画地,不可玩弄手指,不敢摇扇;长者不命令,不可以弹琴。"请见不请退",孙氏注"卑者于尊者有请见之礼,既见,退必由于尊者,故不敢请退"。不过,"侍坐于君子,君子欠伸、运笰……虽请退可也",侍坐时如君子有懈倦之态,则可以请退。"燕侍食于君子,则先饭而后已,毋放饭,毋流歠,小饭而亟之,数噍,毋为口容",进食时要小口快咽,以备尊长有问;吃饭不可出声。侍尊长盥洗或食饮,要回避以口相对,避免使口气及于尊长。除以上所说而外,在御车、乘车、佩剑、执弓、走、坐,以及各种生活物品的授受,都有具体的行为规定。

《内则》记述了贵族子弟少年成长期的行为规范:

    子能食食,教以右手;能言,男唯女俞,男鞶革,女

[①] 《少仪》原文"排阖说屦于户者,一人而已矣",此处所引为孙希旦的疏释,见《礼记集解》,页925。

第六章 礼乐

鞶丝。六年,教之数与方名。七年,男女不同席,不共食。八年,出入门户及即席饮食,必后长者,始教之让。九年,教之数日。十年,出就外傅,居宿于外,学书计。衣不帛襦袴。礼帅初,朝夕学幼仪,请肄简谅。十有三年,学乐、诵诗、舞《勺》、成童舞《象》、学射御。二十而冠,始学礼,可以衣裘帛,舞《大夏》,惇行孝弟,博学不教,内而不出。(《礼记集解》,页768—771)

小孩始能吃饭,即教其用右手进食,待会说话时,教男童运用不同于女童的应辞、不同的穿着。六岁时教数数。七岁开始,男孩不与女孩坐在一起,不在一起吃饭。八岁教导礼让长者,九岁教以干支节令。十岁男孩跟老师学习,居宿与女眷分隔,学习各种行为仪规。十三岁学习乐器、诵诗、歌舞、射御诸艺。二十岁行冠礼,学习正式礼仪。

  女子十年不出,姆教婉、娩、听从,执麻枲,治丝茧,织纴、组、紃,学女事,以共衣服。观于祭祀,纳酒浆、笾豆、菹醢,礼相助奠。十有五年而笄,二十而嫁,有故,二十三年而嫁。(《礼记集解》,页772—773)

女童十岁起不出内院,学习女子应持的言语、容貌,学习各种纺织和制作衣服的技能,还要学习祭祀之礼,以协助长者奠置祭馔。十五岁结发加笄,表示成年。

  这都表示出,宗法文化一方面注重宗族的传衍,另一方面注重宗族结构中以男权为主的上下关系。因此就社会功能而言，《仪礼》在本质上乃是一套父系宗族的文化规范体系。

但是，《仪礼》及整个礼乐文化不能仅从其社会组织功能上来了解。从律法或社会规范体系来看，西周的礼乐文化具有明显的"他律"特征。然而，西周的他律的礼仪文化与普韦布洛人以原始宗教为基础的他律仪式不同，西周的礼乐文化不是"神的他律"，而是立足于人的组织结构（宗族或家庭）的"礼的他律"，这种立足于人的他律又不是以所谓"法律"的形式表现和存在的，而是以礼仪或礼俗的形态体现和存在的。在六礼中可以说都是围绕着人的生命过程而展开的，这使得礼乐文化本身具有一种强大的人文主义的基础或取向。礼乐文化所代表的文化模式，相比于殷商而言，神的色彩趋于淡化，而人文色彩比较显著。这是西周开始萌芽而到春秋时期更为发展的人文思潮所以兴起的重要社会基础。事实上，在关于礼的制定者问题上也可以看出这种趋向，古代对礼的产生总喜欢用"有圣人作"的寓言式表达，这在历史学上固然意义不大，但在文化上正表示礼不是神的他律，不是神人所创制，礼的"有圣人作"的说法，显示出突出克里斯玛角色的"圣哲文化"的特性。

正如前章所说，价值的德感在西周更多地体现为政治文化的领域，它虽然导致了伦理宗教的突破，但礼乐文化毕竟不是宗教文化，同时，价值的关怀随着理性更深广的发育，也必将突破政治的领域而更广地进入人际关系本身。春秋末期针对着纯粹他律的"礼"而出现的孔子思想，则是更高一级的新的人文自觉的体现。

第六章　礼乐

六　礼乐文化的人文功能

让我们进一步综合地来讨论礼乐文化的功能。

首先是周礼的政治功能。周礼的特色之一是制礼与行礼有明确的政治功能。西周的礼乐文化中保留了夏商传衍的自然宗教信仰，所以礼制中有明确的祭祀天地鬼神的仪典。但是祭祀天地山川乃是天子和诸侯的特权，这使得天地山川的祭祀不能反映普遍的社会信仰。尤其是，即使对于天地鬼神的崇拜和祭祀，在西周以来的发展中，也越来越多地是注意其人世的社会政治功能，而不是信仰或神界本身。《礼记》载：

> 子曰：明乎郊社之义、尝禘之礼，治国其如指诸掌而已乎！是故以之居处有礼，故长幼辨也；以之闺门之内有礼，故三族和也；以之朝廷有礼，故官爵序也；以之田猎有礼，故戎事闲也；以之军礼有礼，故武功成也。是故宫室得其度量，鼎得其象，味得其时，乐得其节，车得其式，鬼神得其飨，丧纪得其哀，辨说得其党，官得其体，政事得其施，加于身而错诸于前，凡众之动得其宜。（《礼记·仲尼燕居》）

这说明，对郊社尝禘的重视更多的是出于由此可以推发出治国的功能，从郊社的原则（义）和尝禘的礼式可应用于不同领域以形成不同的部门礼，以实现家庭、社会、政治（朝廷）的秩序与和顺。更广义地说，可由此而推得一整全的文化体系，在这个体系中，每一领域的每一方面的事物都可由此获得其规范和形式。

《礼记》的这段话虽然是作为孔子的意见来记述的，不过据《国语·周语》，早在周惠王（前676—前652）时内史过就曾说过：

> 古者先王既有天下，又崇立上帝、明神而敬事之，于是乎有朝日、夕月以教民事君。诸侯春秋受职于王以临其民，大夫、士日恪位著以儆其官，庶人、工、商各守其业以共其上。犹恐其有坠失也，古为车服、族章以旌之，为贽币、瑞节以镇之，为班爵、贵贱以列之，以令闻嘉誉以声之。（《国语》卷一，周语上，页37）

这也是强调崇立上帝、敬事鬼神的制度及活动主要是为了实现"教民事君"的政治社会功能。作为辅助的方式，等级性的车服、族章、瑞节、班爵等都是为了实现那作为目的的政治功能。内史过的这个讲法虽然不必是周礼发生学意义上的原生取向，但可以说反映了周代礼制的实际运作具有明确的政治功能意图。

《礼记》所记载的古代礼学家对礼的意义与功能的描述几乎都与上述观念相近：

> 夫礼者，所以定亲疏、决嫌疑、别同异、明是非也。（《曲礼》）

第六章　礼乐

> 天下之礼，致反始也，致鬼神也，致物用也（依后文改），致义也，致让也。致反始，以厚其本也；致鬼神，以尊上也；致物用，以立民纪也；致义，则上下不悖逆矣；致让，以去争也。（《祭义》）
>
> 是故礼者，君之大柄也，所以别嫌明微、傧鬼神、考制度、别仁义，所以治政安君也。（《礼运》）
>
> 故礼义者，人之大端也，所以讲信修睦，……所以养生送死、事鬼神之大端也，所以达天道、顺人情之大窦也。……故怀国、丧家、亡人，必先去其礼。（《礼运》）

《礼记》成书虽在战国末，但其中对礼的解释有不少是古人相传的理解。这显示出，至少在西周后期及春秋，"礼"虽然包含基于天地鬼神信仰的祭祀，但礼之体系的功能更主要是人间的、社会的、文化的。"礼"的各种"讲究"正是体现文明对于野蛮的进步。人对器皿用具、居住宫室的讲究，对男女之别、长幼之序的讲究，对服装饰物、车旗鼎乐的讲究，对亲属称谓、婚姻制度、丧祭礼仪的讲究，对官爵等级、身份地位的讲究，就是"礼"，无不体现文明的进步。而西周春秋时的人们对"礼"文化的了解显然无不是注重其现世的社会文化功能。致反始是为了报答祖宗的恩德，致鬼神是为了尊敬长上，致义、致让都是为了实现一个无争的等级秩序。《礼运》甚至把礼视为"君之大柄"，一种治理尘世国家和人间社会的根本工具，这种工具就是用一套以等级性为内容，以形式性为特征的制度—文化体系去组织一个严密有序的文明社会。由此可见，周礼的现世性格不仅因为其中包含了国家政治法典的内容（这个国家层面的礼制不是本书讨论的重点，本书的基点是从社会文化的礼仪体系去了解儒家思想的来源），而且因为其发展取向皆在社会的文明与秩序。更何况《仪礼》代表的冠昏丧祭乡相见之礼经过发展已经成了周代礼文化的实际主干。于是，这样的一种"礼"的体系在整体上已经不能说是宗教礼仪体系，但它仍保留着传统礼仪所具有的神圣性；它还不就是道德规范体系，但有道德规范的功能；它不就是政治制度体系，但包含着政治制度的框架安排，这样一个内容整全、功能混融的系统①，不是西方的"宗教""道德""政治""法律"任何一个分离性概念所能把握或对应的，它本身不是那种西方的分化式的文化结构的体现或产物。从西周后期的理解来看，"礼"的最重要的特征不是宗教性，而是"圣""俗"结合、"神圣性"与"人文性"结合的体系，是包容某种宗教性、带有某种神圣性的人文文化体系。

其次来看周礼的道德功能。由于周代文化不是从自然宗教走向一神教的伦理宗教，而周礼是从氏族习俗演化出来，礼俗的他律变为礼乐的他律，原生的氏族文化转变为再生的宗族文化，独特地发展为具有伦理宗教意义与功能的礼仪文化体系，在其内部，人文性发展得到了很大的空间，与西方式的文化发展道路终于分道扬镳。正是由于有这种礼文化的形成与发展作背景，才可能产生出春秋时代的中国哲学的主流。

因此道德教化在礼乐文化中所占的地位越来越重，《礼记》：

---

① 参看阎步克：《礼治秩序与士大夫政治的起源》，载《国学研究》第一卷，北京大学出版社，1993。

第六章 礼乐

> 宗庙之中,以爵为位,崇德也。宗人授事以官,尊贤也。登馂、受爵以上嗣,尊祖之道也。(《文王世子》,《礼记集解》,页 574)

这里把宗庙内的活动明确解释为人文的社会功能,《文王世子》还指出,由燕礼而使孝弟之道达,由守祧之礼可致孝爱之深而君臣之道著,由守庙之礼可使君臣之道著,其他的礼亦各有促进辞让、合亲、睦友之道等道德教化功能。《礼器》也说:

> 故君子有礼,则外谐而内无怨,故物无不怀仁,鬼神飨德。(《礼器》)

《曲礼》更加强调礼的世俗规范功能:

> 道德仁义,非礼不成;教训正俗,非礼不备;分争辨讼,非礼不决;君臣上下,父子兄弟,非礼不定;宦学事师,非礼不亲;班朝、治军、莅官、行法,非礼威严不行;祷祠、祭祀、供给鬼神,非礼不诚不庄。是以君子恭、敬、撙、节、退、让以明礼。(《礼记·曲礼》)

在这里,成德成义、教训正俗、决疑息争、上下有序成了古代礼家所了解的"礼"的最主要功能。甚至于,礼对祭祀的态度是,把传统流衍下来的祭祀活动加以形式仪节的延展,以增强其庄严的神圣性,最终,礼所造就的是行为的退让和作事的恭敬，正如胡适在《中国哲学史大纲》（卷上）指出过的，礼只教人依礼而行，养成道德习惯，不知不觉地徙善远罪。

第三是节制情感的功能。由于西周礼仪文化的这种人文化取向愈来愈发展，所以《礼记》虽有"本于天""本于昏"种种讲法，却更强调"人情"作为礼之基础的意义。《礼运》中说："故圣人作则，必以天地为本，以阴阳为端，以四时为柄，以日星为纪，月以为量，鬼神以为徒，五行以为质，礼义以为器，人情以为田，四灵以为畜。"（《礼记·礼运》，《礼记集解》，页613）又说：

> 故圣王修义之柄、礼之序，以治人情。故人情者，圣王之田也。修礼以耕之，陈义以种之，讲学以耨之，本仁以聚之，播乐以安之。

"人情"这块"田"地的土质特性如何，据古代礼家认为，人情的特点是欲望的不满足。《坊记》以孔子之口说："小人贫斯约，富斯骄，约斯盗，骄斯乱。礼者，因人之情而为之节文，以为民坊者也。"这是说，礼的作用就是提供一种规范和训练，使人民贫而不至于约，富而不至于骄；民贫约富骄本是人情之实然，礼的作为是就人情而加之节文。节是使节制有度，文是文饰，节文即是仪节规范。《礼记》又说："人喜则斯陶，陶斯咏，咏斯犹，犹斯舞，舞斯愠，愠斯戚，戚斯叹，叹斯辟，辟则踊矣。品节斯，斯之谓礼。"（《檀弓下》）"民坊"即民众行为的标准。故又说："子云：'夫礼者，所以章疑别微，以为民坊者也。故

第六章　礼乐

贵贱有等，衣服有别，朝廷有位，则民有所让。"（《礼记·坊记》）

《礼记·乐记》有一段有名的话：

> 夫物之感人无穷，而人之好恶无节，则是物至而人化物也。人化物也者，灭天理而穷人欲者也。于是有悖逆诈伪之心，有淫佚作乱之事，故强者胁弱，众者暴寡，知者诈愚，勇者苦怯，疾病不养，老幼孤独不得其所，此大乱之道也。

这也是说，人情面对的"外物"而发生的诱惑无穷无尽，使得人在追求其好恶时无所节制，其结果是悖逆之心必然破坏政治稳定，淫佚之事必然破坏道德秩序，因此礼的作用就是"因人之情而为之节文"，"为之品节"，使人好恶有节，有所规限。礼就是一套节制情感、品节行为的规范体系。其功能也正如《仲尼燕居》所说"加于身而错于前，凡众之动得其宜"。

第四是消费资源的等级分配，亦可谓之社会功能。

古代礼家讲礼的功能时很强调其"去争"的功能。他们认为，物感人无穷，人好恶无节。若生产力极大发达，自然界资源与物产极大丰富，人的要求或许可以满足。但如果资源、生产、财富是有限的，而每个人都要求最大限度地满足自己的自然欲望，社会必然陷于纷争混乱。因而礼所提供的等级制度可以使人各安其分，消除纷争，这为社会的存在和发展提供了基本条件。事实上，历史并不是把丰富的物产和较高的生产力一下子赋予人们的，不管自然环境富饶或贫瘠，采摘、农业和养殖的生产力是和人类一起缓慢地成长的，早期人类群体可以说都是在付出艰苦劳动而获得有限成果的情形下成长起来的。由于生产力水平低下，人类早期无不是以群体合作的方式进行生产和生活的。所以人类在漫长的早期发展中是"和"而不是"争"为他们提供了生存的基本条件。"争"只是在人类进入文明时代，生产有剩余，欲望满足程度有可能提高，氏族解体，阶级分化以后才发生的。

尽管礼并非先王面对纷争的世界而创造出来的，但西周礼乐文化作为文明时代的等级文化体系，确实具有去争的社会功能。古代礼家有时又把这种"去争"表述为"让道"，如《祭义》说"致让，以去争也"。这当然是从等级制度着眼的，因此这里所说的让，还不是一切人的互让，而是指下对上、卑对尊的让，去争也是要去除下对于上、卑对于尊的争。《文王世子》所说的"让道达矣"，固然也包括社会风俗面貌的理想设计，但就最重要的方面来说仍主要强调的是一个等级层序中的让道。《曲礼》所说的"分争辨讼，非礼不决"，也是指在一个资源有限的社会，只有在一个等级结构中各安其位，而防止逾越分位争夺资源，此一社会才有可能妥适存在与发展。《坊记》所谓"因人之情而为之节文"，《檀弓》所谓"品节斯，斯之谓礼"，也都并不是仅仅强调一种抽象的品节，而是在一个等级秩序的框架中的节制规范。

荀子后来曾经特别强调此点，其《礼论》说：

第六章 礼乐

> 礼起于何也？曰：人生而有欲，欲而不得，则不能无求。求而无度量分界，则不能无争。争则乱，乱则穷。先王恶其乱也，故制礼义以分之，以养人之欲，给人之求，使欲不必穷于物，物必不屈于欲。两者相持而长，是礼之所起也。

荀子指出，礼的重要特性有二，一是"养"，二是"别"。刍豢稻粱、椒兰芬苾、雕琢刻镂、钟鼓管磬、琴瑟竽笙、黼黻文章，以及疏房、越席、几筵所有这些体现"礼"的器物，都是用来"养"人的体口目耳鼻，这实际上是把礼作为人的消费对象的物质文明，表示礼是物质文明发展的象征。"别"就是指贵贱有等、长幼有差、贫富轻重，他认为等级规定可以使人的欲求得以保证，若不要礼的等级规定，人的欲求就无法得到保障。唯物史观并不否认，经历了蒙昧时代、野蛮时代、文明时代，从财富的积累和文明的发展来看，阶级分化和奴隶制有其历史的合理性，因为没有这种发展财富就无法积累，文明就难以发展，无以形成一个脱离生产的专门从事精神创造的知识阶层。荀子的看法在这个意义上有其合理性的因素，也是不应当否认的。

荀子的《礼论》前半部阐述了礼的原则和精神，后半部则具体讨论了丧祭礼所体现的原则和精神，这与《仪礼》和《礼记》把谨生死之礼看成礼之主体一样。《礼论》的最后一段在讨论了丧祭礼后荀子作了结语，特别值得注意：

> 故曰：祭者，志意思慕之情也。忠信爱敬之至矣，礼

> 节文貌盛矣，苟非圣人，莫之能知也。圣人明知之，士君子安行之，官人以为守，百姓以成俗。其在君子，以为人道也；其在百姓，以为鬼事也。

礼之人情说，从荀子对丧祭之礼的解释来看，表示丧祭之礼的隆重安排与其说是对鬼魂世界的敬畏，不如说是为了满足生人对死人的感情，表达生人对生活的珍视，是生人感情面对死亡时的一种感情的表达方式。因此，对精英和上层智识阶层来说，礼制中保留的宗教性内容，不过是发扬"人道"的一种体现。西周以下，"礼"主要的不是作为"鬼事"或"神道"，而是作为"人道"文化发展起来，这正是西周礼乐文化发展的意义。

总而言之，西周的礼乐文化的整体功能指向的是人间性的秩序，而不是超世间的赐福。《礼记》中记载了大量古代礼家对古礼之道的论述，如：

> 立权、度、量，考文章，改正朔，易服色，殊徽号，异器械，别衣服，此其所得与民变革者也。其不可得变革者则有矣，亲亲也，尊尊也，长长也，男女有别，此其不可得与民变革者也。（《礼记·大传》）

这表示，整个礼乐文化贯穿的精神和原则就是"亲亲、尊尊、长长、男女有别"四项基本原则。礼制中对各种等级占有的器械、衣服、徽号等的规定都是可以改变的，但通过器械、衣服、徽号等所体现、所贯穿、所实现的基本原则是不可以改变的。

第六章 礼乐

古代礼制中那些器物、车舆、宫室的繁复安排在社会功能上都是为了彰明等级制的界分、增益等级制的色彩、强化等级制的区别。这种说法又见于《礼记》其他篇：

> 贱不诔贵，幼不诔长，礼也。(《曾子问》)
> 言父子、君臣、长幼之道，合德音之致，礼之大者也。(《文王世子》)
> 男女有别然后父子亲，父子亲然后义生，义生然后礼作，礼作然后万物安，无别无义，禽兽之道也。(《郊特牲》)
> 亲亲、尊尊、长长、男女有别，人道之大者也。(《丧服小记》)
> 上治祖祢，尊尊也；下治子孙，亲亲也；旁治昆弟，合族以食，序以昭穆，别之以仁义，人道竭矣。(《大传》)

旁治昆弟，长长也。合族以食，敬宗也。序以昭穆，尊祖也。以上各说都表示，亲亲、尊尊、长长、男女有别，是"礼之大者"。《礼记》虽是七十子后学所传，并非西周与春秋前期所作，但其中记述的古人对礼的体会和总结，并不是空穴来风。《礼记》各篇所说虽各就本篇主旨加以发挥，但都朝着同一方向理解阐述了礼乐文化的精神原则和功能取向，表明其体系的特性是人道文明（与禽兽根本区别），是以"人道之大者"为礼的根本（与神道鬼道相区别）。《大传》所说的四项基本原则，可以说都是宗法文化的轴心原则，即使是有关死去亲属丧祭的礼仪，也不是对神灵世界本身的关注,而是发挥其人情的、宗法的功能。

所以,与荀子一样,《礼记》对丧祭礼的宗旨是这样解说的:

> 凡治人之道,莫急于礼。礼有五经,莫重于祭。……夫祭有十伦焉:见事鬼神之道焉,见君臣之义焉,见父子之伦焉,见贵贱之等焉,见亲疏之杀焉,见爵赏之施焉,见夫妇之别焉,见政事之均焉,见长幼之序焉,见上下之际焉。此之谓十伦。(《礼记·祭统》)

这明确地把礼作为"治人之道"。"十伦"是"亲亲、尊尊、长长、男女有别"的进一步具体化的说法。《大传》解释说:

> 亲亲故尊祖,尊祖故敬宗,敬宗故收族,收族故宗庙严,宗庙严故重社稷,重社稷故爱百姓,爱百姓故刑罚中,刑罚中故庶民安,庶民安故财用足,财用足故百志成,百志成故礼俗刑,礼俗刑然后乐。

这表示,虽然亲亲、尊尊、长长、男女有别是宗族伦理的原则,但由于整个周代的政治结构和王族、公族都具有宗法构成性,即宗法封建制和族长等级制,故宗法伦理同样适用于周代王族及诸侯国贵族内部的关系调节。而且,礼乐制度的推行者与古代礼家相信,尊尊、亲亲、长长不仅可以收到尊祖敬宗的效果、

第六章　礼乐

促进宗族的凝聚力和向心力,而且必然会由此使得生活在贵族宗族共同体的人由此而重社稷、爱百姓,进而展开为刑罚中、庶民安、财用足的综合社会效果。他们还认为,民间百姓的礼俗也是由此得以形塑,这标志着他们已自觉意识到大传统对于小传统的范导作用。

《礼记》中对祭礼及其他礼的人文教化功能有明确的认识:

> 祭者,所以追养继孝也。孝者,畜也,顺于道,不逆于伦,是之谓畜。(《祭统》)
>
> 修宗庙,敬祀事,教民追孝也。(《坊记》)
>
> 夫祭有昭穆,昭穆者,所以别父子、远近、长幼、亲疏之序而无乱也。是故有事于大庙,则群昭群穆咸在而不失其伦。(《祭统》)
>
> 敬慎重正,而后亲之,礼之大体,而所以成男女之别,而立夫妇之义也。男女有别,而后夫妇有义;夫妇有义,而后父子有亲;父子有亲,而后君臣有正。(《昏义》)

天子与诸侯有宗主关系,诸侯与乡大夫、乡大夫与士,也都有宗主关系。从上至下按宗法制度来分配权力和资源,如天子庶子为诸侯,诸侯庶子为大夫,大夫庶子为士等,每一级对权力和等级的占有及象征都有种种规定,整个社会成为一宗法性的等级社会。礼的意义除文化而外,主要就是为了实现这一宗法结构所组织的社会的有序与和谐。

七 礼与乐

最后简要讨论一下"礼"与"乐"的关系。周代文化以其"礼"为特色,严格说来,《周礼》的职官体系并不是一般所说礼乐文化的"礼",故原名《周官》要更好些。一般所谓"礼"是以《仪礼》《礼记》阐发的文化礼仪体系为根据的,对我们来说,不仅《周礼》的政典体系不在本书研究的视野之内,同时,我们所关注的周礼包含"乐"在其中。事实上,对古人而言,分而言之,有"礼"有"乐",合而言之,则"礼"中有乐。以礼为主,以乐为辅。

乐本是乐舞、乐曲、乐歌的统称。礼制中对不同等级地位的贵族可以在礼典仪式中所使用的乐器,包括类型、数量、形制,都有规定,不同等级的贵族在礼典仪式中所允许使用的舞也有规定,这些规定都不能僭越。在祭祀礼、相见礼中所歌的诗,也有规定,规定除了与诗的内容有关外,也与礼典主持者和参加者的等级地位有关。"乐"的使用若不合规定,与仪式制度不合规定一样,就要被批评为"非礼"。

《礼记》中虽然有很多对乐的讨论及说法,但最主要的是两个方面。第一个方面是"礼异乐同"说:

> 乐统同,礼辨异。(《乐记》)
> 乐者为同,礼者为异;同则相亲,异则相敬。乐胜则流,礼胜则离。合情饰貌者,礼乐之事也。礼义立,则贵

第六章 礼乐

贱等矣；乐文同，则上下合矣。(同上)

礼作为等级秩序和等级文化体系，是把人群区分为血缘谱系上不同的级位，或政制系统的不同等级。这种区分当然是以"辨异"为主要特征。但是，一切等级体系不可避免地会遇到等级体系内的离异倾向，所以说"礼胜则离"，即体系内各等级之间的关系会疏离乃至离散和紧张。特别是中国古代礼仪有意或无意演出的"敬慎威仪"更能增加等级秩序的威严。古代中国文化的一大发明是以乐辅礼。中国古人早就意识到必须有一种方式缓解等级制度的内在紧张，这样一种方式必须以与"礼"不同的特性来补充礼，必须是一种能够增益亲和关系的东西，他们认为这个东西就是"乐"。这是中国文化自上古以来即有的一种辩证智慧的体现。

因此，礼主异，乐主同。辨异的功能是促进相敬，合同的功能是增益相亲。有了礼，即有了贵贱区分的等级，它可以使贱者敬贵、下者敬上，但并不能使贱者亲贵、下者亲上。乐则可以使上下相亲和睦，起到与辨异相补充的"统同"功能。故《乐记》说"礼者殊事合敬者也；乐者异文合爱者也"。有了礼，就有了秩序，但不一定有和谐，乐所提供的社会功能在这里突出起来。照古代礼家的看法，礼乐互补的文化体系是以和谐有序的宇宙观为基础的，《乐记》"乐者天地之和也，礼者天地之序也，和故百物皆化，序故群物皆别"，自然界既有群物种类的分别，又有化育自然的和谐。人类社会就是要仿效自然过程，通过乐者敦和与礼者别宜的相互配合，达到"四海之内合敬同爱"(《乐记》)的理想状态。

第二个方面是礼外乐内说：

> 乐由中出，礼自外作。乐由中出，故静；礼自外作，故文。大乐必易，大礼必简。乐至则无怨，礼至则不争。揖让而治天下者，礼乐之谓也。(《礼记·乐记》)
>
> 凡三王教世子，必以礼乐。乐所以修内也，礼所以修外也。(《礼记·文王世子》)

对人而言，礼确乎是外在的规范体系，具有某种外在的强制性。礼所管辖的或礼之作用所及的，是人的外部行为、面貌、形式，礼并不能发生内在的感发作用。礼能够使人做到行为面貌的文饰有度，但外在的尊敬不等于内在的无怨。乐所要达到的作用是培养化育人的内在情感，使人不仅因外在规范的约束而不争，更由内在感情的作用而无怨，从而使得社会在根本上不会产生暴乱和争斗。用伦理学的话来说，礼之性质与功能是使人得以"他律"，而乐的性质和功能是使人得以"自律"。

乐的这种自律意义是相当重要的，可能惟其如此，《乐记》才有乐从天、礼从地的说法。在这种说法中，乐比礼更直接地与最高存在——天关联起来。而且，《乐记》"仁近于乐"的说法，更提示出春秋末期孔子的"仁学"与礼乐互补合一的文化结构的内在联系。

因此，尽管《乐记》《礼器》中还有"乐乐其所自生，礼反其所自始"、"礼也者乐其所自生，乐也者，乐其所自成"等等分疏礼乐的说法，都不能像"礼异乐同"说和"礼外乐内"说能真正彰显出"乐"的意义以及礼—乐结构的意义。

所以，"乐"不等于音乐，《乐记》："夫乐者，与音相近而不同，……德音之谓乐。"《乐记》：

> 是故乐之隆，非极音也。食飨之礼，非致味也。清庙之瑟，朱弦而疏越，一倡而三叹，有遗音者矣。大飨之礼，尚玄酒而俎腥鱼，大羹不和，有遗味者矣。是故先王之制礼乐也，非以极口腹耳目之欲也，将以教民平好恶而反人道之正也。

乐不是追求欲望的满足，而是为了"反人道之正"，故"乐者，乐也，君子乐得其道，小人乐得其欲"（《乐记》），最隆重的礼献祭的是最简朴的东西，最隆重的乐并不是最美妙的音乐，而是使民合爱无怨的德音。

只有超越乐曲、乐舞才能更深地把握礼乐文化的意义。在礼乐关系上，重要的不是礼所体现的器物、装饰和仪节，不是诗歌、乐器和乐舞，乐所代表的是"和谐原则"，礼所代表的是"秩序原则"，礼乐互补所体现的价值取向，即注重秩序与和谐的统一，才是礼乐文化的精华。

八　三代文化的精神气质及其演进

虽然我们在第二节讨论过三代礼制因袭损益的关联，但更为重要的也许是，通过这一切来把握三代文化模式的差别，这是我们从夏商巡视到西周乃至春秋礼乐文化过程一直心存的一个重要问题。

吉德炜教授（David N. Keightley）曾试图通过考古器物了解中国古代的思维世界。他从理想型的构造出发，把中国新石器文化略分为两大文化圈，一个位于西北以及中原以西，简称西北型。另一个居于东部沿海以及中原中部，简称东部型。他从新石器时代陶器的制作、使用进行分析，提出东部文化是有为的、谋求控制的、体现人为力量的、要求秩序的，而西部文化则是无为的、自然的、不要求完备、不体现强制（注意《表记》论殷人和周人有"备""强"的说法）。由此，他把西部人称为"原始道家"型，把东部人称为"原始儒家"型，或把西部人称为"刺猬"型，把东部人称为"狐狸"型。① 他的立论是从思维方式着眼，而完全不涉及宗教—伦理观念与文化模式，在这样的意义上使用"原始儒家"或"原始道家"的字眼，是稍嫌冒险的，但应承认他的提法是颇有启发性的。

《礼记·表记》曾以出色的古代人类学的眼光，审视过三代乃至四代文化及其"道"的不同：

> 子曰：夏道未渎辞，不求备，不大望于民，民未厌其亲。殷人未渎礼，而求备于民。周人强民，未渎神，而赏爵刑罚穷矣。（注曰：未渎辞者，夏道尚忠，尚行而不尚

---

① 吉德炜：《从考古器物看中国思维世界的形成》，《中国文化与中国哲学》(1988)，三联书店，1990，页484、485。

第六章 礼乐

辞也。)

子曰:虞夏之道,寡怨于民;殷周之道,不胜其敝。

子曰:虞夏之质,殷周之文,至矣。虞夏之文不胜其质,殷周之质不胜其文。

《礼记集解》引吕大临说谓:"虞夏之道质,质者责人略,故寡怨于民。殷周之道文,文者责人详,民之不从,则穷刑赏以驱之,故不胜其敝。""质"与"文"相对,质即质朴无华,文即文饰仪节。在某个意义上,质近于蒙昧,文近于文明。照以上这些说法,虞夏为上古,所以其文化特色为质朴有余而文饰不足。殷周已很发展,其文化特色为文饰过胜而质朴不足。"夏道"尚未发展文辞,对人民要求很少。殷人未发展礼乐,但已发展文辞,开始以刑罚去要求人民。周人礼文发达,规章详密,对人民的要求最多,多得已经强民所难。更重要的是,《表记》说周人"未渎神",即不重视、不崇尚神。

自然,最重要的莫过于《表记》的以下这一段:

子曰:夏道尊命,事鬼敬神而远之,近人而忠焉,先禄而后威,先赏而后罚,亲而不尊。其民之敝,蠢而愚,乔而野,朴而不文。

殷人尊神,率民以事神,先鬼而后礼,先罚而后赏,尊而不亲。其民之敝,荡而不静,胜而无耻。

周人尊礼尚施,事鬼敬神而远之,近人而忠焉,其赏罚用爵列,亲而不尊。其民之敝,利而巧,文而不惭,贼而蔽。

《表记》的"子曰"把三代文化区分为夏道"尊命",殷人"尊神",周人"尊礼",考虑到早期儒家去古未远,这种区分是极为重要的。与我们关于巫觋文化、祭祀文化、礼乐文化的演进的看法相符合。《表记》所说的夏道应代表夏以前至三皇时代的文化面貌,尊命即尊占卜之命、巫觋之行,那时的神灵观念尚未充分发展,所以说远于鬼神。殷人尊神事鬼,先鬼后礼,表明殷人虽已有礼,但居文化主导地位的是鬼神,礼完全不具有任何优先性(此礼是指人道之礼)。周人尊礼,礼在周人的文化体系中占主导地位,享有对其他事物的优先性。由于人道之礼居主导地位,鬼神祭祀虽仍保留,却已渐渐远之,向神道设教的形态发展(这也是荀子所说的君子以为人道,百姓以为鬼神)。在"子曰"的论述中,三代文化演化展开为一种"否定的否定"特征。夏与周同为"事鬼敬神而远之""近人而忠焉""亲而不尊",但周与夏的同,并不是不同民族文化特性在同一发展水平上的偶然相同,夏道的远神近人是神灵观念尚未发达之故,周人的远神近人则是经过对殷人的理性否定而呈现的对夏的更高一级的肯定,是周代文化理性化进步的体现。尊礼与尊命的不同,显然体现了周人高于夏道的人文自觉。

其次,"子曰"从如何实施赏罚的政治角度对三代进行了区分,夏道贵赏,实际上说明在夏以前刑罚制度尚未形成,或刑罚在社会管理体系中所占比重甚轻,暗示夏以前氏族制占主导地位。殷人贵罚,表明殷人的奴隶制是比较严酷的,刑罚统治

第六章 礼乐

的失败是殷人社会管理的教训之一。周人主要通过宗法等级（爵列）制的礼来替代赏罚的规范功能。从这个角度来看，"尊而不亲"表示具有较高的政治威权的专制，"亲"应包含亲民的意义在内。"亲而不尊"似提示夏的氏族制与周的由氏族制转化而来的宗法制，对待血缘关系方面具有接近的性格，以及对"民"的较为宽和的态度。

最后，"子曰"还从三代的民风揭示出三代文化差异的另一个侧面。夏民愚野质朴，反映了蒙昧时代民智未开的水平。殷人荡而不静，似乎是酒神性格的表现；而求胜而无耻，表示殷代属野蛮时代，道德感亟待建立。周人利而巧，显示出周文化所处的文明时代特点。①

林惠祥在《文化人类学》中指出：原始人亦有其行为规范，由社会制定以约束个人，这种规范可以是很详密的。在原始社会中风俗即是法律，野蛮人对严厉的礼法都能遵从，在性事、饮食等方面都受到节制。② 他更指出：

> 原始人确有一种固定的是与非的标准，这是无可怀疑的。他们的这种行为的规则很有秩序地包括个人一切的行动。"风俗是国王"这句话还不够，风俗实是神圣的国王，他不容许个人有自己判断行为的地步或考虑的机会。对于

---

① 在《祭义》中有一段说明三代社会差别的话："昔者有虞氏贵德而尚齿，夏后氏贵爵而尚齿，殷人贵富而尚齿，周人贵亲而尚齿。"似意味着有虞氏是前阶级、前国家时代；夏代始有国家，故贵爵；殷人始有世禄制，故贵富；周人封建宗法，故贵亲。《祭义》此说亦有参考价值，但与《表记》之说有抵牾。

② 林惠祥：《文化人类学》，商务印书馆，1991，页210。

这种道德律的遵从，为社会的惯例或宗教的规则所要求。违反一条"答布"——即宗教上的禁忌——不殊于违犯了高等宗教的规律。所谓"正直是神的人"（god-fearing man）这个名称可以表示宗教上的畏惧的久存，以及视正直与畏神为一事的倾向。原始人在各方面都是畏神的人，这使他不敢不服从风俗。①

由此可见，原始人的道德规范乃是一种万物有灵论信仰支配下的"他律"。这种规范体系的特征是一方面以部族共同体生活要求的规范为主，另一方面是把所有的规范看成神的意愿而加以敬畏。在神灵观念尚未发展的蒙昧部落中，规范则主要靠传统来维系，一般来说，这种情况多见于较小的部落。

周礼体现的世袭等级身份制，规定了每一阶层的身份权力和可享用物品，及可佩用的身份象征物，如各等级衣服的样式、食物的种类、居住宫室的形制等等；训练人们从小懂得遵守等级制度下规定的每种特殊场合的生活规则。在这样一个处处遇到礼仪的生活世界，人的行为细节都有着与其地位相对应的明细规定，这些规定不止是伦理性质的，更多是举止仪节的；即使具有道德伦理性的，其规则也不是"十诫"那样形式的普遍伦理，而表现为适用于具体境况的细则规定②。无疑，礼的约束性质是"他律"性的，但与原始时期不同，这里的他律不是

---

① 林惠祥：《文化人类学》，商务印书馆，1991，页211。
② 参看本尼迪克特：《菊花与刀》，孙志民等译，浙江人民出版社，1987，页60。

第六章 礼乐

万物有灵论的他律或神的他律，不是依靠畏惧神的权威来保证，而是凭借礼仪与传统的外在约束和内化，这也正是从殷商文化到西周文化发展的一个特色。另一方面，这种他律在西周礼乐文化中不仅更强调其文明的形式方面如礼貌、礼让，而且以乐的和合功能来消解殷商神的他律的粗犷和狰狞，希图把外部的约束力在一定程度上转化为内在的意愿。

周代礼乐文化的特色与中原文明的特性和中原文明发展的特殊路径应有关系。侯外庐很早指出，"古代东方国家走进文明社会的路径，便依存于这些传习等等，再把它固定化起来，这个转变可以叫做'古代的维新制度'，亚细亚生产方式就是这样地支配社会的构成。"① 他认为，这种亚细亚的古代并不是超出于古典的、封建的、近代的发展道路之外，而是在通例的"古典的古代"之外作为一种特殊的古代，它虽然先于古典的古代出现，但本质上与古典的古代为同一类型，只是路径有差别。这种特殊，被认为是恩格斯《反杜林论》中所说的着重于传习的力量而不是变革的力量的方式，这使得中国成为青铜时代便进入文明社会的早熟国家。② 侯外庐重视的因袭传习，特重于土地国有而未私有化，而我们所重视的则是氏族制的结构与文化模式的保留和转化，正如侯氏也指出的，亚细亚的古代的趋向与古典的古代的不同之处是"氏族遗制保存在文明社会里"③，氏族纽带在这一过程中成了中国进入文明社会的结构

---

① 侯外庐：《中国思想通史》第一卷，人民出版社，1992，页8。
② 同上。
③ 同上书，页10。

特色。

侯外庐认为，古典的古代是从家族到私产制再到国家，国家代替了家族。亚细亚的古代是由家族到国家，国家混合在家族里面。因此前一条道路是新陈代谢，新的冲破旧的，这是革命的路线；后一条道路是新陈纠葛，旧的拖住了新的，这是维新的路线。前者形成的国家是市民的世界，后者形成的国家是君子的世界。① 这些论述如果不包含价值评价的话，是很重要的观察。他还指出："'礼'是旧贵族专政的法权形式，即区别贵贱尊卑上下的法度；'法'是国民阶级（贵族、自由民、手工业者）统治人民的政权形式。"② 中国古代的维新制度与亲亲的宗法政治，使得早熟的国家没有来得及清算氏族制度，而是在它的废墟上建立了"公族国家"③。又由于与希腊罗马以地域单位代替血缘单位、以国民代替氏族不同，城市和农村中氏族组织与纽带保留着，土地被氏族贵族公有制支配，故意识的生产只有在氏族贵族的范围内发展，只是君子式的，而不是国民式的。④

另一位历史学家李亚农则认为周代对氏族组织的保留与周族自身的传统有关。"氏族制繁荣期和家长奴役制时期的一套，在殷代社会中部分地或完全地消灭了"⑤，他认为丧、祭、昏、

---

① 侯外庐：《中国思想通史》第一卷，人民出版社，1992，页12。
② 同上书，页15。
③ 同上书，页17。
④ 同上书，页25。
⑤ 李亚农：《李亚农史论集》，上海人民出版社，1978，页446。

第六章 礼乐

朝聘、乡饮酒之礼,"这些礼都是周族的,殷人并没有这一套"①。由于殷商六百年间氏族制度及习惯的痕迹已经消失,氏族本身也崩溃了,殷人以国为氏,又有以职业为氏,则同一姓氏的人不一定同其血统,殷商的血族亲缘及由此产生的礼,都已不能成为维系社会团体的纽带,只能依靠刑罚的镇压维持统治。②

李亚农认为,礼既非法律,亦非道德,而是恩格斯所谓"数百年来的习惯",周族灭殷以前还处于氏族制社会末期,还未出现阶级对立,因此他们利用来维持社会秩序、防止纷争的是血缘关系及建立其上的数百年来的习惯,这就是所谓的"礼"。礼不但在氏族制社会中起了极大的作用,即使在后来的阶级社会中,对于统治阶层也起到有利的作用,这也就是儒家何以那样强调礼的理由。③ 在他看来,礼的社会功能包括:(一)防止氏族成员的不和睦。(二)防止争利而忘义。(三)防止淫佚而乱族。(四)防止同姓婚姻。(五)防止不孝。(六)防止不敬老。(七)防止阶级的混乱。(八)防止以下犯上。(九)防止叛乱。(十)防止弑君。④

殷人已经"有典有册",文明高于周人,殷人的祭礼相当发达。孔子更清楚指出过周礼因于殷礼,所以把六礼只看作周族的文化,是不足成立的。但殷人也还仍然处于文明的初期,并

---

① 李亚农:《李亚农史论集》,上海人民出版社,1978,页235。
② 同上书,页236。
③ 同上书,页232。
④ 同上书,页233、234。

未产生对文明发展有重大意义的经典。周人克殷之后，站在殷代文明发展的基础上，建立了以礼治国的机制，并把礼加以体系化、社会化，并与文字结合，使得礼形诸文字而成为中国文化的经典的一部分，得以长久传承。更因其文化的合理性巩固了它内在的生命力。如李亚农自己所说的，殷周相比，一个杀气腾腾，一个雍容文雅①，文明的进步在"礼"上表现得很充分。周人的幸运是他们的统治正好与文字的成熟期同步开始，使得周代所重视的文化，包括礼仪、诰书、诗歌，得以因文字的记述而成为文化的经典，成为文明母体的基因而"遗传"下去。

同时，也不可否认，周代文化与其族群文化的传统有一定的关系。据《表记》所载，夏周文化有很多一致之处，这又涉及古史研究中夏周二族的关系问题。有学者认为虞夏殷周四代发展而融合为华夏民族，其中虞商源于东夷集团，夏周源于华夏集团。② 傅斯年早年曾有夷夏东西说，认为夏族来自西方，殷人来自东北。杨向奎先生近著认为，黄帝、炎帝两部族构成华夏族的主体，源远流长，夏族已不是单一的部族，其中有姜，姜族与华夏族的结合，不始于周祖，而始于夏初，"夏与宗周如金与后金的关系，华夏族的形成，夏商周三代演变的过程中，夏周同族而商属东夷，姜属西羌"③，他还举出夏史传说出于周民族之相传为证。④ 这种"夏周同源"说，杨氏概括为："夏周

---

① 李亚农：《李亚农史论集》，页 236。
② 参看杨向奎：《宗周社会与礼乐文明》，页 4。
③ 同上书，页 26。
④ 同上书，页 42。

第六章 礼乐

本为一族，他们自古就曾与羌戎的一部分相结合，融为夏族、周族，这是中国古代华夏族的主流。当然在这一灿烂民族发展的过程中东夷、殷商也占重要地位，对中华民族的发展起了极为重要的作用。"[1] 从这点来看，李亚农以周之发展水平低来解释周人保存血缘纽带的关系及礼，就显得不周延。如果说夏周同族，周族在传统上就养成了一种文化模式，以礼及血缘宗法关系建构文明，那么西周文明的特色就不应以单向度直线式的发展来了解，还应考虑到夏周族与殷商的文化传统本来就有差别，即使发展水平相当也不可能泯除的一些文化差别。周代的这种文化模式是习惯于用一种整合性的机制，即功能混融而不分化的文化规范体系来整合社会。这样一种独特的文明组织方式从文化上看也是不区分宗教与道德，不严格区分礼俗与法律，而以一种包容性很大的礼，以期达到一种弥散性的文化目标。[2] 在这种看法中，从政治管理到日常生活，并不被认为是不同质的社会领域，并不认为这些领域应遵循不同的法则，而是认为这些领域都可以由礼来整合规范。礼在此意义上可以说是一种政教德法合一的体系。当然这不意味着周代没有政治制度、刑法规定、土地赋税等，而是说中国古人把这些东西统统纳入一个叫作"礼"的名称之下，这一点确实值得深扣而细味之。

---

[1] 杨向奎：《宗周社会与礼乐文明》，页44。
[2] 阎步克认为法家追求的是政治性目标，礼追求的是弥散性文化目标，而礼的内容从国家公共生活到私人社会生活无所不包，以致行政过程和各种仪制，在观念上都被视为礼，几乎都采取了礼的形式。见所著文：《礼治秩序与士大夫政治的起源》，载《国学研究》第一卷，北京大学出版社，1993，页299。

第七章　德行

> 在心为德，施之为行。
> ——郑玄：《周礼注》

一　释德

在中国早期文化的发展中，"德"字的出现及德的观念的发展，对于中国文化的精神气质的发育，具有相当重要的意义。

郭沫若在《青铜时代》中的《先秦天道观之进展》一文中曾提出："卜辞和殷人的彝铭中没有德字，而在周代彝铭中才明白有德字出现。"[1] 后来的卜辞研究者多不赞成其说，但德字即使在甲骨文中已有，其意义在殷商时究竟为何，尚有讨论的余

---

[1]　郭沫若：《郭沫若全集》历史编第一卷，人民出版社，1982，页336。

第七章 德行

地,而德字在殷商文化中并不是一个重要的观念,这应当是没有问题的。

根据现在古文字学家的看法,"德"字在甲骨文、金文中早已有之。徐中舒先生认为甲骨文中的"徝"字应为德字的初文①,这个字从彳从直。金文中在这个字下面加"心",成为"德"字。另外,金文中也有无彳,而从直从心的,作"悳"。《说文》心部:"悳,外得于人,内得于己也,从直,从心。"《广韵·德韵》:"德,德行,悳,古文。"由此可见,德的原初含义与行、行为有关,从心以后,则多与人的意识、动机、心意有关。行为与动机、心念密切相关,故德的这两个意义是很自然的。从西周到春秋的用法来看,德的基本含义有二,一是指一般意义上的行为、心意,二是指具有道德意义的行为、心意。由此衍生出的德行、德性则分别指道德行为和道德品格。

在文化的早期发展中,如氏族、部落的群体生活中主要依靠习俗和传统维系社会。随着社会的发展,会逐步产生出关于个人行为乃至个性的褒贬观念,这样,就产生了具体的德行观念,即关于品格、品德、品行的观念,如勇敢、公正、明智等,而抽象的"德"的观念则为后起。

在文献中,德与有关德行的观念的出现,已见于《尧典》,《尧典》中关于天象的记述,从前竺可桢、徐旭生先生都有论断,近来天文学史的专家如席泽宗先生认为确属公元前二千多年的天象。《尧典》说:

---

① 徐中舒:《甲骨文字典》。

帝尧曰放勋，钦明文思安安，允恭克让，光被四表，格于上下。克明俊德，以柔九族。九族既睦，平章百姓。百姓昭明，协和万邦。

俊德即美德。钦指敬，明指明察，恭指谨慎，让即不骄，这些都是俊德的具体德目。明德的社会功能是亲睦九族、协和万邦，求得世界的普遍和谐。《尧典》中已体现出中国文化注重明德与协和的价值指向。

在《尧典》的最后，尧向四岳询问何人可以代他作君主治理天下，四岳称"否德忝帝位"，声称他们的鄙弱的德行不足以继代尧位而治天下。同时四岳又共同推举舜，称赞舜虽然生在一个父母兄弟都对他不友好的家庭，却能"克谐，以孝烝烝，乂不格奸"。这里也举出了一些具体的德行条目，如孝、谐等。

从上面这两个例子来看，"俊德""否德"都是在德的前面加一个形容词，在这种用法中，德并不表示"有道德"，只表示一般的可以从道德上进行评价的行为状态或意识状态，从而这种状态可以是好的，也可以是不好的。这种意义上的德只标示在价值上无规定的意识—行为状态。值得指出的是，二典中肯定的德行多体现为政治德行，是在政治实践中获得评价的。正如以前我们所说的，价值建立的方式主要通过政治领域来表现，是早期中国文化的一个特点。

今文《尧典》的后半部古文分之为《舜典》，其中称舜"濬哲文明，温恭允塞，玄德升闻"。濬哲指智慧，玄德旧释为修德。尧欲让帝位于舜，而"舜让于德，弗嗣"，舜谦让于有德的

第七章 德行

人,不肯继位。在这里单用的德字表示有美德或有美德者,简称有德或有德者。后来舜继帝位,尧死,舜对十二州牧训话,也提到"柔远能迩,惇德允元",惇德旧释为亲德,即亲近有德之人。

于是,在二典中的"德"字已有三种用法,一、无价值规定的品行;二、美德;三、有美德之人。二典中也提出了一些具体的德行条目。二典作为文献,其写定的年代与其中所反映的思想属何时代,尚不能断定。就其中有关德的论述来看,可能在殷商晚期后流传的。但有关具体的德行条目的确有可能在夏以前就提出来了。具体的德行条目在氏族的部落生活就可以见到,抽象的德的观念则要晚于具体的德行条目。在二典中我们已经可以隐隐看到在西周充分发展了的中国古代政治文化的主题。"敬德"的观念和对其的强调是周文化的一个显著特征,但敬德的观念的产生在古代政治文化的传统中可能有其渊源。从早期禅让的政治文化传统,到夏商两代,在君权神授观念的同时,也都传留了一种由君主领袖的美德和才智来建立政治合法性的传统。事实上,这种从才和德方面建构统治的合法性的意识,不仅为君主和民众共同接受,而且在氏族部落禅让制度中更是必然如此的。艾森斯塔得曾就天命和敬德说明中华帝国的文化取向[1],而我们则注重其对中国文化的伦理—宗教体系的影响。三谟中"惟德动天""反道败德"(《大禹谟》)"天命有德"(《皋陶谟》)的德字是指道德、美德。二典三谟可能经周初

---

[1] 艾森斯塔得:《帝国的政治体系》,阎步克译,贵州人民出版社,1992年,232页。

史官之手才写定，并在其中采用了周人的通行语言，但不仅其中的精神可能其来有自，而且其作为后来儒家思想的来源的部分，是没有疑问的。

在商书中也可见到相同的用法，如"夏德若兹"（《汤誓》）"有夏昏德"（《仲虺之诰》），这些德字就是指无规定的品行而言。而"夏王灭德作威"（《汤诰》）的德字就是指道德、美德了。周书中"德"的出现就更多了。《泰誓》中所谓"同力度德""同德度义""离心离德""同心同德"及"一德一心"的德字都是指作为意识动机的心念、心意或直接就是心，并不是作为一种肯定的价值语态。而"崇德象贤"（《微子之命》）"惟德是辅"（《蔡仲之命》）则明显地是以德字为道德、有德者。

总之，古代"德"字有几种不同的用法，这与古代文献中的其他字或范畴的情形是一样的。

二　明德与敬德

在讨论天命的一章中我们虽然在个别处提到敬德和明德，但没有详细论述，下面我们举出一些代表性的命题，以见其思想和用法。

先来看"敬德"，在周书中有不少关于敬德的论述：

惟不敬厥德，乃早坠厥命。(《召诰》)
肆惟王其疾敬德，王其德之用，祈天永命。(同上)
天亦哀于四方民，其眷命用懋，王其疾敬德。(同上)

第七章 德行

  王敬作所，不可不敬德。(同上)
  周公曰：……则皇自敬德。(《无逸》)

"敬德"是指谨慎地行德，行德既指德行的修养，亦指德政的施行。

  "明德"的说法就更为多见了：

  克明德慎罚。(《康诰》)
  先王既勤用明德，怀为夹，庶邦享作。兄弟方来，亦既用明德，后式典集，庶邦丕享。(《梓材》)
  自成汤至于帝乙，罔不明德恤祀。(《多士》)
  惟天不畀不明厥德。(同上)
  以至于帝乙，罔不明德慎罚。(《多方》)
  克慎明德。(《文侯之命》)

"明德"即光明其德行。

  相同的主题也见于《诗经》。《鲁颂》旧说多以在春秋中期，但其思想与西周文献中的思想一脉相承：

  明明鲁侯，克明其德。(《鲁颂·泮水》)
  济济多士，克广德心。(同上)
  敬明其德，敬慎威仪，维民之则，允文允武，昭假烈祖，靡有不孝。(同上)

敬明其德，即努力修明其德行。"敬慎威仪"在《诗经》里多次出现，如"敬慎威仪，以近有德"（《大雅·民劳》）等。

《诗经》中德字也是有不同的用法。有以德指德行者，如"乃及王季，维德之行"（《大雅·文王·大明》），"肆成人有德"（同上，《思齐》），"世德作求，永言配命"（《文王·下武》），"应侯顺德"（同上）。有以德为恩德者，如"忘我大德，思我小怨"（《小雅·谷风》），"三岁贯女，莫肯我德"（《魏风·硕鼠》）。有以德为心者，如"之子无良，二三其德"（《小雅·鱼藻·白华》）。又有以德为形容美、善之辞，如"公孙硕肤，德音不瑕""彼美孟姜，德音不忘"等。

德字在金文中很常见，其用法与周书略同。如西周时期的《何尊铭》"龏德谷天"，龏借为恭，亦即敬，意谓敬德顺天。① 康王时代的《大盂鼎铭》"今我隹即井（刑）𪧀（禀）玟王正德"，井借为刑，指法，意谓效法文王的正德。又说"今余隹令女盂邵营敬邕德经"（作者注：金文中不易印刷者已径改为所借字，下同），意谓努力奉行道德。② 约为穆王时期的《班毁铭》"隹敬德，亡攸违"，意谓惟有恭行德政，百姓才不会背离。③ 共王时代的《墙盘铭》"上帝降懿德大屏"，意谓上帝赐给周王有美德的辅弼大臣。文中又称赞文考乙公"德纯无谏"，这里的德字也指德行。④ 厉王时代的《叔向父禹毁》文中有"余小子

---

① 铭文的解释参看洪家义《金文选注译》，江苏教育出版社，1988，页41。
② 同上书，页74、81。
③ 同上书，页142、149。
④ 同上书，页204、222。

第七章 德行

嗣朕皇考肇帅型先文祖共明德,秉威仪",意谓我小子继承先王当初效法先祖,敬奉光明道德,秉持威严礼仪。① 著名的《毛公鼎铭》"皇天弘厌厥德,配我有周""告余先王若德",意谓皇天满意他们的德行,经常告诉我先王的美德。②

以上所引材料中与本书讨论有关者主要有两个方面。第一是明德与敬德,明德和敬德的提法在西周文献中反复出现。敬德有时作恭德,明德亦常表述为明其德、明厥德。在这种语式中,"敬"与"明"都是动词,指努力修明其德行。敬是敬慎努力,明指修明。敬与明亦合用,典型的表现是《鲁颂》的"敬明其德"的说法。第二是正德、懿德、明德的用法,这里的正、懿、明是用作形容词,都指美德、光明的道德。在西周文献中已明显地把德作为道德的意义使用,或加形容词以颂美之,或加动词以实现之、彰明之。

考察德的意义时,可以发现,早期文献中肯定的德及具体德目,大都体现于政治领域,或者说,早期的"德"大都与政治道德(political virtue)有关。在君主制下,政治道德当然首先是君主个人的道德品行和规范。君主的个人品德在政治实践中展现为政治道德。周人明确认识到君主的个人德行与政治的道德性格对维持政治稳定性的重要作用。周人一开始就是从"小邦周"(对于"大邦殷")的道德性来确立其取代商殷的合法性。的确,这一方面是一个小邦何以战胜大邦的历史经验的解释,而这种解释,在另一方面,也同时构成了周人理解的政治

---

① 洪家义:《金文选注译》,页 354、357。
② 同上书,页 441、460。

领域的根本通则——它同样适用于周人自己。

在中国古代的政治传统中，关注点不是集中于制度的属性，而是在于行政和政治运行的性质。事实上，虽然夏代史料缺乏，但从《召诰》"监于有夏""监于有殷"的说法来看，殷人本来也像周人一样，以同样的模式解释商代夏政的合法性，所以周人回顾历史时从未忘记夏，所谓"殷鉴不远，在夏后之世"（《大雅·荡》）。殷人在汤的时代也颇重视敬德，只是到了殷末，忘乎所以，断送了天赐的大命。从这一点来说，重视以德政来建立统治的合法性与维持政权的稳定性，可能是一个可以追溯到更早的政治传统，只是在周以前，它被神权政治的浓重色彩所遮掩。

从文献显示的意识来看，早期中国政治思想传统的核心问题是暴君与暴政的问题，它所体现的是统治者（君王）与被统治者（民众）间紧张关系这一永久性的政治学原理（至于君主作为部落的代表向外扩张，以及由此而来的"柔远而迩"的价值规范的产生，则是另一个问题）。暴君问题的出现，当然与政治组织制度的变化有关，部落联盟的禅让制度或选举制下，是不会出现异化的暴君的。正是夏代开始的政治权力家族继承制（无论是父子间还是兄弟间），严格说是在父系宗亲之间传递政治权力的过程中，才开始产生这一问题。由于早期政治结构缺乏约束机制，使得暴君的出现成为可能。中国历史上第一个暴君为夏代的桀，这并不是偶然的。这说明传说及记载中夏代开始的政治权力传递模式的改变，是一个重要的原因。在君主制下的规范约束必然要诉诸道德的力量。从而，中国古代政治史

第七章 德行

上理想政治变迁和暴君问题的解决之道是"以德代暴"。这在周人已经成为一个自觉的意识。防止政治道德的堕落，以保持王朝的持久，成了西周政治文化代代传诫的律法和信条。

在西方政治思想史上，"正义"被所有政治思想家视为良好政治秩序的基石或基本属性，以"正义"涵盖所有的政治美德。自在中国古史时代，则以"德"（后来更以仁）来涵盖中国古文化所肯定的一切政治美德。自西周以来逐步发展了一种思想，即认为在现行的政治秩序之后还有一个道德法，政治运行必须合于某些道德要求，否则就必然导致失败。在西周早期，这个道德秩序和道德法在一方面被说成是上帝的意愿或天命的内涵，另一方面，道德秩序当然首先根于君主的个人德行。而到春秋时代，一方面在君子代表的知识阶层看来，上帝的意志更多地演变为天命的必然性，另一方面天命也越来越多地采取民意化的形式，要求德的配合。可以说，中国文化早期价值理性的建立，首先是通过三代政治对政治道德的强调而开始实现的，是以这样一种与政治密切相关的方式在政治文化领域里滋养起一种精神气质（ethos），而逐步建立起来的。对政治道德和君主个人品格的重视体现了中国早期历史通过政治领域的特殊途径建立价值理性的努力。因为，政治管理需要符合的道德原理，和君主个人应当具有的美德，事实上并不是与普遍性的道德准则完全不同的东西。

这样一种敬德的政治思想之所以出现，从三代交替的以德代暴的历史经验中是很容易得到解释的。而且，在早期历史发展阶段，历史经验对先民具有极为重要的意义。这些经验由于在早期历史发展中被重视,而上升为、演变为理性和法则,并造就了前轴心时代文化的价值取向。在古代的其他地区,如古希腊、古印度都未曾出现类似的主题,即诉诸政治道德以达成理想政治。与希腊相比,显然是因为中国夏代就不是一个小城邦,它的政治统治与管理无法诉诸城邦民主。比起印度,从夏到周初都未形成强有力的宗教(如吠陀),并由以维系合法性。因而,在这样一个分布于广大时空的历史—文化连续体内,在一个历史经验受到特别重视的发展中,更特别在周人的政治忧患意识的推动之下,不断被强化为一种传统。

三　孝与三代的德行

前面我们已经提到,在《尧典》中表彰的帝尧美德中,不仅有"克明俊德"的一般表达,又有"恭""让"的具体德行,更显示出亲睦九族、协和万邦的价值取向。四岳推荐舜的时候,提出的舜的德行是"克谐,以孝烝烝"。

《舜典》讲述舜的功德时既列举了舜遍祀群神、制礼典刑,又指出其政治道德的特点"柔远能迩,惇德允元"。其中还记载舜对契的命令:"契,百姓不亲,五品不逊,汝作司徒,敬敷五教,在宽。"强调亲睦和顺与宽厚之政。五教的问题我们下文再讨论。先来看舜所提出的四德:

　　帝曰:夔!命汝典乐,教胄子,直而温,宽而栗、刚而无虐,简而无傲。诗言志,歌永言,声依永,律和声。

第七章　德行

八音克谐，无相夺伦，神人以和。

"直""宽""刚""简"四德体现了早期对德性的基本要求，在这里是作为年轻人品行教育的要素，这些德性是：正直而不失温和，宽厚而不失原则，刚毅而不暴虐，清高而不骄傲。"八音克谐""神人以和"不仅指音乐的调和，也体现着与《尧典》所说的亲睦协和的文化气质。狭义的德性是指人的内在的人格素质，德行则指人的行为的道德特性，但德行从主观方面来看，就是德性，如孝本来是德行，但作为人之能孝的内在品质就是德性。郑玄《周礼》注说"德行，内行之称。在心为德，施之为行"[①]。

在《皋陶谟》中《舜典》的四德扩大为"九德"：

> 皋陶曰："都！亦行有九德。亦言，其人有德，乃言曰，载采采。"禹曰："何？"皋陶曰："宽而栗，柔而立，愿而恭，乱而敬，扰而毅，直而温，简而廉，刚而塞，强而义。彰厥有常，吉哉！"

九德在"直""宽""刚""简"外，又加了"柔""愿""乱""扰""强"。九德似乎可以看作刚德与柔德两个系列，直、刚、强、简、乱（治）可视为刚德，宽、柔、愿（厚道）、扰（顺）可视为柔德，而每一德目又需要与和其相对立的一种德目相济

[①] 见孙诒让：《周礼正义》，中华书局，1987，页997。

相成，如正直还需要温和来补充。从九德的提法来看，当时人们对德性已区分出九项正德、九项辅德和九种正辅调和的德行状态，其区分已达到相当细密的程度。

德性与伦理的区别在于，德性是指属于个性的一种内在品格，如刚强或宽厚，正直或坚强。伦理则是发生在人与他人间关系的规范。中国古代最早也最突出的伦理规范应推"孝"。

《尔雅·释训》："善父母为孝。"父母为"亲"，所以善父母的孝，包含着事亲（《荀子·王制》"能以事亲谓之孝"）和爱亲（《逸周书·谥法》"慈惠爱亲曰孝"）。但事实上，在西周时，孝的表现和实践不限于亲子之间，孝的范围在纵向上可以上溯至祖先，在横向也可推至父系宗亲。西周人作器多表达对祖先的感谢，时常用"孝"的说法，其中虽然有周代世卿世禄制以为基础，但孝的观念在原始文化中也有其根源。与有些原始族群不同，中国文明中没有食、杀父母的习俗记载，[1]相反，有传说或记载的上古文化中，养老爱幼的观念显示有极远的根源，四代礼制和传统很多方面都有所变化，但"养老""尚齿"却是四代不变的传统，体现了中国文化精神气质的一个侧面，很值得注意。

商代已重视孝行，《吕氏春秋·孝行览》说："商书曰'刑三百，罪莫重于不孝'。"商王朝祭祀祖先的制度和礼仪已相当发达，与之相适应的"孝"的观念当已出现。《康诰》载周公诰词"元恶大憝，矧惟不孝不友"，以不孝不友指责殷人，若非殷

---

[1] 康学伟在其书中引用了民族学资料说明世界有的地区如斐济、澳洲等曾有食父母、杀父母的习俗，见所著《先秦孝道研究》，文津出版社，1992，页51。

第七章　德行

人已有孝友的规范，周公就不可能用以斥责殷人。按照文献所载，中国古代很早就已形成了包括孝在内的"五教"。《舜典》载舜命契之语：

> 契！百姓不亲，五品不逊，汝作司徒，敬敷五教，在宽。

《孟子·滕文公上》说：

> 圣人有忧之，使契为司徒，教以人伦：父子有亲，君臣有义，夫妇有别，长幼有序，朋友有信。

父子有亲即是孝，照这个说法，五品即是五种人伦关系：父子、君臣、夫妇、长幼、朋友（郑玄注亦如此）。五教则是指五种人伦关系的准则：亲、义、别、序、信。《左传》说得更为清楚：

> 舜臣尧，……举八元，使布五教于四方。父义、母慈、兄友、弟共、子孝，内平外成。（《左传》文公十八年）

《左传》所述五教完全是家庭道德，这可能比孟子更接近五教的原始意义。如果在舜的时代确曾命契颁布"五教"，其文化意义则不在摩西十诫之下。《康诰》中周公列举的"元恶大憝"是："矧惟不孝不友"，子"弗祗服厥父事"，父"不能字（慈）厥子"，弟"弗克恭于兄"，兄"大不友于弟"，把慈、孝、友、恭、服作为主要道德规范,这和《左传》讲的五教是一致的,说明至少在殷末周初,作为家庭道德的五教已经成为最重要的德目。

如果说"孝"更多地是反映宗族共同体的特殊凝聚需要(包括基于亲情的自然情感和基于世官制的功利情感),而不是一般共同体的伦理原则,那么,与男权制家庭特殊需要相联系的家庭伦理规范也有不少是针对妇女的,如《大戴礼记·本命》载"妇有七去":不顾父母去,无子去,淫去,妒去,有恶疾去,多言去,窃盗去。这可以说是以反面的形式所提出的妇德。金景芳先生指出,父权制的个体家庭是中国文明的基础,[①] 由此可以相信,以孝为首的"五教"是中国文化最初的道德规范,这些规范是建立在父系家庭的基础上的。

在《尚书》中孝的观念已有重要地位,商书中《太甲》明确提出:"奉先思孝,接下思恭,视远惟明,听德惟聪。"这里孝、恭、聪、明都是德行。从"接下""视远""听德"可明显看出四种德行都是作为统治者的个人德行,侍奉先人要孝,接待臣下要恭,要善于倾听各方意见,要有远大的政治目光。周书《微子之命》中说:"尔惟践修厥猷,旧有令闻,恪慎克孝,肃恭神人。"这里提出的慎、孝、肃、恭也都是德行的条目,慎对政务而言,孝对奉先而言,肃对神事而言,恭对民事而言。又说:"乃祖成汤,克齐、圣、广、渊。"据蔡沈传:"齐,肃也。齐则无不敬,圣则无不通。广言其大,渊言其深也。"这与

[①] 金景芳:《中国古代思想的渊源》,载《社会科学战线》,1981年第4期。

第七章　德行

《太甲》所说的四德是一致的。《冏命》为穆王时册书，中说"昔在文、武，聪、明、齐、圣；小大之臣，咸怀忠良。"这可以说是以聪明齐圣为君德，以忠良为臣德。聪明齐圣的提法与《太甲》《微子之命》也是一致的。

《酒诰》中说："纯其艺黍稷，奔走事厥考厥长，肇牵车牛，远服贾用，孝养厥父母。"周公告诫殷民在卫国专心种植，孝顺侍奉父母。《蔡仲之命》中说："尔尚盖前人之愆，惟忠惟孝。尔乃迈迹自身，克勤无怠，以垂宪乃后。"周公囚蔡叔，成王封蔡叔之子蔡仲，告诫他用力弥补前人的过失，思忠思孝，为后代立下榜样。这里已将"忠"与"孝"相联系。早在商书《伊训》即有"居上克明，为下克忠，与人不求备，检身若不及"的提法。以"明"为在上者的德行，以"忠"为在下者的德行。《君陈》篇说："惟尔令德孝恭，惟孝友于兄弟，克施有政。"还提出"宽而有制，从容以和"。孝友恭在《康诰》中受到重视，孝对父言，恭对兄言，友对弟言。"克施有政"是指将孝友恭之心移用于施行政务。

由以上可见，三代的统治者，特别是西周的统治者已自觉地推扬各种人格和德行，推行各种社会道德规范，如《君牙》所谓"弘敷五典，式和民则。尔身克正，罔敢弗正，民心罔中，惟尔之中。"也说明《尚书》中所提出的各种德行基本上是作为统治者的个人道德规范，着眼于政治管理的领域。

《尚书》提出的德行在《诗经》中也有表现，如"孝"：

　　成王之孚，下土之式，永言孝思，孝思维则。（《大

雅·文王·下武》)

诗中颂扬成王的孝顺,鼓吹以孝为法则。据《周颂》,成王自己又以诗告于武王庙,表示"于乎皇考,永世克孝"(《周颂·闵予小子》)。《诗经》中也有颂扬诸侯贵族孝行的篇章,如:

> 威仪孔时,君子有孝子。孝子不匮,永锡尔类。其类维何,室家之壸。君子万年,永锡祚胤。其胤维何,天被尔禄。君子万年,景命有仆。(《大雅·生民·既醉》)

诗中赞颂君子有孝有德,并且特别指出孝行在世袭制度中的意义,即子孙感念祖先的恩德,以保守福禄。也正是由于这一点,周诗中贵族颂扬孝行多在祭享之时,如《周颂》"于荐广牡,相予肆祀,假哉皇考,绥予孝子"(《臣工·雝》),"率见昭考,以孝以享"(《臣工·载见》)。这都是说周王率人谒祖庙,以孝心献祭,祈求得到祖先的赐福。周人贵族的"孝"与"享"祭活动常联结在一起,说明享祭祖先是周贵族显示孝行的重要方式。周代铭文中多有"享孝""追孝"之说,如"夙夜用享孝皇祖文考""用追孝于剌仲",① 表明西周的祖先祭享不仅是一种对神灵的献媚,而更是对祖先的一种报本的孝行。因此,孝不仅是对活着的父母的孝顺,祭享先祖是"享孝",追祭亡父母是"追孝"。值得一提的是《小雅》"张仲孝友"(《南有嘉鱼·六月》)

---

① 所引铭文参看康学伟《先秦孝道研究》,页68。

第七章 德行

以孝友联举的提法与《尚书》相合。

《诗经》中的孝的思想也不限于贵族,如《小雅》的其他诗:

> 蓼蓼者莪,匪莪伊蒿,哀哀父母,生我劬劳。
> 蓼蓼者莪,匪莪伊蔚,哀哀父母,生我劳瘁。
> 无父何怙,无母何恃。
> 父兮生我,母兮鞠我。拊我畜我,长我育我,顾我复我。(皆《小雅·谷风·蓼莪》)

在《鹿鸣》中如《常棣》还反复申明兄弟情谊的重要。

在前章讨论西周礼乐文化时我们已经指出,周礼在社会层面的意义是巩固宗法秩序,培养宗族内的生活规范,强化宗族内的凝聚力,这些内容也可以一言以蔽之,就是"孝"。在这个意义上,"孝"不仅仅是子女对父母的孝养,而是代表宗族利益、秩序、繁衍的一个普遍性价值。事实上,正如康学伟所指出的,周代的冠昏丧祭养老诸礼无不贯穿着"孝"的原则与精神。[①]《孝经》引孔子曰:"夫孝,德之本也,教之所由生也。"这应当是西周以来的传统观念。冠昏丧祭礼所举行的场所,周代规定为在宗庙,而不是一般原始社会规定的公共场所,突出地说明这些礼仪都是在"家"所代表的家族或宗族利益的框架内展开,并为之服务的。冠礼是男子获得代表家庭和负担家庭

---

① 康学伟:《先秦孝道研究》,页91。

义务的权利,而不是氏族社会一般成员资格的权利。昏礼"合二姓之好,上以事宗庙,而下以继后世"(《礼记·昏义》),新妇将成为家庭的重要成员,承担主持家务、侍奉舅姑、生养子女的重大家庭责任。丧祭之礼更是为了寄托子女或后代的孝思,古礼家所谓"报本反始"都是指对父母及祖先的感恩的心情。四代的养老传统虽然所养者不会普及平民,但《祭义》认为"贵老,为其近于亲也",说明养老礼也具有亲亲的类似性格。而《荀子·大略》更明确地说"礼也者,贵者敬焉,老者孝焉,长者弟焉,幼者慈焉,贱者惠焉"。后来的儒家主张的"老吾老以及人之老",是周代孝老精神的合理推展。

不过,在西周文献中,"孝"并不是作为"德",孝可能更多地作为"行"。《尧典》《皋陶谟》所说的德多是指个人的品格、品性,而"孝"一类的伦理规范并未包括其中。后来周书《立政》说"知忱恂于九德之行",应即是《皋陶谟》所说的九德。《洪范》第六"乂用三德",也是指"一曰正直,二曰刚克,三曰柔克",未包括伦理即人伦规范的内容。《吕刑》说"惟敬五刑,以成三德",孔传以为三德即刚柔正直三德,认为同于《洪范》之说。因此,"德"字最早应指作为个人品格的德性,而较少用来指人伦道德规范的德行。

《周礼·大司徒》中把"六德"与"六行"加以分别:

> 以乡三物教万民而宾兴之。一曰六德:知、仁、圣、义、忠、和。二曰六行:孝、友、睦、姻、任、恤。三曰六艺:礼、乐、射、御、书、数。

第七章　德行

旧注睦指亲九族，姻指亲外亲，任指交友之信，恤指抚恤贫者。在这里，孝友都属于"行"，而不列于"德"。德性与伦理的这种区分，在《中庸》中仍可看到：

> 天下之达道五，所以行之者三，曰君臣也，父子也，夫妇也，昆弟也，朋友之交也，五者天下之达道也。智、仁、勇者，天下之三达德也。

当然，德与行的这种分别不是绝对的，行之内化就变为德，对行的规范要求也就会变为个人德性的要求。在《周礼》的有些地方，孝友偶尔也称为德。《周礼》春官《大司乐》"以乐德教国子中、和、祗、庸、孝、友"，不过这是把孝友作为"乐德"，与"乐舞""乐语"并提，还不能说以孝友作为普遍的德。但地官的《师氏》中也提出孝德：

> 以三德教国子，一曰至德，以为道本；二曰敏德，以为行本；三曰孝德，以知逆恶。教三行：一曰孝行，以亲父母；二曰友行，以尊贤良；三曰顺行，以事师长。

孝德与孝行显然是重复，疑孝德的孝字有误，或者孝德的孝是指广义的孝。总之，即使在这里也仍然把亲父母称为"孝行"。

古语无规范一词，《尔雅》的《释诂》说："典、彝、法、则、刑、范、矩、庸、恒、律、职、秩，常也。"又说："柯、宪、刑、范、辟、律、矩、则，法也。"在道德方面提出了

"信"和"诚",以及"敬""安""孝",但《释诂》通篇都没有"……德也"的说法,说明对于较抽象的观念《尔雅》似乎无能为力。在《释训》中也只有"孝""友"的德目。

在古代文献中有不少对于德行体系的概括,为分疏得清楚起见,我们将它们分为三类:

第一类:

  四德:直、宽、刚、简(《尧典》)
  九德:宽、柔、愿、乱、扰、直、简、刚、强(《皋陶谟》)
  三德:正直、刚克、柔克(《洪范》)

第二类:

  五教:父义、母慈、兄友、弟恭、子孝(《左传》文公十八年)
  七教:父子、兄弟、夫妇、君臣、长幼、朋友、宾客(《礼记·王制》)
  八政:夫妻父子兄弟君臣(《逸周书·常训》)
  十伦:君臣之义,父子之伦,贵贱之等,亲疏之杀,夫妇之别,长幼之序,上下之际(《礼记·祭统》,与社会德行无关者未列)
  四道:亲亲、尊尊、长长、男女有别(《礼记·大传》)
  五达道:君臣、父子、夫妇、兄弟、朋友(《礼记·中

第七章 德行

庸》)

三行：孝行、友行、顺行(《周礼·师氏》)

六行：孝、友、睦、姻、任、恤(《周礼·大司徒》)

第三类：

六德：中、和、祗、庸、孝、友(《周礼·大司乐》)

六德：知、仁、圣、义、忠、和(《周礼·大司徒》)

三达德：智、仁、勇(《礼记·中庸》)

四德：精、忠、孔、信(《国语·周语上》)

四德：忠、信、礼、义（同上）

九德：孝、悌、慈惠、忠恕、中正、恭逊、宽弘、温直、兼武(《逸周书·宝典》)

九德：忠、信、敬、刚、柔、和、固、贞、顺(《逸周书·酆保》)

九行：仁、行、让、言、固、始、义、意、勇(《逸周书·文政》)

九守：仁、智、固、信、城沟、廉、戒、竞、国（同上）

《逸周书》还有一些"九德"类的说法，但往往是作为治国之法，并非从伦理着眼，所以就显得不伦不类，如《文政》有"九德"之说"一忠二慈三禄四赏五民之利六商工受资七祗民之死八无夺农九足民之财"，这些就不列举了。同时，像《逸周书》等，其中也有一些并未以四德、九德一类数字加德字来表达，而以其他方式表达社会基本价值的表述，也不详细论列了。

在以上三类与德有关的表达中，第一类属于个人品格，第二类是社会基本人伦关系的规范，第三类可以看作前两类结合的产物，其中既有个人品格如温直刚柔，也有人伦性道德如孝悌友，值得注意的是第三类里普遍性的道德价值反映为德性的要求，显著增多，如仁、智、信、义等。而所有这些，基本上反映了西周时代德行观念的面貌。它们既是作为统治者个人的规范和要求，也具有普遍的伦理学上德性和德行原则的意义。大体上看，第三类出现要晚于前两类，其中有的地方可能已融入了早期儒家的思想。无论如何，早期儒家所提倡的德行德目与这三类德行有密切的联系。

从内容上看，这些德目似可看作两大类，一类是立基于家庭和家族乃至宗族关系的人伦规范，主要是家庭道德（domestic moral）。一类是作为个人，主要是向统治者提出的个人的品格的要求。在后者中也包含着一般人格理想的意义。这两方面也就是后来儒家道德学说的基本立脚点。

最后，简单讨论一下《诗经》中有关德的问题的表达。《大雅》中"敬慎威仪，以近有德"（《生民·民劳》）的说法是《诗经》中反映周人一般"敬德"思想的典型表述。"敬慎威仪"的说法在《诗经》中多见，如《大雅》荡之什的《抑》《烝民》等，"以近有德"又见于《大雅》生民之什的其他篇。至于对"敬"的强调在《诗经》中也是非常明显的。这些都与周书一致。

《诗经》中不仅有像"天生烝民，有物有则，民之秉彝，好

第七章 德行

是懿德"(《大雅·荡·烝民》)这样的思想,在德行德目上也有不少反映。如:

公

  嗟嗟臣公,敬尔在公。(《周颂·臣工》)
  夙夜在公,在公明明。(《鲁颂·有驰》)
  夙夜在公,实命不同。(《召南·小星》)

刚柔

  不刚不柔,敷政优优。(《商颂·长发》)
  柔亦不茹,刚亦不吐。(《大雅·荡·烝民》)

温恭和平

  温恭朝夕,执事有恪。(《商颂·那》)
  终温且惠,淑慎其身。(《邶风·燕燕》)
  温温恭人,如集于木。(《小雅·小宛》)
  维桑与梓,必恭敬止。(《小雅·小弁》)
  温温其恭。(《小雅·宾之初筵》)
  既和且平,依我磬声。(《商颂·那》)

圣

圣人莫之。(《小雅·巧言》)
人之齐圣。(《小雅·小宛》)
母氏圣善。(《邶风·凯风》)
皇父孔圣。(《小雅·十月之交》)

仁

洵美且仁。(《郑风·叔于田》)
其人美且仁。(《齐风·卢令》)

这些提法在《尚书》中多有类似语句，如论刚柔，《尚书·毕命》有"不刚不柔，厥德允修"；论温恭，《尚书·舜典》有"濬哲文明温恭"；论圣齐，《尚书·洪范》有"睿作圣"，《微子之命》《命》都有"齐圣"；论仁，《尚书》中多有仁人之说，《仲虺之诰》有"克宽克仁"，《金縢》有"予仁若考"等等。论和，《尚书·多方》有"自作不和，尔惟和哉。尔宾不睦，尔惟和哉"。至于论公，则《周官》的"以公灭私，民其允怀"，我们在前章已经叙述过了。

四 德行的社会根基：周代的生活共同体

虽然古代有关德的观念的提出，往往通过政治领域来表达，但这决不表示被古人作为与政治有关而提出的道德观念，其意义仅仅限于政治领域，如孝友，也是统治阶级很重视的道德观

第七章 德行

念。又如正直,是统治者的重要德行规范。而孝友、正直的德目都具有超出政治领域的一般道德意义。

统治阶级和贵族处于同一个生活共同体,在其生活共同体中为了调节、规范相互关系,必然要产生、提出一些反映共同体利益的道德准则和个人品格。而这些准则和品格与其他阶层的共同体生活所要求的,并没有根本区别。由于贵族脱离了繁重的劳作,具有了较高的文化,贵族中开始有专业的知识人出现,使思考人伦问题成为可能。所以我们今天在文献中所看到的早期德行的观念和伦理思想主要是且首先是在贵族文化中发展起来的。

诚然,马克思曾指出:

> 统治阶级的思想在每一时代都是占统治地位的思想。这就是说,一个阶级是社会上占统治地位的物质力量,同时也是社会上占统治地位的精神力量。支配着物质生产资料的阶级,同时也支配着精神生产的资料。因此,那些没有精神生产资料的人的思想,一般地是受统治阶级支配的。①

正如马克思同时看到的,历史上占统治地位的思想往往具有普遍性形式,这不仅因为执政的统治阶级常常"赋予自己的思想以普遍性的形式",事实上,任何一个统治阶级或任何一个社会

---

① 《马克思恩格斯选集》第一卷,人民出版社,1971,页52。

的上层文化，它所要求的共同体准则必然不会仅仅是它所独有的，而是有普遍性的，正如基层生活共同体要求的准则同样具有普遍性一样，这才使其统治具有合法性并成为可能。因此，任何承担公共管理职能的阶级或集团，必然会，至少在一定程度上会，提出符合此社会共同体要求的普遍准则。从而，它的思想带有的普遍性成分就不仅是形式，更不能被看作是纯粹虚假的声明。中国历史表明，社会生活共同体所要求的准则是首先在上层社会和贵族文化中发展起来的，是由这一上层文化中的知识人加以提炼和概念化的。

伦理学所重视的观念，其社会基础是共同体的结构、形态及规模，生产资料的所有制在这里并不具有突出的重要性。因为所有制是生产资料与人、劳动者的关联方式，如人与土地的经济关系。而伦理准则、规范、观念虽然其某些内容可能受到所有制形态的影响，但根本上说，是来源于共同体生活的需要。

在氏族社会，共同体的实体是氏族①，氏族时代虽然有婚姻关系，但并没有形成作为实体的家庭形式。当夫妇组成的血缘共同体的实体—家庭出现后，在中国，形成了"带有强烈父权烙印"的专偶制个体家庭。② 虽然，周代已进入成熟的专偶制家庭，但父方亲属集团（族）仍对个体家庭和个人有强大的作用。父系亲属集团主要靠"礼"来维系和调节，而专偶家庭则主要以家庭道德来规范和调节。而两者又有一些共同的东西。

谢维扬不赞成把宗法制度混同于财产继承制度或一般认亲

---

① 谢维扬：《周代家庭形态》，中国社会科学出版社，1990，页9。
② 同上书，页22。

第七章　德行

关系,他指出:

> 所谓周代的宗法制度,是指在国家允许和帮助下,由血缘团体领袖,凭藉血缘理由,对亲属进行管理并支配他们的行为乃至人身(以及这些亲属相应地服从这种管理和支配)的制度。①

这个定义可能太强调宗法制度由上对下的威权性格,而未从文明组织方式、交往方式来考察。他紧接着又指出:

> 由此可以看出,宗法制度的本质可以说是一种"私法"制度。就是国家(同时也表现为法律)承认血缘团体领袖对其成员有代替法律(亦称"公法")来实施的管理和处置权。②

我们所要补充的是,这种被瞿同祖称之为家族主义现象的宗法制度,其意识形态是家族伦理,而非政治关系伦理或一般社会关系伦理。

早期人类生存共同体的基层单位,是由若干对偶家庭组成的共产制团体,像摩尔根所描述的那样。这样的血缘共同体称为母系家庭公社。③ 随着男子在经济生活中地位的提高,家庭

---

① 谢维扬:《周代家庭形态》,页209。
② 同上书,页210。
③ 同上书,页264。

公社转变为父系形态，父系家庭公社是包括出自同一男性祖先的几代男性后裔的血缘家庭共同体。在男女关系上，父系家庭公社逐渐向父权型的家庭公社演变，但"每一个这样的家庭公社，仍然是一个生产和生活单位，公社成员同居一宅，共同占有土地，共同劳动，共同分配，只不过家长拥有更多的特权和对公社财产与成员人身的支配权罢了"。①

父系家庭公社是氏族社会晚期现象，但这时生产资料已逐步由氏族所有转向家庭公社所有。而在进一步的发展中，则更向财产所有权家庭所有转化。中国历史的特点是，在上述氏族阶梯的过程中，已经独立的各父系家庭之间仍保持一种特殊的血缘联系方式。这种方式由国家认可的礼加以强化，在周代演化为"用血缘手段来联合和约束各亲属家庭的一种宗法团体"，这种家庭集团有学者称为"父系宗族"②。在宗族共同体的范围内，最重要的德行是"孝"。孝的道德的优先性虽然是宗族共同体的结构所决定，而非一般共同体道德，但在中国传统社会的漫长历史中，在社会层面一直具有很重要的地位。而且，后来的"仁"德甚至是从"孝"的观念发展出来的。

在《尚书》关于舜使契播施"五教"的记载中，孝已经是首要的准则了。至少在商代，孝作为家族道德的存在是完全合理的。据朱凤瀚的研究，"商人宗族皆已与一定的地域较稳定地、长时间地结合，族名与地名因而常常同一，表明其在社会组织发展的总的历史进程中，正处于从游徙性的血缘团体向地

---

① 谢维扬：《周代家庭形态》，页265。
② 朱凤瀚：《商周家族形态研究》，天津古籍出版社，1990，页219。

第七章　德行

域性组织过渡的阶段。各宗族属地均有一定界限，以为其政治领域。整个宗族中大宗本家与诸小宗分支依照其亲属结构，在属地上聚居。家族长与其亲族人居住于属地中心带有城墉的大邑中，中心大邑亦是家族宗庙所在，所以也是祭祀中心。中心大邑四郊称奠（或称鄙），其中有农田并散布着较少的邑落，是各分族的族人们之居处"。他还指出，商王室与重要子姓宗族，仍然是一种通过共同的宗教、经济、政治活动，保持着宗族关系的有机的血缘共同体，同姓诸宗族要受宗法关系的制约。大宗族组织的上层即宗族长与其近亲往往组成一贵族家族。[①] 宗族长与其近亲、同一族人间已形成等级的差别，这种等级通过祭祀活动中的地位与墓葬制度的规定表现出来。[②]

朱氏论西周家族形态的要点包括：周人的武装政府与大规模移民，在家庭家族形态的层次上并未改变旧有的社会组织结构，只是较大面积的聚居结构由殷商单一的血缘聚居变为不同姓族的杂居。居住都邑的贵族家族为父系家族，所合亲属常包括同祖的几个旁支，以一定规模合族聚居，故亦为宗族组织。居住田野的庶民家族是主要的劳动生产者，虽耕役公田，但也拥有私田和私产，庶民以包括若干个核心家族的父家族作为占有土地与组织生产的经济单位，并合族而居。[③]

谢维扬与朱凤瀚关于西周庶民家族形态的说法有所不同。谢氏认为，在进入阶级社会并出现城乡分离以后，居住在城市

---

① 朱凤瀚：《商周家族形态研究》，页220。
② 同上书，页219。
③ 同上书，页445—449。

和乡村的是不同阶级,从而也各自具有不同的家庭形态:

> 在中国周代,父系宗族主要是在居于国中和都邑中的贵族阶级中发展。而在承担了大部分农业生产、居于国中"六乡"和野中的庶人阶级中,便缺乏这种父系宗族的组织。在他们中间是沿着另一条道路发展起了农村公社这种共同体形态。这种形态也是在父系家庭公社解体之后出现的,以个体家庭为基础的人们共同体形式,但在结构和家庭的外部关系上与父系宗族有很大不同。因此,中国周代在家庭形态上是有两种类型并存着。就其各自的背景而言,一种类型是与父系宗族相联系,另一种类型则是与农村公社相联系。而就其家庭本身的构造而言,两者都已进入了个体家庭阶段。①

农村公社的特征首先表现在它是由不同血缘的家庭联合而成的农村共同体,如《国语·齐语》等反映的乡里居民组织都是地域性的而非血缘性的。农村公社共同体,就其实体的形式而言,可能是一个自然村落。谢氏还认为,约在战国时期,农村公社共同体开始解体,②最终摆脱公社共同体制约的个体农民已经开始出现。

由不同血缘家庭组成的农村公社有其相适应的伦理。《国语·齐语》中说:

---

① 谢维扬:《周代家庭形态》,页267。
② 同上书,页303。

第七章 德行

> 伍之人，祭祀同福，死丧同恤，祸灾共之，人与人相畴，家与家相畴，世同居，少同游。

《孟子·滕文公上》也说：

> 死徙无出乡，乡田同井，出入相友，守望相助，疾病相扶持。

很显然，非血缘共同体中的个体家庭内部仍然需要家庭伦理来规范和调节，但个体家庭之间、共同体成员之间不可能仍然依靠家族伦理来调节。所以，就共同体来说，与非血缘共同体相对应的伦理是互助友爱的伦理，这与以家庭道德和宗法关系为基础的礼乐体系不同。

由此我们可以认为，从超越个体家庭而着眼在共同体的内部关系来看，"礼"是居住在都邑的父系宗族团体的原理，故礼不下庶人。而"仁"更是农村公社乡里出入的原理。这当然不是否认"礼"还有文明、文化的意义，也不是说"仁"对宗族团体无意义。仁的原理同样对世系的宗族团体有意义，但无法成为其第一原理，只有仁的特殊化的表现"孝"才能成为宗族团体的重要准则。在西周时代，农村公社对互助伦理的要求还不可能有思想家为之代表和申明，从而，也就不可能上升为"仁"的普遍性原理来表现。这些就是"仁"的原理在西周还不能提出来或仅有一些萌芽还不能发展的基本原因。直到春秋末期孔子才把"仁"上升为普遍原理,虽然在孔子是把仁与礼相配合,这当然是孔子的深刻所在,但也可以说反映了社会共同体关系的变化。

五 周代的宗法文化

这一节来讨论关于宗法的问题。

历史学家和人类学家无不重视中国古代历史的"宗法"特征。究竟什么是宗法或宗法制度?前引谢维扬的说法是从法的观点指出国家利用宗族的宗法体制来实现私法的社会功能,以补充行政的力量,这是重视从国家为主体的社会控制功能方面了解宗法制。从广义来说,"宗"是指宗族,"法"是指规范体系,"宗法"即是宗族内部的规范体系。而要寻绎宗法制与意识形式的关系,必须重视宗法的内部结构。

以往学术界对宗法制度的研究多集中于先秦礼书所记载的大小宗制度,这种大小宗制度只是狭义的宗法制。[1] 事实上,虽然"宗法"一词晚起于北宋,但对现代社会科学来说,"别子为祖,继别为宗,继祢为小宗"的大小宗规定尚无以表现现实具体的生活共同体关系。因此,只有从广义上来了解,一个有血缘边界、有内部结构、有义务和权利关系的体系的宗族生活共同体才是更重要的,才能使我们了解它如何产生出适合其共同体生活的伦理准则。由于文献流传下来的都是居住在都邑的

---

[1] 参看阎步克:《宗法制度》,载刘东主编《中华文明》,社会科学文献出版社,1994,页64。

第七章 德行

贵族甚至王族、公族的父系宗族文化,是他们的伦理和德行,所以我们不得不主要以体现这些贵族父系宗族生活要求的文献为基础。当然,如前所说,这并不是说宗族文化中就没有普遍性的伦理因素,不过由于社会结构的限定,普遍伦理原则的表现有时也不能不带有特殊的形式。

《礼记·丧服小记》说:

> 王者禘其祖之所自出,以其祖配之,而立四庙。庶子王亦如之。别子为祖,继别为宗,继祢者为小宗。有五世而迁之宗,其继高祖者也,是故祖迁于上,宗易于下。尊祖故敬宗,敬宗所以尊祖、祢也。庶子不祭祖者,明其宗也,庶子不为长子斩,不继祖与祢故也。……庶子不祭祖祢者,明其宗也。

"大宗"之说亦见于《诗经》"大邦维屏,大宗维翰,怀德维宁,宗子维城"(《大雅·板》)。《左传》也有"大宗"的说法(昭公二十八年)。"宗"在文献中就更为多见了。

杨宽论宗法制度时指出,周王称天子,王位由嫡长子继承,是同姓贵族的最高族长,故称为天下之大宗。由于天子的众子分封为诸侯,故周王不仅是同姓贵族的族长,也是天下政治权力的共主。天子的众子分封为诸侯,其君位亦由嫡长子继承,同姓诸侯对天子为小宗,但对其所封国内的众子而言,又为大宗。诸侯的众子封为卿士大夫,其大夫位亦由嫡长子继承,大夫对诸侯为小宗，在本家为大宗。[1] 杨宽所说的宗法制度即是指西周由周王为起点的下衍的血缘分封为组织形式的各级族长领导制，实际上也就是指，宗法制的核心是基于宗族血缘关系而建立的政治组织结构及其法则。在这种宗法政治结构中，每一级都对上一级为小宗，对下一级为大宗。大小宗既是宗族关系，又是政治关系，当然这种宗族形式的政权有其公共性质。[2] 关于宗法制度的其他制度性内涵，杨宽认为还包括宗庙制度、族墓制度、姓氏制度、内婚制度、嫡长子继承制度、宗子主管制度等，而策命礼、觐礼、聘礼、即位礼、委质礼都是在这种宗法等级制度下维持其结构秩序的一种控制机制，用以实现一定的制度的功能。

由于周代在同姓诸侯外还有异姓诸侯，从而周王与异姓诸侯之间的关系一般不是大宗与小宗的关系，在政治关系以外无法利用宗族关系。当然，有些异姓宗族通过婚姻与周的同姓结为甥舅关系，形成政治联盟，但本质上也还不是宗法关系。从这一点来说，把大小宗说成整个周代的政治结构，是有些绝对化的，不过尽管如此，宗法关系是基本关系是没有问题的。

如果仅从血缘结构看大小宗关系，而不管政治组织功能，这一套制度近于社会人类学所说的"分枝宗族"（segmentary lineages）的亲族系统。[3] 郭宝钧则认为：

---

[1] 杨宽：《古史新探》，中华书局，1965，页166。
[2] 谢维扬：《周代家庭形态》，页169。
[3] 张光直：《中国青铜时代》，三联书店，1986，页110。

第七章 德行

何谓宗法制？宗法制本是由氏族社会演变下来的以血缘关系为基础的族制系统，周人把它与嫡长制结合起来，使族的纵（嫡长继承）横（宗法系统）两面，都生联系。其制，大约为把全族中最高权位者按嫡长制继承定为大宗，其余的支子划为小宗，使大宗有继承权与主祭权，小宗无之。但小宗在他的本支中仍以其嫡长子为大宗，余子为小宗，权力如前。如此一分、再分、三分，则全族的系属分明，权位定、亲疏分，而政治经济的实力亦随之而有判别，即借此巩固其政权。①

郭氏更有表，我们略加改动为如下：

天子—嫡长子—嗣王（天下之大宗）…………… A
诸侯—嫡长子—嗣君（一国之大宗）…………… B
　　别子—嫡长子—大宗—大宗
　　　（继别子之大宗百世不迁）…………… C
（另立始祖）祢—小宗—小宗—小宗—小宗
　　（继高祖之小宗）……………………… D
　　　（高）祢—小宗—小宗—小宗
　　　　（继曾祖之小宗）………………… E
　　　　（曾）祢—小宗—小宗（继祖之小宗）…… F
　　　　　（祖）祢—小宗（继祢之小宗）………… G

---

① 郭宝钧：《中国青铜器时代》，三联书店，1963，页 202。

（父）支子  H

表中每一纵列都是族内同辈。"祢"指作为祭祀对象的父亲，所谓"生称父，死称考，入庙称祢"。以最后一个支子（H）为例，在他同辈的族亲中，有他的父亲的嫡长子，这是继祢的小宗。有他祖父的嫡长孙，这是继祖的小宗；由于他的父亲也是支子，所以祖父的嫡长子的嫡长子，虽然与他同辈，但是继祖的小宗。以此推而上之，他的曾祖父的嫡曾孙虽然也与他同辈，却是继曾祖的小宗。他的高祖的嫡玄孙也与他同辈，却是继高祖的小宗。他的高祖的父亲是诸侯的别子，为大宗。

根据宗法制度，这个支子在他的同辈族亲中，他要敬服继高、曾、祖、祢的小宗，在祭祀上要分别到这些小宗家中去祭祀高、曾、祖、祢，如到继高祖的小宗家中去祭高祖，去继祖的小宗家中去祭祖，等等，这就是"敬宗"。另一方面，敬宗的基础是祖先世系，他要尊奉父、祖、曾、高直至大宗别子，这就是"尊祖"。如果就整个宗法体系的范围内看，则又有"亲亲""尊尊"为最高的法则，"亲亲"是上辈宗亲对下辈宗亲的伦理原则，"尊尊"是下辈宗亲对上辈宗亲的伦理原则。①

由于所"尊""敬"的亲属系统以"五世"为限，故每一代人只需上溯五世的高祖而"尊之"，在同辈族人中只需敬奉高祖以下的诸小宗。换言之，每人只需奉祀四代祖先，从而，每下衍一代，所尊的高祖和所敬的继高祖的小宗就要变化。如某甲

---

① 参看谢维扬：《周代家庭形态》，页 31。

第七章 德行

对祖先的祭祀至其高祖为止,但到了某甲的下一代,就不必祭祀某甲的高祖,只需祭祀到某甲的曾祖,因为某甲的曾祖是他自己的高祖。也就是说,一个人不必再祭其高祖的父亲,也不必敬其高祖之父的世子为宗,这就是古礼所说的"祖迁于上,宗易于下"。故俗称出五服之外就不再视为同宗。"祖迁于上,谓高祖之父,亲尽于上而不复祭也;宗易于下,……则其同出于高祖之父者不复宗之也。"①

在上引《丧服小记》论"别子为祖"的一段下,郑氏有注曰:

> 别子为祖者,诸侯之庶子,别为后世为始祖也。谓之别子者,公子不得祢先君。继别为宗者,别子之世长子,为其族人为宗,所谓百世不迁之宗也。②

又有孔氏注:

> 别子者,诸侯适子之弟,别于正适,故称别子。为祖者,别子子孙为卿大夫,立此别子为始祖。继别为宗,谓别子之世世长子,恒继别子,与族人为百世不迁之大宗。③

这也都是说,诸侯适子之弟,一方面为了有别于正适,另一方

---

① 《礼记集解》,页868。
② 同上书,页867。
③ 同上。

面又因为非适子不得在家立祢庙,故称为别子(除诸侯的非适子,不得称别子)。所谓"继别为宗"是指别子的世世长子(如图中 C 行)为其一族之首领,族人奉之为宗,这个宗也就是这一族百世不变的大宗。孔氏又释曰:

> 别子之后,族人众多,或有继高祖者,与三从兄弟为宗;或有继曾祖者,与再从兄弟为宗……族人一身,凡事四宗,兼大宗为五也。小宗虽四,初皆继祢为始,据初为元,故特云"继祢"也。五世,谓上从高祖,下至玄孙之子,此玄孙之子则合迁徙,不得与族人为宗。①

"继高祖者,与三从兄弟为宗",就是指在一个共高祖的宗族中,继高祖的世孙是这一辈的从兄弟的小宗,如 D 行最右者是继高祖者,纵列内皆其从兄弟,皆以他为继承高祖的小宗。

《礼记·大传》进一步解释了《丧服小记》所说的原则:

> 别子为祖,继别为宗,继祢者为小宗。有百世不迁之宗,有五世则迁之宗。百世不迁者,别子之后也,宗其继别子(之所自出)者,百世不迁者也。宗其继高祖者,五世则迁者也。尊祖故敬宗,敬宗,尊祖之义也。[四字朱熹删]

---

① 《周礼正义》,页 914。

第七章 德行

这一段主要解释什么是百世不迁之宗，什么是五世则迁之宗。"别子"是指诸侯的庶子，别子的世世长子（图中 C 行）构成了一个嫡世系，凡从"别子"衍生出的后代，都要以这个嫡世系为大宗。这个嫡世系就是百世不迁的大宗。从西周来看，这实际上是一个在国君以下的大宗族，用谢维扬的话，是划出了一个诸侯之下的"国氏集团"的血缘边界。不过，实际发生血缘约束关系的宗族实体是以五世为限，这种五世的宗族系统谢维扬称为"近亲集团"。五世以上的祖先不祭，五世以上的祖先的嫡世孙也不被敬为宗子，五世以外已不属近亲范围，血缘关系已经淡化。这就是五世则迁之宗，是小宗。

事实上，"宗"既指宗族，亦指宗子。大的国氏集团为大宗，即大宗族，大宗的宗子亦称大宗。五世之内的近亲集团为小宗，即小宗族，各世的宗子对各世而言亦称小宗。大宗的实践意义可能是政治的或婚制的，或指一个同"氏"的集团[①]。小宗才具有现实的宗族实体意义。自然，宗法制度以近亲的认准为基本条件，但宗法制度的意义远远超出近亲的认准。甚至继承权也不是最主要的，因为继承的问题只在两代人中间发生，一个人断不会要求分割祖父、曾祖父、高祖父的地位或财产。所以要在五世的范围中设立这种种约束关系显然是与亲缘为形式的整合功能及血缘亲疏的等差机制有关的。《礼记·大传》说"同姓从宗合族属"，从宗意味着亲属集团具有一定的亲属结构，意味着宗子具有族内的权力和约束力，族人有尊祖敬宗等一系

[①] 同氏集团的提法见谢维扬《周代家庭形态》，如页 199。

列义务；合族则意味着亲缘关系可用以增进族内的整合与凝聚。具体地说，在这种制度下，确定了大宗、小宗和族人的权利义务，使贵族阶级的子孙因亲疏而区分出尊卑，使嫡长子拥有宗主的统辖权、支配权，使权力、地位、财产的转移严格遵循由宗法所确定的秩序，从而，每一宗主之下，都有一个由宗庙、邑居、田土和族人组成的宗族共同体。① 由于古代是"胙之土而命之氏"，所以同氏的血缘集团往往也就是在一定规模地域居住的共同体。这个同氏的共同体以"大宗"为标志，受宗法规范的约束。从发生的意义来看，自然的繁衍必然导致宗族的分支，古代贵族的宗族分支是采取立氏、立邑的方式，使新的分支在新的地域发展。从而，在新的发展中必然要求有一套向心的机制。只是大宗内的约束力较弱，不如小宗的连接力来得强。

《礼记》的内容，只有限地体现了宗法制度中的宗子权力，如《曾子问》说宗子为士，庶子为大夫，则庶子应以上牲祭于宗子之家，孔氏有注曰：

> 用大夫之牲，是贵禄，宗庙在宗子之家，是重宗。此宗子，谓小宗也。若大宗子为士，得有祖、祢二庙也。若庶子是宗子亲弟，则与宗子同祖、祢，得以上牲于宗子之家而祭祖、祢也。庶子为大夫，得祭曾祖庙，而庶子不合立庙，当寄曾祖庙于宗子之家，亦以上牲，宗子为祭也。
>
> 若己是宗子从父庶兄弟父之适子，则于其家自立祢庙，

---

① 参看阎步克：《宗法制度》，载《中华文明》，页 66。

第七章　德行

其祖及曾祖庙亦于宗子之家寄立之。若己是宗子从祖庶兄弟父祖之适，则立祖、祢于己家，亦寄立曾祖之庙于宗子之家，并供上牲，宗子为祭也。①

总之，一个人是支子而不是宗子，他的适子可以自立祢庙祭他，但祖、曾祖之庙在宗子家。"宗庙在宗子家"是一重要原则，体现了"重宗"的精神，而这"重宗"又体现了"尊祖"，反映在伦理观念上就是"孝"。《礼记》这一套规定是传自西周的，《仪礼·丧服传》云：

> 诸侯之子称公子，公子不得祢先君。公子之子称公孙，公孙不得祖诸侯，此自卑别于尊者也。若公子之子孙有封为国君者，则世世祖是人也，不祖公子，此自尊别于卑者也。

郑玄注："不得祢、不得祖者，不得立其庙而祭之也。"周代的宗法并不是仅仅决定血缘实体的范围，其认亲范围、宗主结构、宗主和族人间的权利义务也并非仅仅以祭祀来体现，祭祀只是宗法关系的一种仪式上的体现。而宗族作为一种亲属组织，其内部相互约束的关系主要是通过宗子行使的各种权力和履行的各种义务来实现的。其权力又多通过"礼"的象征性机制来实现。这些权力集中在三个方面：宗教、政治和经济，即对祖先

---

① 孙希旦：《礼记集解》中，中华书局，1989，页538。

的主祭权，对族人的治理权，对宗族经济的控制权。① 通过这些，超家庭的血缘网络、父权性的宗主宰制、族内成员的互助义务体系，得以运作和实现。

周代的礼乐文化实际上是以居住在城邑的贵族宗族共同体为基础而发展起来的，这当然不是说礼乐文化只反映特殊社会结构的特殊需要，只是说其所包含的普遍性文化因素获得展现的方式必然受到限定。现在，我们要提的另一个问题是，如果周代家庭形态是都邑与乡野的二元分立，那么，乡野的农村公社共同体有何结构的特征？

根据杨宽的看法，原始农村公社是氏族公社制度向阶级社会过渡过程中的产物，在古代村社中，主要耕地属集体占有，其中一部分集体耕作，收入用来支付公共费用；另外一部分平均分配至各户使用，各家使用的份地旧制习称"百亩"，约合市亩 30 亩左右。《孟子·滕文公上》所说："方里而井，井九百亩，其中为公田，八家皆私百亩，同养公田，公事毕，然后敢治私事。"此种井田制即是一种古代村社制的土地制度（至于井田制中定期重新分配份地带换地易居法，不在此论列）。②

"方里而井"，约为十家，金鹗《求古录礼说》卷九《邑考》："孟子云'乡里而井，出入相友，守望相助，疾病相扶持，则百姓亲睦'，此可见一井亦可为邑矣。《论语》谓'十室之

---

① 参看朱凤瀚《商周家族形态研究》最后一章。
② 参看杨宽：《试论中国古代的井田制度和村社制度》，载《古史新探》，页 112—134。又可参看该书他篇。

第七章 德行

邑'，即一井之邑。"① 十室之邑即十家同井，是当时最普遍的小村社。大的村社也存在，这种村社的名称很多，如邑、里、乡、社、单等。

村社公共事物管理者最初由村社选举，如三老、里正之属，后来渐由国家承认或选派。长老为村社领导，负责组织和监督劳动生产及其他公务，在成员间有相互协作的习惯。而随阶级社会的演进，村社受国家和贵族辖理，长老演变为属吏。

孟子讲井田制时指出庠序为此种制度的一部分，庠、序、校是古代村社的公共建筑，是村社成员公共集会和活动的场所。村社父老在这里受到供养，故称"庠"。这里又是村社公众习射之所，故称"序"（孟子曰：序者射也。《周礼》州长说春秋以礼会民而射于州序）。这里又是父老教育子弟之处，故称"校"。

村社的最大的公共活动是祭祀，春季祭社，以祈求甘雨和丰年，其时群众歌舞、男女交际。秋收以后腊祭，酬谢各方鬼神并庆贺丰收。腊祭完毕在"序"中聚餐，按年龄排列席位（饮酒于序，以正齿位），许多村社礼仪皆由此而出。②，这表明，都邑与乡野的二元分立不是绝对的，二者有同构的地方，也有相通的信仰文化。③

---

① 引自杨宽《古史新探》，页124。
② 同上书，页132。
③ 杜正胜认为古代聚落共同体的结构基本上是宗族和乡党两大部分，里邑共同体共耕均赋，同祭合饮，以和睦为道德。但杜氏所论，特在春秋以降，对古代乡遂聚居共同体的区别未加讨论。见其著《编户齐民》，联经，1992。

由本节的讨论可见，周代对孝及家庭道德的强调，是与占统治地位的都邑的父系宗族的宗法制度相适应的，但孝及家庭道德本身，立基于社会的最基础的存在单元，使得它们拥有着超越特殊政治—社会结构的价值。早期德性人格的观念，是首先在政治领域作为对社会管理者的要求提出来的，任何普遍性的东西总是要通过特殊的具体的路径来表现，尤其在开始生长的阶段。

第八章 师儒

> 汝为君子儒，无为小人儒。
>
> ——孔子，见《论语》

　　推原儒家的历史起源，古人称为"原儒"，近人多称"说儒"，其义则一。本书的主旨事实上就是推原儒家思想的起源，故实可名之为"新原儒"。但本书仅写述至西周，而整个春秋时期（前770—前476），即雅斯贝尔斯所谓"轴心时代"，则限于篇幅而未能述及。所以，本书的原儒工作只到前轴心时代为止，春秋时期的研究我们将在另一本书里专门讨论。本章分两个部分讨论，前一部分叙述古今各种有关"儒"及儒之起源的说法，反省其立论的方法；后一部分选取周代师儒的教化传统与儒之起源的关系这一侧面，以进一步了解本世纪学者原儒说的得失。对本书而言，本章在某种意义上也可以说具有结语的性质。

一　古人论儒

从汉儒到近代学者,对"儒家"的起源与发生,有所论断,而 20 世纪学者对此争论尤多。以下按历史的次序,将古今各家之说加以叙述。

《淮南子·要略》:

> ……武王立,三年而崩,成王在襁褓之中,未能用事,蔡叔、管叔辅公子禄父而欲为乱,周公继文王之业,持天子之政,以股肱周室、辅翼成王。惧争道之不塞,臣下之危上也,故纵马华山,放牛桃林,败鼓折枹,搢笏而朝,以宁静王室,镇抚诸侯。成王既壮,能从政事,周公受封于鲁,以此移风易俗。孔子修成康之道,述周公之训,以教七十子,使服其衣冠,修其篇籍,故儒者之学生焉。

这个看法是认为儒者之学由继承文武周公的王道政治传统而产生的,因此,整个周文与周道是儒者之学的根源。

《史记·太史公自序》:

> 夫儒者以六艺为法,六艺经传以千万数,累世不能通其学,当年不能究其礼,故曰博而寡要,劳而少功。若夫列君臣父子之礼,序夫妇长幼之别,虽百家弗能易也。

第八章　师儒

《史记》虽未言儒之所从出,但强调从"六艺"了解儒家,对后世颇有影响。

《汉书·艺文志》提出诸子之学出于王官,其论"儒家":

> 儒家者流,盖出于司徒之官,助人君顺阴阳教化者也。游文于六经之中,留意于仁义之际,祖述尧舜,宪章文武,宗师仲尼,以重其言,于道为最高。

太史公对"儒"的了解以"六艺""列君臣父子之礼""序夫妇长幼之别"为主,可谓得其要。《汉书·艺文志》以儒家源于司徒之官,其说出自刘歆《七略》,盖在《周官》一书流行之后。而刘歆此说,提出由王官之学失其守而降于民间,导致儒家与诸子之学的产生,这一看法对后世影响颇大。

许慎《说文解字》人部:

> 儒,柔也。术士之称。从人,需声。

这是说儒字的本意是柔,而作为一个名词,则是指术士。段玉裁在"柔也"下有注曰:

> 郑目录云"儒行者,以其记有道德所行。儒之言,优也,柔也;能安人,能服人。又儒者濡也,以先王之道能濡其身。"《玉藻》注曰:舒儒者,所畏在前也。

段氏在"术士之称"下又有注曰:

> 术,邑中也,因以为道之称。《周礼》"儒以道得民",注曰"儒,有六艺以教民者";《大司徒》"以本俗六安万民","四曰联师儒",注云"师儒,乡里教以道艺者"。按六艺者,礼乐射御书数也,《周礼》谓六行六艺,曰德行道艺。自真儒不见,而以儒相诟病矣。

许慎以柔释儒字的本义,郑玄承之,而又求以引申之,且提出儒与濡通,对今人仍有影响。

清人章学诚在其《文史通义》内篇提出,诸子百家之学,本原所出,皆不外于《周官》之典守[①];古代官师合一,官师守其典章[②],如《周易》本春官之典守[③]。三代之衰,治教既分,官师分离,官有政,师有教;六艺失其官守,赖于师教而传:

> 至于官师既分,处士横议,诸子纷纷著书立说,而文字始有私家之言,不尽出于典章政教也。儒家者流,乃尊六艺而奉以为经。[④]

---

① 章学诚:《文史通义·易教下》。
② 《文史通义·诗教上》。
③ 《文史通义·礼教》。
④ 《文史通义·经解上》。

第八章　师儒

这是认为诸子的产生有一大的背景，即制度由官师合一、治教合一转为官师分职、治教分途的变化，政务官员不再承担教化职能，教化的职能由民间的学者来承担，此种看法实际上是对刘歆的说法的进一步发展和延伸，对近代学者也有较大的影响。不过，仅就儒家的问题而言，章氏的所谓典守，似与刘歆以儒家仅出于地官的说法有所不同。①

二　近人说儒

章太炎《国故论衡》，内中收有《原儒》一篇，依据墨子把"名"分为达、类、私三种的做法，提出"儒有三科"之说，即"儒"有达名之儒、类名之儒、私名之儒三种意义。他说：

> 达名为儒：儒者，术士也（《说文》）。②

章氏论证说，秦坑术士，而世谓之坑儒，可见儒即术士。又说"儒之名盖出于'需'，需者云上于天，而儒亦知天文、识旱潦"，他引述庄子等书，认为可以证明"灵星舞子，吁嗟以求雨者谓之儒"，"古之儒知天文占候，谓其多技，故号遍施于九能，诸有术者悉赅之矣"。虽然章氏认为在最广义上（达名）"儒"

---

① 另外，周官失守的说法最早可见于《左传》载孔子语"天子失官，学在四夷"（昭公十七年），及《国语·楚语下》"其在周，程伯休父其后也，当宣王时，失其官守，而为司马氏"。

② 章太炎：《原儒》载《国粹学报》第五年己酉第十号，引自姜义华编：《章太炎语粹》，华夏出版社，1993，页5。

指一切有术之士，但他的论证则特别把达名之儒理解为知晓天文气候、作法求雨的术士，这种术士实即祝史、史巫，因此，在这种理解中，术士的"术"即广义的法术，而这种达名之儒实际上是法术之士。他又说：

> 类名为儒：儒者，知礼乐射御书数。《天官》曰"儒以道得民"，说曰"儒，诸侯保氏有六艺以教民者"；《地官》曰"联师儒"，说曰"师儒，乡里教以道艺者"。此则躬备德行为师，效其材艺为儒。①

达名之儒包括一切有术有能之士，是一个最广义的名称。类名之儒比达名所指范围为小，是指以六艺即礼乐射御书数教授人民的人，这是把术士的"术"限制在六艺的一种理解。他又说：

> 私名为儒：《七略》曰："儒家者流，盖出于司徒之官，助人君顺阴阳教化者也。游文于六经之中，留意于仁义之际，祖述尧舜，宪章文武，宗师仲尼，以重其言，于道为最高。"周之衰，保氏失其守，史籀之书，商高之算，蜂门之射，范氏之御，皆不自儒者传。……及《儒行》称十五儒，《七略》疏《晏子》以下五十二家，皆粗明德行政教之趣而已，未及六艺也，其科于《周官》为师，儒绝而师假

---

① 章太炎：《原儒》载《国粹学报》第五年己酉第十号，引自姜义华编：《章太炎语粹》，华夏出版社，1993，页5。

第八章 师儒

摄其名。①

私名所指的范围更小,私名之儒,其学不及六艺,仅粗明德行政教之趣,这就是《周礼》中所述的"师氏"。

归结起来,章氏三名说,可以说皆由许氏"术士之称"一语出发,而区分为广狭三种意义。章氏还有《诸子学略说》文,谓"古之学者,多出王官",② 说明他受刘歆的影响很大。他的看法多未出传统国学的范围,其新见特识,惟在以古儒为史巫类术士。

章氏以国学大师立言,学者受其影响颇大。20年代末,傅斯年作《战国子家叙论》,谓"论战国诸子,除墨子外,皆出于职业",认为"儒家者流,出于教书匠",③ 傅斯年此说比《七略》及《汉书·艺文志》有所改进,不说诸子直接出于王官,而认为诸子出于职业,他所说的职业显然不是官职,而近于民间职业,如说儒家不出于地官,而出于教书匠。这个看法应与他对西周春秋的历史演变的认识有关。从传统上看,与章学诚的说法亦可相合。

稍后,钱穆在《古史辨》第四册序提出:"柔乃儒之通训,术士乃儒之别解",这是对《说文》的解释作进一步的分疏。他又说:"儒为术士,即通习六艺之士,古人以礼乐射御书数为六

---

① 章太炎:《原儒》载《国粹学报》第五年己酉第十号,引自姜义华编:《章太炎语粹》,页5。
② 章太炎:《诸子学略说》,载《章太炎政论选集》。
③ 引自冯友兰《原儒墨》,载《中国哲学史》下册附录。

艺,通习六艺,即得进身贵族,为之冢宰小相,称陪臣焉,孔子然,其弟子亦无不然。儒者乃当时社会生活一流品。"① 钱穆不取章太炎达名之说,他的六艺说看似近乎类名之儒,但儒并非以六艺教民者,而是以六艺为一种职业的训练,以求进身贵族社会。所以,他所说的"流品",虽然可以说就是傅斯年所说的"职业",但所以为职业的内容有所不同。钱穆在《先秦诸子系年》论儒之起源,大抵与上文相同。②

1934年胡适作《说儒》一篇,在当时引起较大的反响。胡适早在哥伦比亚后期,即曾作《诸子不出于王官论》,对当时学者皆从章太炎而主于九流出于王官的说法,深致不满。他认为,九流出于王官说,"皆属汉儒附会揣测之辞,其言全无依据"③,认为"诸子自老聃、孔丘至于韩非,皆忧世之乱而思有以拯济之,故其学皆应时而生,与王官无涉"④。

《说儒》是胡适平生论学文当中特别优美而富于想象力之作。他首先从《礼记·儒行》载孔子"冠章甫之冠"、《墨子·公孟》"公孟子戴章甫"两条材料出发,依据《士冠礼》"章甫,殷道也",断定最初的儒都是殷的遗民,穿戴殷的旧衣冠,实行殷的古礼。认为被称为儒的这一部分殷人,是从殷的祝宗卜史转化而来,在西周及春秋以治丧相礼为职业。然后他结合《说文》"儒,柔也,术士之称"的古义,认为作为殷遗民的儒,以

---

① 钱穆:《古史辨》(第四册),序。
② 钱穆:《先秦诸子系年》上册,页91。
③ 胡适:《诸子不出于王官论》,《胡适学术文集·中国哲学史卷》,页591。
④ 同上。

第八章　师儒

柔逊为特征，乃由亡国状态所养成。胡适此说很大程度上似由比较文化史获得启发，他认为，与希腊知识分子从奴隶变为罗马战胜者的教师，罗马教士成为北欧野蛮民族征服者的教师类似，殷末的祝宗卜史在西周几百年间自成了一个特殊阶级，是贵族阶级有用的清客，是新统治阶级的下层，又是自己民族殷礼的保存者和宣教师。他从"基督教不抵抗训条出于亡国犹太民族的哲人耶稣"引出结论，殷人在亡国状态下养成柔逊的遗风，集中体现在他们的宣教师"儒"上，用以解释何以这些保存殷人古礼的人被称为"儒"。①

胡适《说儒》发表之后，冯友兰即作文商榷，冯说中有几点辩驳颇有力，第一，针对胡适以冠章甫为殷遗民特征之说，冯友兰指出章甫虽起源于殷，但亦为周制所用，故西周春秋人戴章甫之冠，不必与殷有关。正如马褂为清朝之便礼服，而亦为民国时便礼服，不能因民国时某人穿着马褂便断定其为怀念清朝的遗老。第二，胡适引"公孟子古服"的故事来证明最早的儒者以保守殷文化自任，冯友兰则指出，《墨子》书中这一段故事还有下文，即墨子对公孟子的批评："墨子曰：子法周而不法夏，非古也。"因此公孟子的古服是被墨子作为"法周"的现象加以批评的，说明公孟子的古言服乃是周言周服。冯友兰肯定儒冠章甫为法周，而从周的孔子与法周的公孟子是不能当作殷的文化遗民的。② 他还指出：

---

① 胡适：《说儒》，《胡适学术文集·中国哲学史》，页 613—679。
② 冯友兰：《原儒墨》，《中国哲学史》下卷附录。

照我们现在的说法,儒家与儒两名,并不是同一的意义。儒指以教书相礼等为职业的一种人,儒家指先秦诸子中之一派。儒为儒家所自出,儒家之人或亦仍操儒之职业,但二者并不是一回事。①

冯友兰吸收了傅斯年的职业说,认为儒家出于儒,而儒在春秋以前是社会生活的一种职业。关于儒这一职业的内容,他综合了傅斯年的教书说和胡适的相礼说:

所谓儒,是一种有知识有学问之专家,他们散在民间,以为人教书相礼为生。关于这一点,胡先生的见解与我们完全相同。我们与胡先生所不同者,即是胡先生以为这些专家乃殷商亡国之后"沦为奴虏,散在民间",我们则以为这些专家乃因贵族政治崩坏之后,以前在官的专家,失其世职,散在民间,或有知识的贵族,因落魄而亦靠其知识生活。这是我们与胡先生主要不同之所在。②

就是说,冯友兰似乎也同意儒来自沦落的祝宗卜史,但是来自西周末年的祝宗卜史,而不是来自殷末的祝宗卜史。冯友兰的说法可以说发展了《汉书·艺文志》和章太炎的诸子出于王官说,与后者不同的是,他不认为王官失守直接散化为诸子,而是认为这是一个"王官—职业—诸子"的过程。反过来说,诸

---

① 冯友兰:《原儒墨》,《中国哲学史》下卷附录。
② 同上。

第八章 师儒

子不是直接出于王官,而是直接出于职业,间接地出于王官。他还说:"后来在儒之中,有不止于教书相礼为事,而且欲以昔日之礼乐制度平治天下,又有予昔之礼乐制度以理论的根据者,此等人即后来之儒家。孔子不是儒之创立者,但乃是儒家之创立者。"①

1954年,在胡适写《说儒》的二十年后,钱穆复作《驳胡适之说儒》,开篇乃谓:

> 余旧撰国学概论,已著墨家得名乃由刑徒劳役取义,而于儒家尚无确诂,及著先秦诸子系年,乃知许叔重《说文》儒为术士之称,术指术艺,术士即娴习六艺之士,而六艺即礼乐射御书数。因知儒墨皆当时社会生活职业一流品,此乃自来论先秦学派者所未道。越数载,胡适之先生有说儒篇,亦以生活职业释儒家,持论与余说大异。②

不过,此文与冯友兰文材料、论证虽互有详疏,而其中驳胡之论点,多为冯文中已提出。其较特出者,是指出殷之遗民自有其文化传统,如尚鬼神而长艺术,殷之遗民应以此为遗风,不当以柔逊为遗风。又指出孔子弟子分布以鲁为多,而籍宋者特少。他还认为儒以六艺为本业,未闻以相丧为本业。③

1937年郭沫若尚在日本时,亦曾作《驳说儒》(原题《借

---

① 冯友兰:《原儒墨》,《中国哲学史》下卷附录。
② 钱穆:《中国学术思想史论集》二,页373。
③ 同上书,页377—378。

问胡适》),后收入《青铜时代》。1942年他又作《论儒家的发生》,后收入《史学论集》。《驳说儒》前面一大部分主要是显示他所具有而胡适所不具有的运用甲骨文资料的能力,但其中有意义的大概只有一条,即"殷代,就连王室都是没有行三年之丧的"①,以反驳胡适以三年之丧为殷礼的说法。郭氏最后提出他自己的看法,认为称术士为儒,是秦汉以后对儒名的滥用,而古之术士并非素有儒之称,秦以前术士称儒的证据是没有的,巫医自古不称儒,儒本是邹鲁之士缙绅先生的专号,虽在孔子以前已有,但是春秋时代的产物。②郭氏的此说对章太炎的达名之儒的说法是一有力的反驳。不过,另一方面,郭氏虽然指出上古术士不称儒,他却承认儒的来源是祝宗卜史,认为春秋时代社会阶层分化,权力重心转移,官职改革,祝史等零落式微,于是产生了儒的职业,这个过程就是儒的职业化,但郭氏此文并未说明儒之职业为何,似乎食客、陪臣、教师都是儒这一职业的内容。这个看法显然吸收了傅斯年、冯友兰的观点,只是,冯友兰仅仅肯定儒之职业来自王官失守,却未肯定一定来自祝史之官。郭氏还认为,儒字之本义的柔,并非指习于服从的柔,而是文绉绉、酸溜溜的柔。他在几年后再写的《论儒家的发生》,实就前文改订而成,故多与前文雷同,惟在结尾处将儒的职业略说得明白,认为"在过去奴隶制时代,诗书礼乐为贵族阶级的专有品","过去的上层阶级,其生产能力没有,但却晓得礼乐,开始堕落后,新兴的上层阶级骂他们文绉绉的,

---

① 郭沫若:《驳说儒》,载《郭沫若全集》历史编一卷,页439。
② 同上书,页457。

第八章 师儒

没有生产能力,现在以新兴的上层阶级要学礼乐,堕落的上层阶级的人,又被重视了,这就是儒的所以产生","儒被重视之后,儒家便成了一种职业"。①

侯外庐《中国思想通史》第一卷认为东迁之后,西周文物成了形式的具文和教条,诗书礼乐变为单纯的仪式而无内容,这些教条、仪式需要有一批专门传授者,以备贵族顾问,或给贵族装点门面,于是邹鲁缙绅先生产生了,他们就是以诗书礼乐为职业的儒,早于孔子而存在。春秋末世,政权下移,私肥于公,政出多门,学下私人的运动促成了儒者蜕变为前期儒家思想。② 这种看法也是一种儒出于职业说,但侯氏并未像冯友兰那样吸取汉儒和清儒的王官失守说,并不主张儒之职业是由王官失守后散在民间而形成,他认为儒之职业产生于春秋早期社会变化的需要。

最近杨向奎先生在其近著《宗周社会与礼乐文明》一书中也对这个问题有所讨论。他详引章太炎、胡适之说,又参借民族学材料,认为"原始的儒也从事巫祝活动","原始的儒是术士,可能起于殷商,殷商是最讲究丧葬之礼的,相礼成为儒家所长"。③ 但杨说此处不清,究竟是说原始的术士即巫师起源于殷商呢,还是说殷商以前就有术士和巫师被称为儒,在殷代就有相礼者被称为"儒"了呢?他并没有给出证据表明殷代巫师或相礼者已被称为"儒"。至于儒字,杨先生则以为不是柔弱

---

① 郭沫若:《论儒家的发生》,《全集》历史编三卷,页396。
② 侯外庐:《中国思想通史》第一卷,人民出版社,页138—140。
③ 杨向奎:《宗周社会与礼乐文明》,人民出版社,页414。

义,而是迟滞义,认为儒家职业是相礼,后来教书授徒,"他们的宽衣博带,他们的解果其冠,给人们的印象是迟滞缓慢,而且相礼职业的本身要求也是如此,如果从字义本身说儒,应从此下手"①。杨先生似受章氏影响,事实上,他以儒为祝巫,与他全书重视周公和礼乐文明的立场是不能一致的。

三　晚近释儒

1975年徐中舒先生发表《甲骨文中所见的儒》一文,认为商代已有"卿士",而卿士中主相礼事务之官即为"儒",甲骨文写作"需"或"濡"。他认为,濡字造字意图指"斋戒沐浴","整个字像以水冲洗沐浴濡身之形",②也就是说,濡是儒的初文。根据这种说法,儒在商代是一种宗教性职官,与巫祝相近。日本学者白川静在70年代讨论巫祝传统时也提出:"牺牲系用巫祝,被当作断发而请雨的牺牲者,需也。需,系含有为需求降雨而断发髡形之巫的意思,如此的巫祝,乃儒之源流也。此牺牲者一巫,又有时会被焚杀。"③然而,甲骨文从人从水的字是否为需字,西周金文中何以找不到需字的这种用法,使得上

---

① 杨向奎:《宗周社会与礼乐文明》,页419。
② 徐中舒:《甲骨文中所见的儒》,《四川大学学报》1975年第4期。
③ 白川静:《中国古代文化》(日文版讲谈社1979年),加地伸行、范月娇合译,文津出版社,1983。

第八章 师儒

述说法还大有讨论的余地。①

段玉裁注《说文》儒字时,已引郑玄之说,指出儒、濡二字古代通用,《风俗通》"儒者,濡也";《集韵》"濡,柔忍也"。濡又通其他以柔为义的字。因此,《说文》所谓"儒,柔也",实际是儒的初文"濡"的本义,与后出指人之称未必有直接关系。

此种字源考证的方法为晚近说儒的主流,何新、刘忆江、傅剑平皆提出一说。何新由《周礼》及《仪礼》中所见的一种职官"胥"入手,根据"胥"为周代乡间中主持祭祀、礼乐、行政、教育、文化的职能,提出胥、需音近可相通转,"需"在商代为礼官和祭师,入周后兼掌礼乐祭学,由此认为胥的前身是需,以后文化变迁,需增"人"旁,书作儒。故商之需、周之胥即是春秋儒与儒家的前身。② 商代的需即儒,此说已见于徐中舒文。何新的独到看法是认为商需转为周胥而成为儒的前身,并且,他之所以在胥上作文章,不仅出于字源辩证的需要,也表现出回到汉儒从地官考求儒之来源的立场的转向。可是他未能说明,既然周之胥是儒的最近来源,何以文化变迁之后不在"胥"增"人"旁,而要到"胥"的前身"需"上去加"人"旁呢?

刘忆江则批评何新之说,提出胥在金文职官资料中无所见,

---

① 参看叶舒宪:《诗经的文化阐释》,湖北人民出版社,1994,页 225。但叶氏在此书中把儒家溯源于阉人集团,不能不说是非常可怪之论。我因在本书写成之后才读到叶著,无法在书中详加讨论。

② 何新:《儒的由来与演变》,《诸神的起源》,三联书店,1986。

金文无胥字；又认为甲骨文无"需"字，亦无需为商之祭师的资料。但刘氏似无见于徐中舒先生之文。他以《周礼》为据，即周代在官之保氏为儒，致仕任乡里之教者为师儒，并引用金文职官材料，证明西周确有保、师。由此断定"儒之前身就是保，最初的保仅为女性所担任的保姆，以后转变为由男性担任的精通六艺以道德学问见长的王室贵族的教官"①。贵族阶级没落，保渐渐流落民间，而保以授六艺为生，即儒的职业。在研究方法上，刘氏与何氏相近，都是把文字考辨和《周礼》材料加以结合，刘氏更参以金文职官材料作为论证的尺度。

傅剑平指出："各家之说，部分地看，可通于此，却不能通于彼，用先秦文献典籍、地下出土文物及礼制全面衡量，多阻难隔通之处。"② 他自己由1961年陕西出土的一件铭文中"无需"二字出发，将其中的"无"字解释为巫，即巫需，认为"儒"由"需"来，其含义是一种"舞"（巫）在操作巫术时所戴的礼冠，继而被转称戴这种冠而操其巫术的人为"儒"，也即术士，进而又成为一种先秦诸子百家的思想学术流派即儒家。傅氏的结论为术士说，回到了章太炎，以儒由需来，亦与徐中舒同，他自己提供的新的东西是关于"无需"的解释，而此种解释作为论据，尚嫌不够充分。如果说儒出于巫，或儒就是巫，似乎不如说出于祝宗卜史好些，因为郭沫若就早已强调医巫自古不称儒。

---

① 刘忆江：《说儒》，《中国社会科学季刊》3期，1993。
② 傅剑平：《儒家起源论》，《中国社会科学季刊》7期，1994。

第八章 师儒

总观以上所述，特别是本世纪几代学者对儒家起源的研究，可得到一些共同性的认识。

章太炎承汉儒之说，谓"古之学者，多出王官"，但后来学者中有不少主张把这个问题分为两截，即一是先秦诸子出于春秋时的职业，一是春秋时的职业由王官失守流落而成。如果就儒家的直接来源而论，以上所述各家之说可分为四类：

一、史官——儒家（儒出于祝史）章太炎、郭沫若

二、术士——儒家（儒出于术士）徐中舒、杨向奎、傅剑平

三、职业——儒家（儒出于职业）傅斯年、钱穆、冯友兰、侯外庐

四、地官——儒家（儒出于司徒）何新、刘忆江

当然，每一类各种说法之间还有很大差别。如同是职业说，职业儒所教的内容，又有六艺说、诗书礼乐说、教书说、教礼说，以传授礼的知识为主可以视作职业说的共同看法。至于职业儒如何由西周体制转化出来，又如何解释春秋社会变迁，看法也各不同。需要说明的是，以上四种分类，把历来的王官说分为两种，一种是认为儒出于司徒之官，另一种认为出于祝宗卜史。

如果不从结论上，而从方法上来看，则以上各种观点不外为两种方法，即傅斯年所谓"语学的"和"史学的"两种方法。[①] 历史学的方法，注重制度的发生与变化，文字、语言学的方法注重考释文字的源流。大略地说，历史学的方法得到的

---

① 傅斯年：《性命古训辨证》引语。

共同结论是,孔子以前的儒为一种教授礼乐知识的职业,这种职业儒是由西周职掌礼仪典籍的官员流落转化而来。文字语言学的方法,着重于解释这种春秋时以传授礼乐为生的职业何以称之为"儒"。于是,我们看到,近代以来原儒的研究,都集中在职业类型与职业名称上面,虽然各自都取得了有意义的成果,却大都未能在根本上涉及儒家思想的来源。借用冯友兰先生的分疏,都只是在论述"儒"的起源,而未尝在根本上挖掘"儒家"作为一种思想的起源。换句话说,这些研究都是语学的或史学的方法,却都不是思想史的方法(虽然思想史的研究需要借助语学的和史学的研究)。从思想史研究的立场来看,其中的问题似很明显,试问,仅仅相礼的职业就能产生出孔子的思想来吗?或者,仅仅从巫师和术士就能产生出儒家思想来吗?另一个例子是,如果如白川静氏所说,"道"字的原义是携异族人的脑袋而行,这对研究老庄代表的道家思想的根源有何意义?①胡适曾经针对王官说指出:说古者学在官府,是可以的;但说诸子出于王官,"不独言之无所依据,亦大悖于学术思想兴衰之迹",认为"诸子自老聃、孔丘至于韩非,皆忧世之乱而思有以救济之,故其学皆应时而发,与王官无涉":"若谓九流皆出于王官,则成周小吏之圣知,实远过于孔丘、墨翟,……其信古之陋何以异哉?"②胡适强调时代社会的影响,是对的,但他也同样忽视了思想的传承、文化的传统,尽管如此,他指出简单地说儒家等出于王官,不符合学术思想产生发展的规律,这一

---

① 白川静:《中国古代文化》,页176。
② 胡适:《诸子不出于王官论》,《胡适学术文集·中国哲学史》,页596。

第八章 师儒

点是很有见地的。

儒家思想之发生及其所以可能在汉代以后居于中国文化的主流或主导地位,除了社会—政治结构的原因之外,一个重要的原因就是,儒家思想本身是三代以来中国文化的产物。这里所说的产物不仅仅是从历史的结果与历史过程中间的现象来说,而是指,儒家思想是接续着三代文化的传统及其所养育的精神气质的,儒家思想的一些要素在三代的发展中已逐渐形成,并在西周成型地发展为整个文化的有规范意义的取向。儒家和孔子的思想由以发展的大量思想资料在西周至春秋已充分发展出来,西周的思想又以夏商文化历史发展的过程为背景和基础。西周时代是中国文化的文化模式与文化取向开始确定和成型的时期,孔子以前的儒家思想要素,正是参与了这一过程的建构。如果用比较夸张的或者强势的表达,可以说在孔子以前就已经有儒家思想了。因此,离开了三代以来的中国文化发展去孤立考察儒字的源流,就难以真正解决儒家思想起源这一思想史的问题。

毋庸赘言,孔子以文武周公为理想,肯定三代因革损益的联系,故儒家思想的起源是有迹可寻的。但这不能仅从春秋末期的职业儒去了解,要从三代文化(这里的文化指观念、信仰、伦理、意识形态、精神气质)的发展过程来寻绎。忽略了这样的立场和眼光,就可能止于局部而不自觉。各种职业说都只是把儒看作一种传授某种知识的人,视儒为一种"艺",而没有把儒作为一种"道",把儒家作为一种思想体系来把握。如把儒追溯到商代的一种祭祀的术士,或以儒为春秋时代的巫,欲以此解决儒家的起源,就典型地反映出这种局限。即使商代已有求雨祭祀的术士称为儒,孔子的儒家思想如何能跨越六百年的历史而直接从商代的术士得到说明,特别是,巫术、巫师如何可能产生出相当程度上理性化和"脱魅"了的儒学来,是有着根本的困难的。由此可见,思想史研究的从业人员,必须回到思想史的方法和立场上来,才有可能真正解决那些属于思想史的问题。

四　西周的师儒与教化

任何研究方法都要依据一定的资料,比较本世纪前半叶学者的说儒之作,与晚近学者的释儒研究,从资料上看,明显的区别是,早期的学者多不信《周礼》,如胡适、郭沫若都明确表示不信任《周礼》;而晚近学者开始较多地使用《周礼》的材料。这种差别,使得五四以后的学者越过《周礼》,直接从祝宗卜史和巫觋中去寻找儒的起源,企图从宗教神职事务人员中直接导出儒来。晚近学者开始回到《周礼》所说的地官系统中探寻儒的来源。晚近学术的这种变化,显然是基于近几十年考古发现多有助于证明《周礼》的内容并非向壁杜撰,历史学家对《周礼》的可信性越来越表示出谨慎的乐观。[①] 80年代中期,张亚初、刘雨指出:"在我们整理西周金文职官资料的过程中,发

[①] 李学勤先生说:"《周礼》和《左传》一样,长期蒙受怀疑的厄运,其内容也在文物研究中得有越来越多的证明,也许不久会为学术界多数所承认。"《李学勤集》,黑龙江教育出版社,1989,页4。

第八章 师儒

现西周金文中的职官也有许多与《周礼》所记相合。正如我们研究殷周的甲骨文、金文离不开汉代的《说文解字》一样,要想了解西周金文中的职官,也无法脱离《周礼》一书。这说明其书虽有为战国人主观构拟的成分,然其绝非全部向壁虚造。由于作者去西周尚不算太远,故书中为我们保存了许多宝贵的西周职官制度的史料。"① 杨向奎先生在近著中也指出:"《周礼》今文家视为伪书,乃不足道者,康有为出,此说大盛,疑古派出,《周礼》遂无人齿及。实则此乃冤案,冤案不解,将使中国失去一资料丰富的文化宝库。……我以为,就《周礼》所载的典章制度言,不可能伪造,没有人能够凭空撰出合乎社会发展规律的政治、经济、社会各方面的著作。"② 他还说:"《周礼》的记载,主要方面是当时实录,虽然有后人的理想,有夸大而无歪曲,基本可以信赖。"③ 上节所述,提到近来一些学者开始回到《周礼》地官中寻找儒的来源,但拘于着眼在儒而非儒家思想,他们都是试图把《周礼》的某一个职官与儒联系起来。虽然我们在上节指出职官的研究在思想史的立场来看是有限制的,但这种研究也可以在一个方面对儒家思想的起源研究有所帮助,只是,这种研究不必局限在某一个职官上面。以下仅就《周礼》所见西周及春秋制度中的教化传统这一侧面来看儒家思想在西周文化传统中的根源。

《周礼》天官中"太宰"之职,"掌建邦之六典,以佐王治

---

① 张亚初、刘雨:《西周金文官制研究》,页112。
② 杨向奎:《宗周社会与礼乐文明》,人民出版社,页285。
③ 同上书,页291。

邦国",六典之二为"教典",《正义》引郑司农注"教典,司徒之职"。教典的功能是"以安邦国,以教官府,以扰万民",注谓"扰犹驯也",这说明教典及其所相连的司徒的功能,主要就是教化。

《周礼》地官之"大司徒"职中,有所谓"十二教":

> 因此五物者民之常,而施十有二教焉。一曰以祀礼教敬,则民不苟;二曰以阳礼教让,则民不争;三曰以阴礼教亲,则民不怨;四曰以乐礼教和,则民不乖;五曰以仪辨等,则民不越;六曰以俗教安,则民不愉;七曰以刑教中,则民不虣,八曰以誓教恤,则民不怠;九曰以度教节,则民知足;十曰以世事教能,则民不失职;十有一曰以贤制爵,则民慎德,十有二曰以庸制禄,则民兴功。

以庸制禄即以功制禄。十二教中的前六教明显是属于礼乐教化的部分,与后来春秋战国儒家所讲的礼乐教化,其精神是一致的。

大司徒职中又详细叙述了"养""安""教"的三个方面,关于养:

> 以保息六养万民:一曰慈幼,二曰养老,三曰振穷,四曰恤贫,五曰宽疾,六曰安富。

这是指平时的养民之政,其中多承继了三代的德政传统如慈幼

第八章　师儒

养老宽疾等，这些亦为后来儒家所继承。关于安：

> 以本俗六安万民：一曰媺宫室，二曰族坟墓，三曰联兄弟，四曰联师儒，五曰联朋友，六曰同衣服。

"媺"，美也。"联"字注疏皆谓即连，训为合。"师儒"，《正义》引郑氏注，谓"乡里教以道艺者"，疏谓即太宰九两中的师、儒。贾疏释"联师儒"为"致仕贤者，使教乡闾子弟，乡闾子弟皆相连合同就师儒，故云连师儒也"。[①] 本俗即是前面所说"以俗教安"，是指社会基层的安民之政。关于教：

> 以乡三物教万民，而宾兴之：一曰六德：知、仁、圣、义、忠、和；二曰六行：孝、友、睦、姻、任、恤；三曰六艺：礼、乐、射、御、书、数。

据注疏，宾是宾礼之，兴是荐举之，姻，亲于外亲，任，信于友道。这六德、六行、六艺合成的"乡三物"，不折不扣的是早期儒家教人的主要内容。值得注意的是，按照注疏，这三物都是"六乡大夫"之事，地官"乡大夫"职中有"以考其德行、察其道艺"，应与此相联。此外，大司徒中还有"以乡八刑纠万民"，不过，其中"不孝之刑""不睦之刑""不姻之刑"及不任、不恤之刑等可以说都是六德六行的悖反者。《礼记·王制》

---

① 孙诒让：《周礼正义》，中华书局标点本，页750。

所论司徒，与此相当："司徒修六礼以节民性，明七教以兴民德，齐八政以防淫，一道德以同风俗，养耆老以致孝，恤孤独以逮不足，上贤以崇德，简不肖以绌恶。"

地方或基层的教化职能，在地官司徒中的各职官下亦有明确的记述。如大小司徒之下，《周礼》地官还有乡师、乡老、乡大夫、州长、党正、族师、闾胥、比长等，据《西周金文官制研究》，司徒、乡师、乡老、乡大夫皆见于金文，① 当然，金文中未见，不等于在西周一定不存在。以下略引其中与教化有关的数条，以见大概：

> 州长各掌其州之教治政令之法，正月之吉，各属其州之民而读法，以考其德行道艺而劝之，以纠其过恶而戒之。若以岁时祭祀州社，则属其民而读法，亦如之。春秋，以礼会民而射于州序。（《周礼·地官·州长》）

周礼五党为州，在教的方面，州长负责主持射礼、岁时祭祀礼，考察民之德行道艺。

> 党正各掌其党之政令教治，及四时之孟月吉日，则属民而读邦法，以纠戒之。春秋祭禜，亦如之。国索鬼神而祭祀，则以礼属民而饮酒于序，以正齿位，一命齿于乡里，再命齿于父族，三命而不齿。凡其党之祭祀、丧纪、昏冠、

---

① 张亚初、刘雨：《西周金文官制研究》，页117。

第八章 师儒

饮酒，教其礼事，掌其戒禁。(《周礼·地官·党正》)

五族为党，约六百二十五家，党正也要负责教民礼事，这些礼事包括昏冠丧祭，还要主持春秋的祭禜、腊祭、乡饮酒礼，在公共礼仪中正齿位，以尊老者。周礼五家为比，二十五家为闾，百二十五家为族，族师、闾胥、比长也要各负其责，包括祭丧礼、役政等。以上所说，已包含了一种地缘因素在其中，与城市内的贵族的宗族结构不同。《周礼》虽夹杂拼凑及理想成分，但其中的乡遂制度应基本上还保存着西周春秋时代的特点，①其制以王城连同四郊六乡，可合称为"国"，"国"之外的六遂及都鄙等合称为"野"。六乡的乡党组织，分为比、闾、族、党、州、乡六级，居民还多取聚族而居的方式。"六遂"的邻里组织，分为邻、里、酇、鄙、县、遂六级，完全以地缘关系代替了血缘关系。不管历史学家对六乡居民与六遂居民的政治身份作何区分，有一个现象值得注意，即由《周礼》可见，遂人、遂大夫、县正所执掌的职能，以行政职能为主，极少礼乐教化功能，这与六乡职官恰成对比。

在六乡的职官规定中可明显看到礼乐教化的功能，如果说，这些内容基本可信为西周及春秋时代的情况，那么，应当说，不必等待春秋王官失守去造成礼乐之官流落民间而演成儒的职业，在西周到春秋，乡以下本来就有像党正这种"以礼属民""凡其党之祭祀、丧纪、昏冠、饮酒，教其礼事"的教礼者，更

---

① 见杨宽：《古史新探》，页135。

有上文已说到的退休官员教授子弟的"师儒"。而从大司徒到州长注重"德行道艺",以六德、六行教化万民的传统来看,几乎不必再为儒家思想的来源寻找什么别的或某一特殊的职官载体。总和所有上述职官的功能所构成的西周行政教化传统就是儒家思想的来源的一部分,甚至可以说就是孔子以前就有的"儒教"的一部分。"师儒"既然是致仕贤者教授乡里子弟的人,则这种职业教化就亦不待王官失守而已有之。应当说明,我并不认定《周礼》所载全部可信无疑,同时,由于地域乃至族姓的差别,各地的情况不可能一致,但把《周礼》作为颁定的制度来看,不可能是凭空杜撰,如即使在后来法令滋章的秦制,乡中尚有三老掌教化,这种社会的需要在法制不发育的古代应当更为明显。

五 西周的国子教育

最后,再来看看西周贵族性的国子教育与儒家思想来源的关系。中国古代早有学校之设,《礼记·学记》"古之教者,家有塾、党有庠、术有序、国有学",郑氏注云术当为遂,党在乡,遂在野。西周已有大学小学之分,粗略地说,幼童入小学,成童入大学。《礼记》记载的教育制度并非虚构,金文可证。[①]从文化上看,大学最重视的教育内容应是礼、诗、乐,孔子仍有"兴于诗、立于礼、成于乐"之说,《左传》中贵族所应用

---

① 见杨宽:《古史新探》,页199。

第八章　师儒

者，亦不出此三项。孟子曾说"设为庠序学校以教之，庠者养也，校者教也，序者射也。夏曰校，殷曰序，周曰庠，学则三代共之"（《滕文公上》）。西周学校分为国学和乡学两种，国学指在王朝国都及诸侯邦都城所设的学校，国学中又分小学与大学两个阶段。西周的大学在周王畿的称辟雍，在各诸侯国设立的大学称泮宫，都是国子入学之所，国子即王侯卿大夫的子弟。乡学据周礼，乡有庠、州有序、党有校、闾有塾，与《学记》略不同。

关于掌教育的职官，《周礼》春官有"大司乐"，其职"掌成钧之法，以治建国之学政，而合国之子弟焉"。郑玄注："国之子弟，公卿大夫之子弟当学者，谓之国子。"① 这里的学是指大学，疏云："大司乐通掌大小学之政法，而专教大学，与师氏、保氏、乐师教小学，职掌互相备。"② 又谓"周制大学所教者，一为国子，二为乡遂大夫所举贤能，三为侯国士之秀者"。③ 又《礼记·王制》："乐正崇四术，立四教，顺先王诗书礼乐以造士，春秋教以礼乐，冬夏教以诗书。"《礼记》此条晚出，当系战国文献，但亦可参之。

在《周礼》中，负责教育国子者，除大司乐外，"师氏""保氏"尤受学者注意。师氏教三德三行，保氏教六艺六仪：

> 师氏掌以媺王诏，以三德教国子，一曰至德，以为道

---

① 见《周礼正义》，页1711。
② 同上。
③ 同上。

本;二曰敏德,以为行本;三曰孝德,以知逆恶。教三行,一曰孝行,以亲父母;二曰友行,以尊贤良;三曰顺行,以事师长。(《周礼·地官·师氏》)

保氏掌谏王恶,而养国子以道,乃教之六艺:一曰五礼,二曰六乐,三曰五射,四曰五驭,五曰六书,六曰九数。乃教之六仪:一曰祭祀之容,二曰宾客之容,三曰朝廷之容,四曰丧纪之容,五曰军旅之容,六曰车马之容。(《周礼·地官·保氏》)

六仪六容即参加各种礼仪所应持的举止容貌。三德三行六艺六仪都与早期儒家教学的内容相合。

关于师与保的区别,地官之叙官注疏有云"师氏者,此官与保氏并掌上学之官也","保氏与师氏,同教国子官,与府史别者,以其教国子虽同,馆舍别所,故置官有异"。[1] 孙诒让亦云:"师氏教以德行,保氏教以道艺,学小成而后升于大学,大司乐教之。"[2] 西周金文多师氏,部分职司与周礼同,"西周的职官师(师氏)从铭文记载来看,并不是单纯的军事长官,宫廷守卫的职官称师,教育的长官也称师,这些情况与《周礼·师氏》的记载不但不矛盾,而且是正相吻合的"[3]。

师氏、保氏以及"大司徒"中所说的"联师儒",牵涉到了《周礼》中唯一单独使用"儒"字的一段材料,见于天官之"大

---

[1] 见《周礼正义》,页658。
[2] 同上书,页997。
[3] 张亚初、刘雨:《西周金文官制研究》,页118。

第八章 师儒

宰"职：

> 以九两系邦国之民：一曰牧，以地得民；二曰长，以贵得民；三曰师，以贤得民；四曰儒，以道得民；五曰宗，以族得民；六曰主，以利得民；七曰吏，以治得民；八曰友，以任得民；九曰薮，以富得民。（《周礼·天官·大宰》）

照九两的说法，"儒"与牧、长、吏、宗、主等一样，并不是一种特殊职官的名称，而是一种钱穆所谓的"流品"，类似职业类型。郑注云："师，诸侯师氏，有德行以教民者。儒，诸侯保氏，有六艺以教民者。宗，继别为大宗，收族者。"① 牧、长、主、吏都是以其特权及管理身份使民得以接受统治。唯师与儒，是以道、以贤得到民众的信赖。孙诒让说："此经之师儒，即大司徒本俗六之联师儒，皆通乎上下之辞。师则泛指四民之有德行材艺、足以教人者而言。上者国学、乡遂州党诸小学，以逮里巷家塾之师，固为师而兼儒；下者如宾妇之有女师，巫医农工亦皆有师。"又说"儒则是泛指诵说诗书、通该术艺者而言"。② 战国时，儒只是诸家之一，与《周礼》所说的这种职业教化者不同，因此就"儒"之称来说，《周礼》应非撰造。

从西周的国子教育传统来看，师氏所教的三德三行，全为早期儒家所主张。保氏所教六艺六仪，在孔子教学活动中有广

---

① 引自《周礼正义》，页109。
② 同上书，页112。

泛体现。师氏教以德行，故以"贤"得民；保氏教以道艺，故以"道"得民（此处的道即是艺，郑贾注疏多次说明）。据此，前孔子时代的儒可能是对六艺六仪有专门知识者，既用以教人，也可应人咨询、相助礼事。虽然，依《周礼》及郑玄等注，"儒"即是保氏及对六艺六仪有专门知识者，但在一个意义上说，师氏所职比保氏更有助于说明儒家思想在西周文教传统中的根据，而儒家思想的来源与基础，则由整个西周国学乡学的教育传统与乡政的教化传统可见一斑。这都显示出仅仅推原"儒"字的局限性。

六　孔子说儒

《礼记·儒行》记孔子答哀公问儒之行，孔颖达《礼记正义》称为"孔子说儒十七条"[①]，胡适说儒篇所倚重的孔子自述"长居宋，冠章甫之冠"等皆出于此篇。在此篇中，孔子论述了所谓"儒者"的人格形态，包括自立、容貌、备豫、近人、特立、刚毅、忧思、宽裕、举贤、援能、任举、规为、交友、尊让等等。就是说，在孔子看来，儒者有不同形态和侧面，有的儒者以刚毅为特色，有的儒者以宽裕为特色，他力求全面论述儒者的德行、规范、人格，并在全篇的结尾对儒者的总体精神做了一个概括：

---

① 《礼记正义》卷五十九，《十三经注疏》，中华书局影印本，页1669。

第八章　师儒

> 儒有不陨获于贫贱，不充诎于富贵，不溷君王，不累长上，不闵有司，故曰"儒"。今众人之命儒也妄，常以儒相诟病。

郑氏注：陨获，困迫失态之貌，充诎，欢喜失节之貌。由此可知，不陨获不充诎两句，实即贫贱不能移，富贵不能淫之意。不溷、不累、不闵，郑注为"言不为天子诸侯、卿、大夫、群吏所困迫而违道"，其义近于威武不能屈。孔子针对鲁哀公轻儒的倾向，以大丈夫精神说儒，而结之以"故曰儒"，表明孔子在他的时代所理解的儒者，已经不是仅仅懂得传统礼仪和诵说诗书的知识人，而是具有特定人格与价值理想的儒，是体现着儒家思想的知识分子。

《儒行》篇所载，是否全为孔子所述，也许有不能肯定的地方，但大体上应当有所根据。按照孔子所说，春秋末期世俗的用法中，确有以"儒"为贬义而妄相诟病的情况，但这已不是"儒"之命名的本来意义，而儒家则以大丈夫的君子儒自命，显示着儒与儒家的根本分化。《论语》中的"汝为君子儒，无为小人儒"，一般认为是儒字最早出现的文献，[①]《礼记·儒行》对儒者德行的论述，合于《论语》所说的君子儒精神，与世俗所说的小人儒完全不同。孔子说儒的这种分疏，对我们的原儒工作也有重要的提示意义。

---

① 《左传》哀公二十一年有"唯其儒书，以为二国忧"，但孔子卒于哀公十六年，故《左传》所唯一出现的儒字已在孔子以后，兹不具论。

第九章 儒行

以"儒"作为孔子所建立的学派之名,在《论语》里尚无其例。而在孔子死后不久,到了墨子的时代,"儒"或"儒者"已经成为墨子及其学派用以指称孔子学派的定名了。与墨者同时的孔门七十子及其后学也以"儒"而自命,并往往通过追述"孔子曰"对"儒"加以定义和说明,在这一方面,《礼记》的《儒行》篇可谓是最明显的例证。

近代以来,因为孔子不曾对"儒"字加以解释和说明,已有的甲骨、金文资料中也没有儒字,于是引起诸多大家学者纷纷"原儒",企图找出春秋以前儒字的本义,从而说明春秋末期"儒"的特质和儒家思想的根源,以呼应20世纪前期对儒学的批评和关注。[①] 其中方法论上的问题我在本书第八章中已经做

---

① 参看王尔敏:《中国思想史论》,华世出版社,1977。

第九章 儒行

了分析。

其实，不管"儒"字在字源上的源始意义如何，从学术史的观点来看，战国儒学在运用"儒"字上所表达的自我理解，以及战国时代的其他学派对"儒"的思想刻画从他者的一面所反映的"儒"的意象描述，都突出显现了对何为儒之人格，何为儒家的学说宗旨在当时通行的理解，值得作一番清理。

一 儒服

衣服冠带在古礼中有其制度，随着春秋后期的礼崩乐坏，各种礼制都遭到破坏。儒家以继承和恢复周代礼乐制度与文化秩序为己任，所以在儒家传承的礼书中也往往涉及冠服的问题，特别是有关丧礼的冠服问题。但孔子的确也从以礼治国的角度谈到恢复古礼及其冠制：

> 颜渊问为邦。子曰："行夏之时，乘殷之辂，服周之冕，乐则韶舞。放郑声，远佞人。郑声淫，佞人殆。"[1]

这里的服周之冕即涉及冠制，但孔子在这里并不是作为儒服来提出的，而是作为恢复三代文明礼制的一部分提出来的。这是儒家复礼理想的一部分，所以后来荀子也提到冠制："天子山冕，诸侯玄冠，大夫裨冕，士韦弁，礼也。"[2] 就涉及从天子到

---

[1] 《论语·卫灵公》，以下引此书及先秦典籍，只注明书名及篇名。
[2] 《荀子·大略》。

士的衣冠礼制。

据文献的记载，到了墨子时代，便明确有所谓"儒服"的问题出现了。所谓儒服，就是儒者所穿着的衣冠服带。不过，从《论语》看，在孔子的时代，并无所谓儒服。"儒服"的说法，在儒家典籍中首见于《礼记》的《儒行》篇，而即使在此篇，也证明孔子的时代还没有儒服的定制：

> 鲁哀公问于孔子曰："夫子之服，其儒服与？"孔子对曰："丘少居鲁，衣逢掖之衣，长居宋，冠章甫之冠。丘闻之也：君子之学也博，其服也乡；丘不知儒服。"①

这是最著名的孔子论儒服的言论。如果我们可以相信这的确是孔子的思想，那么可以说，虽然孔子自己对于所着衣冠有一定的讲究，但并未制定一种儒服，要他的弟子们都如此穿戴。郑玄注："逢犹大也。大掖之衣，大袂单衣也。"孔子穿着的逢掖之衣是鲁国的衣服，是一种袖子很宽大的衣服；孔子的家族是贵族中最低的一级，即士，这种服装合乎他的身份。章甫本是殷人的冠戴，宋国贵族常戴章甫之冠，孔子既长于宋，故孔子也习惯戴章甫。所谓其服也乡，是指孔子的服装多是顺随环境风俗，而不是刻意定制。《论语》公西华之言曰："宗庙之事，如会同，端章甫，愿为小相焉。"郑注："衣玄端，冠章甫。"②可见，到孔子时代，章甫已成为一种礼冠。要之，逢掖之衣，

---

① 《礼记·儒行》。
② 引自《论语集释》卷二十三先进下，页804。

第九章 儒行

章甫之冠,在孔子是作为他所认同的一种"士"的服装,符合自己的地位和习惯,以与俗人相区别。士须穿着与俗人不同的衣冠,这是礼,故孔子对衣冠的注意也表示孔子的尊礼。《论语》中没有关于儒服的讨论,在孔子死后,据墨子说,"其徒属弟子皆效孔某",故孔门弟子慢慢以孔子的衣冠作为儒士(墨子已用儒士之称)的标志,由是产生了所谓儒服的问题。上引儒行篇的思想是符合孔子思想的,但"儒服"之说不一定是哀公与孔子真实的问话,可能是孔门七十子及其后学时代儒服论流行时所添加。无论如何,这种说法符合孔子的立场,代表了早期儒家的思想。

上面这一条材料出自《礼记·儒行》,类似的在《荀子》中也有一条:

> 鲁哀公问于孔子曰:"吾欲论吾国之士,与之治国,敢问何如取之邪?"孔子对曰:"生今之世,志古之道;居今之俗,服古之服。舍此而为非者,不亦鲜乎!"哀公曰:"然则夫章甫絢屦,绅而搢笏者,此贤乎?"孔子对曰:"不必然。夫端衣玄裳,絻而乘路者,志不在于食荤;斩衰菅屦,杖而啜粥者,志不在于酒肉。生今之世,志古之道;居今之俗,服古之服。舍此而为非者,虽有,不亦鲜乎!"哀公曰:"善!"①

---

① 《荀子·哀公》。

这本来是讨论如何取士，孔子主张要内观其志，外观其服，要取"生今之世，志古之道；居今之俗，服古之服"这样的士，这是孔子所肯定的士。"服古之服"应当是儒服之说所自出的根源。服古之服是作为志古之道的一种体现，也是复古之礼的一部分。但是孔子并不认为遵行"章甫絇屦，绅而搢笏"冠服的人就必然是贤士。哀公之问，应当就包含了所谓儒服的问题，絇是缚鞋带的鞋梁，绅是腰带，可插笏于上，笏是大夫朝见君主的手板。① 此条当源于战国儒者所增录，"章甫絇屦，绅带而搢笏"的冠服即是战国时人们所理解的所谓儒服，但在这里，孔子并没有坚持儒服者必然是贤士。这和《儒行》的思想是一致的。

《荀子》中还有另一条是：

鲁哀公问于孔子曰："绅、委、章甫，有益于仁乎？"孔子蹴然曰："君号然也？资衰苴杖者不听乐，非耳不能闻也，服使然也。黼衣黻裳者不茹荤，非口不能味也，服使然也。且丘闻之：好肆不守折，长者不为市。窃其有益与其无益，君其知之矣。"②

据杨注：绅是大带，委指委貌，即周代的一种冠。③ 这也是说，孔子认为，绅、委、章甫的服饰是礼制的规定，但并不能直接

---

① 参看张觉：《荀子译注》，上海古籍出版社，1995，页580、669。
② 《荀子·哀公》。
③ 引自梁启雄：《荀子简释》，上海古籍出版社，1956，页403。

第九章 儒行

有益于仁，仁的德行要通过修身才能达到，而不能把注意力放在衣冠上面。所以，后来"鲁哀公问舜冠于孔子，孔子不对"。①

在《墨子》中儒服问题就明确了，与墨子同时的儒士中就有明白声称服古和儒服的人，如公孟子：

> 公孟子戴章甫，搢忽，儒服，而以见子墨子曰："君子服然后行乎？其行然后服乎？"子墨子曰："行不在服。"公孟子曰："何以知其然也？"子墨子曰："昔者，齐桓公高冠博带，金剑木盾，以治其国，其国治。昔者，晋文公大布之衣，牂羊之裘，韦以带剑，以治其国，其国治。昔者，楚庄王鲜冠组缨，缝衣博袍，以治其国，其国治。昔者，越王勾践剪发文身，以治其国，其国治。此四君者，其服不同，其行犹一也。翟以是知行之不在服也。"公孟子曰："善！吾闻之曰'宿善者不祥'，请舍忽，易章甫，复见夫子可乎？"子墨子曰："请因以相见也。若必将舍忽、易章甫，而后相见，然则行果在服也。"②

这清楚地表明，公孟子一派的儒者"戴章甫，搢忽，儒服"，这正合于《荀子·哀公》篇所说的"章甫絇屦，绅而搢笏"的冠服。从《儒行》篇可见，孔子本来是主张儒者的特性在于德行而不在于冠服，即所谓"行不在服"，故其服也乡，在这一点

---

① 《荀子·哀公》。
② 《墨子·公孟》。

上,墨子和孔子是一致的。公孟子一派是孔门后学中偏重儒服的,虽然他在墨子的教训下也承认了儒行不在冠服(儒行问题亦从此出),但终究将冠服的问题看得很重要。

《墨子》书中又载:

> 儒者曰:"君子必服古、言然后仁。"应之曰:"所谓古之言服者,皆尝新矣,而古人言之,服之,则非君子也。然则必服非君子之服,言非君子之言,而后仁乎?"又曰:"君子循而不作。"应之曰:"古者羿作弓,㛌作甲,奚仲作车,巧垂作舟,然则今之鲍函车匠皆君子也,而羿、㛌、奚仲、巧垂皆小人邪?且其所循人必或作之,然则所循皆小人道也?"①

服古即穿着古代冠服,服古而后仁,即上面所说的"服而后行",这里与墨家争论的"儒者"不仅狭义地重视冠服,而且可以说重"礼"胜过于"仁"。据《荀子·非十二子》所说"弟佗其冠,神禅其辞,禹行而舜趋:是子张氏之贱儒也",重视儒服的这一派可能主要是子张氏之儒,公孟子可能是子张的后学。又据《荀子·儒效》篇"逢衣浅带,解果其冠,略法先王而足乱世术,缪学杂举",则古服派似乎也应当包括子思学派,因为子思氏之儒也是"略法先王而不知其统"。逢衣即逢掖之衣,浅带当即绅带。

---

① 《墨子·非儒下》。

第九章 儒行

前述哀公所说的"章甫,绚屦,绅带,而搢笏",关于绚屦,可见于《庄子》之书:

> 庄子见鲁哀公。哀公曰:"鲁多儒士,少为先生方者。"庄子曰:"鲁少儒。"哀公曰:"举鲁国而儒服,何谓少乎?"庄子曰:"周闻之:儒者冠圜冠者,知天时;履句屦者,知地形;缓佩玦者,事至而断。君子有其道者,未必为其服也;为其服者,未必知其道也。公固以为不然,何不号于国中曰:'无此道而为此服者,其罪死!'"于是哀公号之五日,而鲁国无敢儒服者,独有一丈夫儒服而立乎公门。公即召而问以国事,千转万变而不穷。庄子曰:"以鲁国而儒者一人耳,可谓多乎?"①

"君子有其道者,未必为其服也;为其服者,未必知其道也。"这与墨子的思想基本一致。庄子当时所说的儒服,主要是"冠圜冠;履句屦;缓佩玦"。据庄子注疏,句,方也,圆冠象天,方履法地,"缓佩玦,言所佩者玦,而系之带间,宽绰有余也",但庄子所说的冠是否章甫,无由得知。从"哀公曰"的说法来看,儒服已经是鲁国流行的冠服了,这大概是战国的情况。

《庄子》载盗跖责孔子:

> 尔作言造语,妄称文、武,冠枝木之冠,带死牛之胁,

---

① 《庄子·田子方》。

> 多辞缪说,……今子修文、武之道,掌天下之辩,以教后世,缝衣浅带,矫言伪行,……①

这虽然是寓言,但"缝衣浅带"则显然是指儒服,即荀子《儒效》篇的"逢衣浅带"。荀子也认为士君子应当有士君子之容,他所说的士君子之容,就包括"其冠进,其衣逢"。进即峻,高也;逢,大也。② 而盗跖的说法也证明,战国的儒者的儒服是来源于孔子的"逢衣浅带"。

其实,战国时期公侯和诸子之中有不少人都很注意在衣冠上作文章,除齐桓公"高冠博带"之外,如"昔者晋文公好苴服,当文公之时,晋国之士,大布之衣,牂羊之裘,练帛之冠,且苴之屦。"③《庄子》中"皮弁鹬冠、搢笏绅修以约其外"④,最有名者为"宋钘、尹文闻其风而悦之,作为华山之冠以自表"⑤,这样的例子很多。

总结上述,我们可以说,战国时代一些孔门儒者很重视儒服,既反映他们的文化理想,也反映了他们通过冠服表达的学派认同,儒服的主要特点是:衣逢掖之衣、戴章甫之冠、履句履、绅带、搢笏。但孔门传承的孔子宗旨,并不把儒服看作是儒的先务,始终主张德行的优先性,这一点也是明确的。

战国时代,儒服之说渐渐流行,所以典籍中常见此说,如

---

① 《庄子·盗跖》。
② 参看梁启雄:《荀子简释》,页 68。
③ 《墨子·兼爱》。
④ 《庄子·天地》。
⑤ 《庄子·天下》。

第九章 儒行

《吴子》:"吴起儒服以兵机见魏文侯。文侯曰:'寡人不好军旅之事。'"① 又如《庄子》:"太子曰:'然。吾王所见,唯剑士也。'庄子曰:'诺。周善为剑。'太子曰:'然吾王所见剑士,皆蓬头突鬓垂冠,曼胡之缨,短后之衣,瞋目而语难,王乃说之。今夫子必儒服而见王,事必大逆。'"② 吴起、庄子都不是严格的儒,何以儒服见王侯,不得而知。也许这里所说的儒服已成为一种流行的"士"的服装,而不是上面所说的儒者的古服。③

孔子死后,他的门人们很注重外在形式对孔门的象征性凝聚作用,如认为有子长得像孔子,便试图以有子为领袖。④ 冠服亦然。据《晏子春秋》:

> 景公为巨冠长衣以听朝,疾视矜立,日晏不罢。晏子进曰:"圣人之服,中侻而不驵,可以导众,其动作,侻顺而不逆可以奉生,是以下皆法其服,而民争学其容。今君之服驵华,不可以导众民,疾视矜立,不可以奉生,日晏

---

① 《吴子》第一。
② 《庄子·说剑》。
③ 按《孔丛子·儒服》载:"子高衣长裾,振褒袖,方屦麁翣,见平原君。君曰:吾子亦儒服乎?子高曰:此布衣之服,非儒服也,儒服非一也。平原君曰:请吾子言之。答曰:夫儒者居位行道则有衮冕之服,统御师旅则有介胄之服,从容徒步则有若穿之服,故曰非一也。平原君曰:儒之为名何取尔?子高曰:取包众美、兼六艺、动静不失中道。"(《孔丛子》,《汉魏丛书》本,吉林大学出版社,页341。)此子高疑即子羔,其所说儒服与儒之得名,亦可参之。
④ 《史记·仲尼弟子列传》。

矣，君不若脱服就燕。"①

可见法圣人之服，是当时的一种流行风气，以孔子冠服为模本的儒服，于是乎也流行起来。

二　儒行

对于"儒"者来说，既然行与服不同，行不在服，那么儒之"行"为何？这就从"儒服"的问题转到"儒行"的问题上来了。《礼记·儒行》列举了16种"儒行"，其论述的特点是，论述每一种儒行，都以"儒有……"引导陈述，而以"其××有如此者"作结，以点出这一种儒行的特质。这是以"儒"为题的德行论体系，在先秦思想史上有独特的意义。由于其文甚长，故我们将之分为十六节，以清眉目，亦便于讨论（小节号为引者所加）。

《儒行》篇记载了鲁哀公和孔子的问答，这个问答是围绕着"儒行"的问题展开的：

> 哀公曰："敢问儒行。"孔子对曰："遽数之不能终其物，悉数之乃留，更仆未可终也。"哀公命席。孔子侍曰：
> 1. 儒有席上之珍以待聘，夙夜强学以待问，怀忠信以待举，力行以待取。其自立有如此者。

---

① 《晏子春秋》卷二第十六。

第九章 儒行

2. 儒有衣冠中,动作慎,其大让如慢,小让如伪,大则如威,小则如愧,其难进而易退也,粥粥若无能也。其容貌有如此者。

3. 儒有居处齐难,其坐起恭敬,言必先信,行必中正,道涂不争险易之利,冬夏不争阴阳之和,爱其死以有待也,养其身以有为也。其备豫有如此者。

4. 儒有不宝金玉,而忠信以为宝;不祈土地,立义以为土地;不祈多积,多文以为富。难得而易禄也,易禄而难畜也,非时不见,不亦难得乎?非义不合,不亦难畜乎?先劳而后禄,不亦易禄乎?其近人有如此者。

5. 儒有委之以货财,淹之以乐好,见利不亏其义;劫之以众,沮之以兵,见死不更其守;鸷虫攫搏不程勇者,引重鼎不程其力;往者不悔,来者不豫;过言不再,流言不极;不断其威,不习其谋。其特立有如此者。

照原文所作的区别,第一条讲"自立",第二条讲"容貌",第三条讲"备豫",第四条讲"近人",第五条讲"特立",如此等等。但第七条也是"自立",这便与第一条相重。第十三是"特立",便与第五条相重。可知作者所以命名诸条目者往往有重复之处。

因此,我们尝试重新区别这十六条,不拘泥原来的名目,而加以概括:第一强学力行,用指儒在未应仕时的学行状态。第二容貌敬慎,这是儒士平时生活的动作容貌。第三居处修身,言行中正,这也是儒士未从政时的行为状态(故原文说为备豫)。第四不宝财禄,这是儒士对于富贵利禄,也是儒士对出仕的态度(故云非时不见,非义不合)。第五见利思义,行动果敢,表示儒士即使在压力下仍坚持操守,不随波逐流。①

6. 儒有可亲而不可劫也;可近而不可迫也;可杀而不可辱也。其居处不淫,其饮食不溽;其过失可微辨而不可面数也。其刚毅有如此者。

7. 儒有忠信以为甲胄,礼义以为干橹;戴仁而行,抱义而处,虽有暴政,不更其所。其自立有如此者。

8. 儒有一亩之宫,环堵之室,筚门圭窬,蓬户瓮牖;易衣而出,并日而食,上答之不敢以疑,上不答不敢以谄。其仕有如此者。

9. 儒有今人与居,古人与稽;今世行之,后世以为楷;适弗逢世,上弗援,下弗推,谗谄之民有比党而危之者,身可危也,而志不可夺也,虽危起居,竟信其志,犹将不忘百姓之病也。其忧思有如此者。

10. 儒有博学而不穷,笃行而不倦;幽居而不淫,上通而不困;礼之以和为贵,忠信之美,优游之法,举贤而容众,毁方而瓦合。其宽裕有如此者。

第六刚毅有节,这是指儒士立身处世重视自己的尊严。第七仁

---

① 《儒行》篇的今译与解释,徐泽荣有《〈儒行〉今述》,载思问哲学网,可以参之。

第九章 儒行

义忠信,这是说儒士有坚定的道德信念,即使在暴政之下也不会改变。第八安贫守道,第九穷则持志,这是指儒士政治上不得意时仍能持守其志。第十宽裕有礼,这是指儒士处物的胸怀。

11. 儒有内称不辟亲,外举不辟怨,程功积事,推贤而进达之,不望其报;君得其志,苟利国家,不求富贵。其举贤援能有如此者。
12. 儒有闻善以相告也,见善以相示也;爵位相先也,患难相死也;久相待也,远相致也。其任举有如此者。
13. 儒有澡身而浴德,陈言而伏,静而正之,上弗知也;粗而翘之,又不急为也;不临深而为高,不加少而为多;世治不轻,世乱不沮;同弗与,异弗非也。其特立独行有如此者。
14. 儒有上不臣天子,下不事诸侯;慎静而尚宽,强毅以与人,博学以知服;近文章砥砺廉隅;虽分国如锱铢,不臣不仕。其规为有如此者。
15. 儒有合志同方,营道同术;并立则乐,相下不厌;久不相见,闻流言不信;其行本方立义,同而进,不同而退。其交友有如此者。
16. 儒有不陨获于贫贱,不充诎于富贵,不愿君王,不累长上,不闵有司,其尊让有如此者。
17. 温良者,仁之本也;敬慎者,仁之地也;宽裕者,仁之作也;孙接者,仁之能也;礼节者,仁之貌也；言谈者，仁之文也；歌乐者，仁之和也；分散者，仁之施也；儒皆兼此而有之，犹且不敢言仁也。故曰儒。今众人之命儒也妄，常以儒相诟病。"

孔子至舍，哀公馆之，闻此言也，言加信，行加义，(曰)"终没吾世，不敢以儒为戏。"①

第十一举贤援能，这是儒士完全为国家利益而奉行的用人举措。第十二以善为则，这是儒士对于同事的态度。第十三独行中庸，表示儒士立身行事能得其中道。第十四傲毅清廉，强调儒士在政治上的清高。第十五交友有义，表明儒者的交友之道。第十六贫贱不移、富贵不屈，这是儒的大丈夫人格。总之，《儒行》篇列举的儒行，统括了儒者在未出仕、出仕、不仕的状态下的德行。

近代以来有些学者试图以《说文》的"儒，柔也"来理解早期儒家，而这十六项儒行，从总体上看，没有任何"柔"的特点，相反，和孟子所说的"大丈夫"的人格尤为接近。这也可以说明，以柔论儒是基本上错误的。其实，《说文》之柔，只是就"儒"字的根源而言，所以《说文》也说明"儒"其实是一种术士，也就是一种主张儒术的士（墨也是术士，是主张墨

---

① 按"温良者"至"不敢言仁也"一段，原在"儒有不陨"之前，从俞樾改。又按孔颖达疏，谓"孔子说儒凡十七条，其从上以来至下十五条，皆明贤人之儒。其第十六条，明圣人之儒，包上十五条贤人儒也。其十七之儒，是夫子自谓也"。今取俞樾说，则前十六条皆分别各论儒行，第十七条则总论儒行也。

第九章 儒行

术的士)。应当说,《儒行》篇才最能代表早期儒家对"儒"的解释和理解。

《儒行》篇的这些条目,每一条往往包含几种德行,并非单一,所以诸条之间有许多重合之处。但无论如何,这些儒行,也就是孔子以来儒家所主张、所实践的德行。从此篇最后的论述来看,作者还想表达这样的意思,即这些儒行都可看作"仁"的不同的实践侧面,这种突出仁德的思想,更完整地体现了儒家德行论的核心和重点。

三 儒道

战国时代儒者与其他各家各派进行了不少争论,其中不少都涉及儒者之道的问题,分析这些论辩,也有助于对当时的"儒者"及儒者主张的理解。

战国时期儒者与各家进行了广泛的辩论,其中最为突出的是和墨家的辩论,"儒墨之争"也是当时最广为人知的学派争论。其在《庄子》之书,最为显然。

如《庄子》中说:"夫施及三王而天下大骇矣。下有桀、跖,上有曾、史,而儒、墨毕起。于是乎喜怒相疑,愚知相欺,善否相非,诞信相讥,而天下衰矣;大德不同,而性命烂漫矣;天下好知,而百姓求竭矣。"① 又说:"禹之治天下,使民心变,人有心而兵有顺,杀盗非杀,人自为种而天下耳,是以天下大

---

① 《庄子·在宥》。

骇，儒、墨皆起。其作始有伦，而今乎归，女何言哉！余语汝，三皇五帝之治天下，名曰治之，而乱莫甚焉。"① 这都是认为儒家推崇的三代圣王之治，其实造成了天下的混乱，儒墨等百家于是乎蜂起。在这里，庄子明确把儒墨两家作为当时诸子百家的代表，显示出儒墨两家在当时超过其他各家的社会文化影响。

又如：

> 道隐于小成，言隐于荣华。故有儒、墨之是非，以是其所非而非其所是。欲是其所非而非其所是，则莫若以明。②

这是说，儒墨两家都肯定对方所反对的观点，而反对对方所赞成的观点，由此说明儒墨的立场、观点都是对立的。庄子举出儒墨来论述是非的问题，也表示儒墨两家是当时辩论是非的主要思想派别。再如：

> 庄子曰："然则儒、墨、杨、秉四，与夫子为五，果孰是邪？……夫或改调一弦，于五音无当也，鼓之，二十五弦皆动，未始异于声，而音之君已。且若是者邪？"惠子曰："今夫儒、墨、杨、秉，且方与我以辩，相拂以辞，相镇以声，而未始吾非也，则奚若矣？"③

---

① 《庄子·天运》。
② 《庄子·齐物论》。
③ 《庄子·徐无鬼》。

第九章　儒行

这里以儒、墨和杨朱、公孙龙四家为当时最有影响的辩士。杨朱在当时也颇有影响,故孟子提到"天下之言不归杨则归墨",而《庄子》中亦屡以"杨、墨"并称。又因为庄子在这里的辩论对手是惠施,所以把名家也列入其中。但儒墨仍列于杨朱之前,表示儒墨的影响更大。此外,《庄子》中还说:"道之所一者,德不能同也;知之所不能知者,辩不能举也;名若儒、墨而凶矣。"① 这是主张道家的圣人无名论,认为如果像儒墨那样有名,就是凶而不吉的。这也从一个侧面说明了儒墨的社会声名和影响是超过他家的。

《庄子》书中只显示出儒墨是当时主要的思想对立派别,但对儒家的思想主张载录较少,而且大都不是正面阐述的方式,如,满苟得曰:"尧杀长子,舜流母弟,疏戚有伦乎?汤放桀,武王杀纣,贵贱有义乎?王季为适,周公杀兄,长幼有序乎?儒者伪辞。墨者兼爱,五纪六位将有别乎?"② 庄子在这里借他人之口,批评儒家所尊崇的圣王,认为他们的行为都根本背离了儒家主张的伦理道德;同时又批评墨家兼爱的主张,认为这种主张也将抹杀社会的伦理秩序。值得注意的是,庄子在这里不经意地提及儒家的伦理主张,即疏戚有伦、贵贱有义、长幼有序、六位有别。事实上这是舜以来中国社会的主要伦理观念,

---

① 《庄子·徐无鬼》。
② 《庄子·盗跖》。

亦即后世所谓五常。① 总的说来,《庄子》中的文献能够正面用来说明儒家的思想主张的不多,而庄子眼中和口中的儒家和孔子又往往被漫画化了。

在战国的儒家和墨家文献里,也都提到儒墨彼此的对立。孟子时代,已经自觉意识到墨家是儒家的主要论敌。如《孟子》书中载:"杨墨之道不息,孔子之道不著。"② 又如,孟子曰:"逃墨必归于杨,逃杨必归于儒。归,斯受之而已矣。今之与杨、墨辩者,如追放豚,既入其苙,又从而招之。"③

孟子甚至与墨者曾面对面论辩:

> 墨者夷之,因徐辟而求见孟子。孟子曰:"吾固愿见,今吾尚病,病愈,我且往见。"夷子不来。他日又求见孟子。孟子曰:"吾今则可以见矣。不直则道不见,我且直之。吾闻夷子墨者,墨之治丧也,以薄为其道也。夷子思以易天下,岂以为非是而不贵也?然而夷子葬其亲厚,则是以所贱事亲也。"徐子以告夷子。夷子曰:"儒者之道,古之人'若保赤子',此言何谓也?之则以为爱无差等,施由亲始。"徐子以告孟子。孟子曰:"夫夷子信以为人之亲其兄之子为若亲其邻之赤子乎?彼有取尔也。赤子匍匐将入井,非赤子之罪也。且天之生物也使之一本,而夷子二

---

① 据《左传》《孟子》,舜命契颁布人伦五教,即父子有亲,君臣有义,夫妇有别,长幼有序,朋友有信。
② 《孟子·滕文公下》。
③ 《孟子·尽心下》。

第九章 儒行

本故也。盖上世尝有不葬其亲者,其亲死则举而委之于壑。他日过之,狐狸食之,蝇蚋姑嘬之。其颡有泚,睨而不视。夫泚也,非为人泚,中心达于面目。盖归反虆梩而掩之,掩之诚是也。则孝子仁人之掩其亲,亦必有道矣。"徐子以告夷子。夷子怃然为间曰:"命之矣。"①

有关儒墨对厚葬问题的辩论这里不再赘述,我们所感兴趣的是墨者作为儒家的"他者"对儒道的理解。从《孟子》中的这个例子来看,在墨者夷之的理解中,儒者之道的主要内容是"若保赤子",这的确是《尚书》的重要政治思想,并被儒家所继承。由此可见,这个时代的墨者所理解的儒者之道,其中之一就是继承《尚书》的提法,主张若保赤子的政治思想。

如果说《庄子》中多寓言,而且对儒墨主张的刻画往往是漫画式的简略提及,那么《墨子》中的儒墨之辩,就要具体的多了。墨子中有关儒家的有儒术、儒士、儒者等概念,广泛涉及儒墨的辩论。

《墨子·非儒上》中篇已佚,今本《非儒下》记述了若干儒者有关"礼"的规定和主张:

> 儒者曰:"亲亲有术,尊贤有等。"言亲疏尊卑之异也。其《礼》曰:"丧,父母三年,妻后子三年,伯父叔父弟兄庶子其,戚族人五月。"……其亲死,列尸弗敛,登屋窥井,

---

① 《孟子·滕文公上》。

挑鼠穴，探涤器，而求其人矣。……取妻，身迎，祗埰为仆，秉辔授绥，如仰严亲，昏礼威仪，如承祭祀。……儒者："迎妻，妻之奉祭祀，子将守宗庙，故重之。"①

亲亲尊贤是战国前期儒家的重点，《五行》《孟子》《礼记》都有记载。至于三年之丧的丧礼、祭礼、婚礼以及儒家所维护的诸多礼仪，都遭到墨家的反对。

墨子主张非命，其所针对的即是儒者，认为儒者主张"有命说"：

> 有强执有命说议曰："寿夭贫富，安危治乱，固有天命，不可损益。穷达、赏罚、幸否、有极、人之知力，不能为焉。"群吏信之，则怠于分职；庶人信之，则怠于从事。吏不治则乱，农事缓则贫，贫且乱政之本，而儒者以为道教，是贼天下之人者也。②

孔子相信天命，但儒家的天命论并不是否认人的努力，墨家则把儒家的天命论等同于命定论，而加以批判。

最后来看墨子中对儒家的综合性批评的两段，一段是：

> 且夫繁饰礼乐以淫人，久丧伪哀以谩亲，立命缓贫而高浩居，倍本弃事而安怠傲，贪于饮食，惰于作务，陷于

---

① 《墨子·非儒下》。
② 同上。

第九章 儒行

饥寒，危于冻馁，无以违之。①

这是批评儒家重视礼乐、提倡久丧、主张有命、不事农工。

另一段是：

> 墨子谓程子曰："儒之道足以丧天下者，四政焉。儒以天为不明，以鬼为不神，天鬼不说，此足以丧天下。又厚葬久丧，重为棺椁，多为衣衾，送死若徙，三年哭泣，扶后起，杖后行，耳无闻，目无见，此足以丧天下。又弦歌鼓舞，习为声乐，此足以丧天下。又以命为有，贫富寿夭，治乱安危有极矣，不可损益也，为上者行之，必不听治矣；为下者行之，必不从事矣，此足以丧天下。"程子曰："甚矣！先生之毁儒也。"②

墨子在这里把儒之道概括为四：第一，以天为不明，以鬼为不神；第二，厚葬久丧；第三，弦歌鼓舞；第四，以命为有。弦歌鼓舞即繁饰礼乐，这"四政"概括了墨家所反对的儒家的四项主张。其中天、鬼、命属于天道观的问题，丧葬歌舞属于礼乐文化的问题，儒墨的主要分歧就在这两个方面。

《晏子春秋》记载孔子至齐，齐景公要封地给孔子，用孔子

---

① 《墨子·非儒下》。
② 《墨子·公孟》。

为政，晏婴反对。① 这件事也载于《墨子·非儒下》：

> 孔某之齐见景公，景公说，欲封之以尼溪，以告晏子。晏子曰："不可，夫儒浩居而自顺者也，不可以教下；好乐而淫人，不可使亲治；立命而怠事，不可使守职；宗丧循哀，不可使慈民；机服勉容，不可使导众。孔某盛容修饰以蛊世，弦歌鼓舞以聚徒，繁登降之礼以示仪，务趋翔之节以观众。博学不可使议世，劳思不可以补民，絫寿不能尽其学，当年不能行其礼，积财不能赡其乐。繁饰邪术以营世君，盛为声乐以淫遇民，其道不可以期世，其学不可以导众。今君封之，以利齐俗，非所以导国先众。"公曰："善！"于是厚其礼，留其封，敬见而不问其道。②

墨子中此段和《晏子春秋》所载，文字基本相同，疑是《晏子春秋》移用《墨子》文而有所增改。这里的"晏子曰"对孔子

---

① 《晏子春秋》卷八：'仲尼之齐，见景公，景公说之，欲封之以尔稽，以告晏子。晏子对曰：'不可。彼浩裾自顺，不可以教下；好乐缓于民，不可使亲治；立命而怠事，不可使守职；厚葬破民贫国，久丧循哀费日，不可使于民；行之难者在内，而儒者无其外，故异于服，勉于容，不可以道众而驯百姓。自大贤之灭，周室之卑也，威仪加多，而民行滋薄，声乐繁充，而世德滋衰。今孔丘盛声乐以侈世，饰弦歌舞以聚徒，繁登降之礼以示仪，务趋翔之节以观众，博学不可以仪世，劳思不可补民，兼寿不能殚其教，当年不能究其礼，积财不能赡其乐，繁饰邪术以营世君，盛为声乐以淫愚民。其道也，不可以示世；其教也，不可以导民。今欲封之，以移齐国之俗，非所以导众存民也。'公曰：'善。'于是厚其礼，留其封，敬见而不问其道，仲尼乃行。'

② 《墨子·非儒下》。

第九章 儒行

的批评,"浩居而自顺""好乐而淫人""立命而怠事""宗丧循哀""机服勉容",与上述墨子对儒道的批评是一致的。至于批评孔子重视礼、乐、仪、节,批评孔子博学、深思,则都是墨子小生产者功利思想的表现。

最后,我们来看《韩非子》中对儒的评论,与战国前期的文献一样,韩非子首先肯定儒墨是当时影响最大的两家:

> 世之显学,儒、墨也。儒之所至,孔丘也。墨之所至,墨翟也。……孔子、墨子俱道尧、舜,而取舍不同,皆自谓真尧、舜,尧、舜不复生,将谁使定儒、墨之诚乎?①

在韩非子眼中,儒墨两家有很多相同之处,如俱道尧舜,这是法家所反对的。

> 今世儒者之说人主,不善今之所以为治,而语已治之功;不审官法之事,不察奸邪之情,而皆道上古之传,誉先王之成功。儒者饰辞曰:"听吾言则可以霸王。"此说者之巫祝,有度之主不受也。故明主举实事,去无用;不道仁义者故,不听学者之言。②

韩非子批评儒墨皆以尧舜为法,是法先王的复古之学,是无用之学。

---

① 《韩非子·显学》。
② 同上。

> 夫古今异俗，新故异备，如欲以宽缓之政、治急世之民，犹无辔策而御悍马，此不知之患也。今儒、墨皆称先王兼爱天下，则视民如父母。①

韩非子特别指出，儒墨两家的法先王，是称法先王的"兼爱天下，视民如父母"，这就反映了儒家和墨家的政治思想。

> 墨者之葬也，冬日冬服，夏日夏服，桐棺三寸，服丧三月，世主以为俭而礼之。儒者破家而葬，服丧三年，大毁扶杖，世主以为孝而礼之。夫是墨子之俭，将非孔子之侈也；是孔子之孝，将非墨子之戾也。今孝戾、侈俭俱在儒、墨，而上兼礼之。②

韩非子在这里也举出儒墨在丧葬问题上的不同主张，这应当是受墨家文献的影响。

自然，韩非子中特别对儒家进行了评论，如：

> 齐宣王问匡倩曰："儒者博乎？"曰："不也。"王曰："何也？"匡倩对曰："博者贵枭，胜者必杀枭，杀枭者，是杀所贵也，儒者以为害义，故不博也。"又问曰："儒者弋乎？"曰："不也。弋者从下害于上者也，是从下伤君也，

---

① 《韩非子·五蠹》。
② 《韩非子·显学》。

第九章 儒行

儒者以为害义,故不弋。"又问儒者鼓瑟乎?曰:"不也。夫瑟以小弦为大声,以大弦为小声,是大小易序,贵贱易位,儒者以为害义,故不鼓也。"宣王曰:"善。"仲尼曰:"与其使民谄下也,宁使民谄上。"①

这是说,儒者在贵贱、上下、大小的关系中,注意维护贵者、上者、大者的地位,以维护贵对于贱、上对于下、大对于小的等级优先性为"义"。在这里韩非子显然片面截取了儒家维护上下贵贱秩序的一面,而掩盖了儒家对君主和在上者批评的一面。

总起来说,在战国各家涉及儒者的论述中,儒者的主张是:承认天命,而不重神鬼;重视社会伦理,而坚持人格;继承三代政治理想,爱民若保赤子;倡导孝亲厚葬,重视礼乐文化,尊重等级秩序。

通过以上的叙述,我们可以了解,对先秦"儒者"的了解,完全不必通过字源学的测度,先秦儒家和各家对"儒"的论述和评论才是了解先秦儒的学说宗旨与文化形象的最直接的依据和素材。

(本文原载《社会科学战线》,2008年2期)

---

① 《韩非子·外储说左下》。

参考书目

胡培翚：《仪礼正义》，商务印书馆万有文库本。
朱右曾：《逸周书集训校释》，万有文库本。
陈寿祺辑：《尚书大传》，万有文库本。
孙诒让：《周礼正义》，中华书局，1987。
孔颖达：《毛诗正义》，《十三经注疏》，中华书局，1979。
孔颖达：《礼记正义》，《十三经注疏》，中华书局，1979。
孙希旦：《礼记集解》，中华书局，1989。
阎若璩：《古文尚书疏证》，续清经解本。
孙星衍：《尚书今古文注疏》下册，中华书局，1988。
杜预：《春秋左传集解》，上海人民出版社，1977。
王聘珍：《大戴礼记解诂》，中华书局，1983。
王国维：《观堂集林》，中华书局，1991。
段玉裁：《说文解字注》，上海古籍出版社，1981。
朱熹：《楚辞集注》，文津出版社，1987。

参考书目

袁珂：《山海经校注》，上海古籍出版社，1980。

高亨：《诗经今注》，上海古籍出版社，1980 年。

程树德：《论语集释》，中华书局，1990。

章太炎：《章太炎政论选集》，中华书局，1977。

冯友兰：《中国哲学史》上下册，中华书局，1984。

钱穆：《先秦诸子系年》上下册，中华书局，1985。

胡适：《胡适学术文集·中国哲学史卷》，中华书局，1991。

郭沫若：《郭沫若全集》历史编第二、三卷，人民出版社，1982。

侯外庐：《中国思想通史》第一卷，人民出版社，1957。

任继愈主编：《中国哲学发展史》（先秦），人民出版社，1983。

杨向奎：《宗周社会与礼乐文明》，人民出版社，1992。

白川静：《中国古代文化》（日文版讲谈社 1979 年），加地伸行、范月娇合译，文津出版社，1983。

张亚初、刘雨：《西周金文官制研究》，中华书局，1986。

杨宽：《古史新探》，中华书局，1965。

孙淼：《夏商史稿》，文物出版社，1987。

唐兰：《古文字学导论》，齐鲁书社，1980。

李学勤：《古文字学初阶》，中华书局，1985。

宋兆麟：《巫与巫术》，四川民族出版社，1989。

马林诺夫斯基：《巫术科学宗教与神话》，中国民间文艺出版社，1986。

张光直：《中国青铜时代二集》，三联书店，1990。

张紫晨：《中国巫术》，上海三联书店，1990。

徐旭生：《中国古史的传说时代》，文物出版社，1985。

杨向奎：《中国古代社会与古代思想研究》，上海人民出版社，1962。

塞·诺·克雷默编：《世界古代神话》，华夏出版社，1989。

弗雷泽：《金枝》，徐育新等译，中国民间文艺出版社，1987。

马林诺夫斯基：《文化论》，中国民间文艺出版社，1987。

施密特：《原始宗教与神话》，上海文艺出版社，1987。

张光直：《中国青铜时代》，三联书店，1983。

李宗侗：《中国古代社会史》，台北华冈出版社，1954。

秋甫主编：《萨满教研究》，上海人民出版社，1985。

林惠祥：《文化人类学》，商务印书馆，1991。

秋浦：《鄂温克人的原始社会形态》，中华书局，1962。

张光直：《美术、神话与祭祀》，辽宁教育出版社，1988。

陈梦家：《殷墟卜辞综述》，中华书局，1988。

朱天顺：《原始宗教》，上海人民出版社，1978。

《中国大百科全书》（考古学卷），大百科全书出版社，1988。

宋兆麟：《巫与巫术》，四川民族出版社，1989。

赵国华：《生殖崇拜论》，中国社会科学出版社，1990。

宋兆麟等：《中国原始社会史》，文物出版社，1983。

《新中国的考古发现与研究》，文物出版社，1984。

李玄伯：《中国古代社会新研》（影印本），上海文艺出版社，1988。

丁山：《中国古代宗教与神话考》，上海文艺出版社，1988。

袁珂：《中国古代神话》，中华书局，1985。

朱伯崑：《易学哲学史》上册，北京大学出版社，1986。

张光直：《考古学专题六讲》，文物出版社，1986。

郭宝钧：《中国青铜器时代》，三联书店，1963。

李学勤：《李学勤集》，黑龙江教育出版社，1988。

泰勒：《原始文化》，连树声译，上海文艺出版社，1992。

马雷特：《心理学与民俗学》，山东人民出版社，1988。

米尔希·埃利亚德：《神秘主义、巫术与文化风尚》，光明日报出版社，1990。

参考书目

米尔希·埃里亚德:《萨满主义》(Mircea Eliade, *Shamanism*, Princeton University Press, 1972)。

列维-布留尔:《原始思维》,丁由译,商务印书馆,1987。

谢·亚·托卡列夫:《世界各民族历史上的宗教》,魏庆征译,中国社会科学出版社,1985。

列维-斯特劳斯:《野性的思维》,李幼蒸译,商务印书馆,1987。

卡西尔:《人论》,甘阳译,上海译文出版社,1985。

克利福德·吉尔兹:《文化的解释》,纽约,1973 (Clifford Geertz, *The Interpretation of Culture*, Basic Books, Ins., 1973)。

吕大吉:《宗教学通论》,中国社会科学出版社,1989。

李亚农:《李亚农史论集》,上海人民出版社,1978。

蒙文通:《古学甄微》,商务印书馆,1933。

郭沫若:《青铜时代》,《郭沫若全集》历史编第一卷,人民出版社,1982。

许倬云:《西周史》(修订版),联经出版事业公司,1990。

胡厚宣:《甲骨文与殷商史》,上海古籍出版社,1983。

赵光贤:《周代社会辨析》,人民出版社,1980。

徐复观:《两汉思想史》卷一,学生书局,1985。

李学勤:《东周与秦代文明》(增订本),文物出版社,1991。

刘翔等:《商周古文字读本》,语文出版社,1989。

吕大吉:《西方宗教学说史》,中国社会科学出版社,1994。

许烺光:《宗族、种姓、俱乐部》,薛刚译,华夏出版社,1990。

张舜徽:《周秦道论发微》,中华书局,1982。

深圳大学国学所:《中国文化与中国哲学》,人民出版社,1986。

北京大学考古系:《纪念北京大学考古专业三十周年论文集》,文物出版社,1990。

詹鑫鄞:《神灵与祭祀》,江苏古籍出版社,1992。

卡西尔：《神话思维》，黄龙保等译，中国社会科学出版社，1992。

伊藤清司：《〈山海经〉中的鬼神世界》，刘晔原译，中国民间文艺出版社，1989。

马克思、恩格斯：《马克思恩格斯选集》第一至四卷，人民出版社，1970。

麦克斯·缪勒：《宗教学导论》，陈观胜等译，上海人民出版社，1989。

秦家懿、孔汉思：《中国宗教与基督教》，吴华译，三联书店，1990。

麦克斯·缪勒：《宗教的起源与发展》，金泽译，上海人民出版社，1989。

卡西尔：《语言与神话》，于晓等译，三联书店，1988。

尼采：《悲剧的诞生》，周国平译，三联书店，1986。

雅斯贝尔斯：《历史的起源与目标》，魏楚雄等译，华夏出版社，1989。

本尼迪克特：《文化模式》，王炜等译，三联书店，1988。

雷蒙德·弗思：《人文类型》，费孝通译，商务印书馆，1991。

本尼迪克特：《菊花与刀》，孙志民等译，浙江人民出版社，1987。

艾森斯塔得：《帝国的政治体系》，阎步克译，贵州人民出版社，1992。

庄锡昌、孙志民：《文化人类学的理论框架》，浙江人民出版社，1988。

李泽厚：《美的历程》，文物出版社，1981。

李泽厚：《华夏美学》，香港三联，1988。

余英时：《士与中国文化》，上海人民出版社，1987。

余英时：《中国思想传统的现代诠释》，台北联经，1987。

伯恩斯与拉尔夫：《世界文明史》第一卷，罗经国等译，商务印书馆，1990。

李杜：《中西哲学思想中的天道与上帝》，联经出版事业公司，1978。

傅佩荣：《儒道天论发微》，学生书局，1988。

范文澜：《中国通史简编》修订本，中华书局，1972。

陈梦家：《尚书通论》，中华书局，1985。

江灏等：《今古文尚书全译》，贵州人民出版社，1990。

参考书目

刘起釪:《古史续辨》,中国社会科学出版社,1991。

蒋善国:《尚书综述》,上海古籍出版社,1988。

傅斯年:《性命古训辩证》,商务印书馆,1940。

王世舜:《尚书译注》铅印本。

梁漱溟:《中国文化要义》,里仁书局,1982。

金景芳:《古史论集》,齐鲁书社,1981。

吴锐:《中国文化思想发生论》(1994年人民大学博士论文打印稿)。

李安宅:《仪礼与礼记之社会学的研究》,商务印书馆,1931。

彭林:《周礼主体思想与成书年代研究》,中国社会科学出版社,1991。

邹昌林:《中国古礼研究》,文津出版社,1992。

周何:《古礼今谈》,国文天地,1992。

陈锡勇:《宗法天命与春秋思想》,文津出版社,1992。

常金仓:《周代礼俗研究》,文津出版社,1992。

张鹤泉:《周代祭祀研究》,文津出版社,1992。

洪家义:《金文选注译》,江苏教育出版社,1988。

康学伟:《先秦孝道研究》,文津出版社,1992。

谢维扬:《周代家庭形态》,中国社会科学出版社,1990。

苏国勋:《理性化及其限制——韦伯思想引论》,上海人民出版社,1988。

顾忠华:《韦伯学说新探》,唐山,1992。

朱凤瀚:《商周家族形态研究》,天津古籍出版社,1990。

钱杭:《周代宗法制度史研究》,学林出版社,1991。

叶舒宪:《诗经的文化阐释》,湖北人民出版社,1994。

刘东主编:《中华文明》,社会科学文献出版社,1994。

杜正胜:《编户齐民》,台湾联经,1992。

杜正胜:《周代城邦》,台湾联经,1985。

史华慈:《中国古代思想世界》,哈佛大学出版社(B. Schwartz, *The*

World of Thought in Ancient China,The Belknap Press of Harvard University Press,1985)。

埃诺(Robert Eno):*The Confucian Creation of Heaven*,State University of New York Press,1990。

加藤常贤:《中国古代文化的研究》,二松学舍大学出版社,1980。

池田末利:《中国古代宗教史研究》,东海大学出版社,1981。

福永光司等:《中国宗教思想》,岩波书店,1990。

后　记

　　本书将由三联书店列入"三联·哈佛燕京学术丛书"出版，这使我想起了本书写作的最初因缘。1987年12月，在哈佛大学哈佛燕京学院的一层讲堂举办了一次关于中国文化的研讨会，张光直、许倬云、余英时先生先后作了精彩的讲演。张光直先生提出殷商的文化特质是巫文化；许倬云先生展示了西周制度与观念对后来中国文化发展的基源作用；余英时先生从春秋时代哲学的突破开始，提出中国文化二千五百年来的五次突破。当时正在哈佛作研究的我，作为预先指定的评讲人，对三位先生提出了以下的问题：如果说商代的文化是巫文化，它与西周文化的关联何在？许先生认为西周文化观念奠定了后来几千年发展的基础，而余先生则认为自春秋第一次突破后中国文化才有了自己的稳定特征，两位先生的看法如何协调？在我开始动笔写本书的后记时，我才惊奇地意识到，我当年在哈佛燕京向各位前辈所提出的问题，正是本书所面对的主要课题。这表明，从那时起，中国早期文化进展的过程，作为课题，已深深埋进我的问题意识里面。当然，那时，我自己也还没有现在这种对追溯儒家思想的根源的强烈自觉。特别是，当时我正在进行着关于王阳明哲学的研究，这使得我来不及深入思考那些问题，并向各位先生请教。1990年初夏，《有无之境》交稿以后，我就开始准备有关中国前轴心时代文化发展的研究。为此，我访问过李学勤先生，蒙他不吝指教，1992年秋在哈佛又讨教于张光直先生，受益匪浅。当然，我的着眼点是最终放在早期儒家思想的兴起上面，这与我自1988年以来关于中国文化问题的思考是联系在一起的。本书的写作开始于1992年春，由于各种原因，着手不久就暂告停顿。中间出版了两种别的研究著作，一本是《宋明理学》，一本是《哲学与传统》，又编了两种与冯友兰先生有关的集子，以故本书的写作一直未能继续。不过，这也使我有机会更多了解和吸收人文、社会科学的相关成果。1994年夏天才下决心动笔续写，到今年春天，竟然写成了现在读者所见到这个样子。本来，按照我的计划，是要写到春秋末期孔子出生的时代，但现在已经完成二十多万字，加之，暑假以后我又将赴东京大学作研究，所以就此告一段落。我希望如有机会，在下两本书中再来继续本书的研究。最后，我要感谢《中国社会科学季刊》学术基金的支持和督促，感谢季羡林先生的亲切关怀，感谢许医农女士在出版方面的大力帮助。

陈来

1995年5月于北京大学

"博雅英华·陈来著作集"后记

我的学术著作，以往三联书店曾帮我汇集为"陈来学术论著集"十二卷出版，我心存感谢，自不待言。目前三联版此集的版权即将到期，北京大学出版社有意以博雅英华的系列出版我的著作集的精装版，这使我既感意外，又十分高兴。

我曾在北京大学服务三十年，其间2004年开始，学校让我关心、过问出版社的工作，因此与北大出版社结下了难得的缘分。2009年我转到清华大学后，与北大出版社仍继续合作，出版了《孔夫子与现代世界》《北京·国学·大学》《从思想世界到历史世界》等书；前两年《有无之境》和《诠释与重建》还在北大出版社出版了"博雅英华"系列的精装本，受到读者的欢迎。这次精装版著作集的出版，对我而言，体现了北大出版社对一位老朋友的情谊，这使我深感温暖。

这次北大出版社准备把《有无之境》和《诠释与重建》之

外我的其他著作也都作为博雅英华系列出版。在北大出版社出版的著作集，与三联版相比，有一些变化：《古代宗教与伦理：儒家思想的根源》此次出版的是增订本，增多一章；《古代思想文化的世界：春秋时代的宗教、伦理与社会思想》附加了余敦康先生的评介。《朱子学的世界》是以《中国近世思想史研究》的朱子学部分为基础，增入了近年来写的朱子论文，合为一集；《现代儒家哲学研究》是《现代中国哲学的追寻》增订新编本；《东亚儒学研究》则是《东亚儒学九论》的增订本。其他各书如《竹帛〈五行〉与简帛研究》《朱子哲学研究》《朱子书信编年考证》（增订版）《有无之境：王阳明哲学的精神》《诠释与重建：王船山的哲学精神》《宋明理学》《宋元明哲学史教程》《传统与现代：人文主义的视界》则一仍其旧，不做改变。

衷心感谢张凤珠等出版社领导，感谢田炜等编辑朋友，使我有这个荣幸，把北京大学出版社出版的自己的著作集，献给读者。

陈来

2016 年 5 月 26 日